信用管理人才知识结构及培养研究

王　正　晁玉方　著

中国财经出版传媒集团

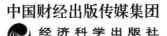

经济科学出版社
Economic Science Press

图书在版编目（CIP）数据

信用管理人才知识结构及培养研究/王正，晁玉方
著．－－北京：经济科学出版社，2023.5
ISBN 978 - 7 - 5218 - 4768 - 0

Ⅰ.①信… Ⅱ.①王…②晁… Ⅲ.①信贷管理 - 人
才培养 - 研究 - 中国 Ⅳ.①F832.4

中国国家版本馆 CIP 数据核字（2023）第 083009 号

责任编辑：刘 莎
责任校对：刘 娅
责任印制：邱 天

信用管理人才知识结构及培养研究
王 正 晁玉方 著
经济科学出版社出版、发行 新华书店经销
社址：北京市海淀区阜成路甲 28 号 邮编：100142
总编部电话：010 - 88191217 发行部电话：010 - 88191522
网址：www. esp. com. cn
电子邮箱：esp@ esp. com. cn
天猫网店：经济科学出版社旗舰店
网址：http://jjkxcbs. tmall. com
北京时捷印刷有限公司印装
710×1000 16 开 17 印张 270000 字
2023 年 5 月第 1 版 2023 年 5 月第 1 次印刷
ISBN 978 - 7 - 5218 - 4768 - 0 定价：85.00 元
（图书出现印装问题，本社负责调换。电话：010 - 88191545）
（版权所有 侵权必究 打击盗版 举报热线：010 - 88191661
QQ：2242791300 营销中心电话：010 - 88191537
电子邮箱：dbts@ esp. com. cn）

序

　　信用管理人才是社会信用体系建设高质量发展的支撑。知识结构则是实现信用管理人才培养的基本依据与支撑。基于信用管理人才培养的重要性，山东省社会信用中心与齐鲁工业大学联合开展了《信用管理人才知识结构研究》（2021 年）和《信用管理人才供需情况及培养路径研究》（2022 年）两项课题研究，追根溯源，从深入研究信用管理人才知识结构入手，分析我国信用管理人才的分类与供求关系、适配性等，进而系统性提出我国信用管理人才培养的政策建议。

　　信用管理建设是一项系统工程，具有中国特色；宏观的社会信用体系建设、中观的行业信用建设和区域信用体系建设，微观的各类组织信用管理体系，三个层面相互协同，形成了具有中国特色的信用管理体系的内涵与内容。信用管理的本质是过程与活动，具有较强的系统性，服务性与生产性，多业态性，泛在性，专业性与综合性等特征。这些属性或特征决定了信用管理知识结构的综合性、复杂性、独特性。我国社会信用体系建设发展是典型的自上而下驱动，政府主导，具有金融业信用体系建设与其他领域信用体系建设的隔离特征。一项系统工程，涉及面广，影响因素多，投入巨大，且涉及领域多，垂直化特点显著，这导致我国不能照搬西方国家信用管理的知识结构体系，尤其是政务信用管理的知识结构。

综合我国社会信用体系建设发展趋势，基于多源数据与多种分析方法融合使用，从高校人才培养方案、市场招聘需求、信用管理专业认证、趋势分析与工作职能分析等角度研究了信用管理人才的知识结构，提取了信用管理知识要素。综合归纳多源数据的分析结果，信用管理人才知识结构可以综合为信用理论知识、人文与社会知识、法律与政策知识、经济学知识、金融学知识、管理学知识、财会知识、数学与统计知识、计算机知识以及特定应用领域的知识，共计十个维度。

研讨发现，"人文与社会知识"可以与"法律与政策知识"合并，在管理学一般环境分析框架中，通常将这两者合并，故而合并为"人文法律与社会知识"；从学科分类来看，金融学属于经济学一级学科门类，故而两者可以合并为"经济与金融知识"，突出了金融知识的成分；财会知识本身就属于管理学知识体系，两者完全可以合并为"管理学知识"；进一步分析数学与统计知识以及计算机知识在信用管理的作用，两者都是为了发现数据，获得数据，运用数据，得出相应的信用服务结果，都是信用管理工作的具体工具，合并为"数据发现与分析知识"；而对于领域知识，与信用管理知识结合紧密，将其与"信用理论知识"合并为"信用管理及领域知识"。合并后，信用管理人才知识结构由5个维度构成，形成了信用管理知识结构理论模型。

为验证理论模型的科学性，进一步对照多源数据的分析，结合以上理论模型，进行可操作化处理，形成调查量表，见附录1。调查采取定向调查方式，即针对信用服务机构、政府信用管理部门及人员、信用协会、信用研究机构以及信用教育的人员，提高问卷调查的有效性。问卷数据分析结果表明，问卷信度系数值为 0.976，大于 0.9，因而说明研究数据信度质量很高。针对"CITC 值"，分析项的 CITC 值均大于 0.4，说明分析项之间具有良好的相关关系，同时也说明信度水平良好。通过研究小组的多次研讨，综合判定问卷的效度较高。采用 AMOS 软件，进行模型结构的检验，分析结果显示，χ^2/df 为 3.915、PNFI 值 0.677、PGFI 值为 0.547、RMR 值为 0.034、GFI 值为 0.641、IFI 值为 0.804、CFI 值为 0.802，均在合理的范围内，验证了信用管理人才知识结构理论模型的成立。

调查显示，针对信用管理人才知识结构的优化与培养，排在前四位的是"专门的培养项目或计划""高校的本科专业教育""在职进修班""高校研究生教育"。这四条途径的比例均超过 50%，尤其是"专门的培养项目或计划"高达 75% 以上。基于此，山东信用管理人才培养应以信用管理人才规划、知识库建设为支撑，强化产学研政协同，以高校人才培养为主阵地，强化专业与学科设置，以人才培养专项计划为主要途径，加强信用机构内部专业培训，针对不同的领域，设置不同的教育培训内容，建立立体化的教育培养与人才发展途径，实现学校教育、机构内训、社会培训的无缝衔接，提高人才培养的实效性。

总结信用管理人才的供需情况，其总体供需匹配度为：低层次、低水平、低质量的信用管理人才供需适配。

信用管理人才培养涉及因素多，是一项宏大的系统工程。从信用管理人才培养生态系统理论模型出发，综合山东信用管理人才生态位的分析，依据信用管理人才培养实践，遵循信用管理人才培养的内在规律，信用管理人才培养的总体思路为：立足于高质量发展与中国现代治理能力建设，带动与支撑社会信用体系高质量建设，面向社会发展重大需要，高层次，高起点，强化产政学研联合与多学科交叉，发挥政府带动作用，整合资源，依托大平台，多渠道培养信用管理人才。

（1）加大政府对信用管理人才社会需求的牵引力，厚植信用管理人才培养的土壤。

（2）以"课程＋专业＋学科"建设为抓手，最大程度地发挥好高校信用管理人才培养主阵地的作用。

（3）发挥政府职能部门以及专业技术继续教育平台的作用，强化政府社会信用体系建设、管理、服务人员的在职培训教育，提高其专业素养。

（4）强化信用协会专业能力建设，建立信用管理知识体系更新系统，建立信用管理专业人员持续学习的长效机制。

（5）汇集优质资源，建立高水平社会信用体系，建设产学研协同创新平台。

（6）大力发展信用服务业头部机构，增加信用服务机构吸纳信用管理人才以及承载高层次人才的能力。

（7）以规上企业与国有企业为重点，利用国有企业合规体系建设企业，科学界定企业信用管理职责，通过岗位融合进行信用管理拓岗，强化企业信用管理人员的承载与人才培养的主体地位。

我国信用体系建设的特殊性决定了我国信用管理人才不能照搬西方模式，加之我国信用管理人才培养起步晚，这也导致可借鉴成果较少。本书作为国内为数不多的以信用管理人才培养为主题的著作，不免存在不当之处，欢迎社会各界朋友批评指正。

王　正　晁玉方

2023 年 4 月于济南

目　　录

第 1 章

中国社会信用体系的建设发展与趋势

1.1 信用管理的界定与特点

尽管当今世界信用管理已经相当普及，但我国有关信用与信用管理的研究还并不深入和系统。《现代汉语词典》（第七版）将"信用"定义为：能够履行跟人约定的事情而取得的信任；不需要提供物资保证，可以按时偿付的；银行借贷或商业上的赊销、赊购。《新帕尔格雷夫经济学大辞典》则对其解释为：提供信贷（Credit）意味着把对某物（如一笔钱）的财产权给以让渡，以交换在将来的某一特定时刻对另外的物品（如另外一部分钱）的所有权。《牛津法律大辞典》的解释是：在得到或提供货物或服务后并不立即而是允诺在将来付给报酬的做法。大公国际资信评估有限公司则将"信用"定义为：以偿还为条件的价值运动的特殊形式，多产生于融资行为和商品交易的购销或预付之中。在《信用基本术语》（中华人民共和国国家标准 GB/T 22117—2008）中，将"信用"定义为建立在信任基础上，不用立即付款或担保就可获得资金、物资或服务的能力；广义的信用是指诚信原则在社会上的广泛应用；"信用管理"则定义为"指识别、防范、转移和控制信用风险的管理技术、操作规程和制度安排"。此外，该标准将国家信用界定为"一国中央政府对外举债的能力";公共信用界定为"各级政府借助于债券等信用工具向社会举债的能力";企业信用界定为"企业(含银行)赊购或融资的能力";服务信用界定为"由服务提供者向消费者提供的挂账形式的信用工具"等。由此看出,该标准对有关信用的理解侧重于金融与借贷。

2015 年发布,2016 年实施的 GB/T 31950—2015《企业诚信管理体系》指出,广义的企业诚信管理体系涉及企业经营的各个环节;狭义的企业诚信管理体系是指对企业信用风险进行防范、控制和转移的管理技术、业务操作及相关的制度安排;企业诚信是企业信守相关承诺的思想、意识和行为;诚信要素是企业的活动、产品或服务中能影响企业诚信而又相互作用的一组要素。该标准将信用的范围明显扩大,诚信涉及企业的价值观体系,也将信用与诚信联系起来,狭义上的企业诚信管理就是信用管理。同时,该标准强调了承诺的重要性,守信就是践诺行为与过程。

GB/T 4754—2017《国民经济行业分类》中有三个行业领域涉及信用管理与服务,金融业中资本市场服务(679)① 下的其他资本市场服务(6790),包括指投资咨询服务、财务咨询服务、资信评级服务,以及其他未列明的资本市场的服务;其他金融业(694)下的金融信息服务(6940)是指向从事金融分析、金融交易、金融决策或者其他金融活动的用户提供可能影响金融市场的信息(或者金融数据)的服务,包括征信机构服务;服务业中的商务服务业(72)中其他商务服务业(729)下的信用服务(7295)指专门从事信用信息采集、整理和加工,并提供相关信用产品和信用服务的活动,包括信用评级、商账管理等活动。从国民经济行业分类来看,征信服务工作较为严格地限制在金融领域;信用评级则限制在商业或商务领域;资信评级侧重于金融领域,与信用评级也存在一定的差别。资信评级的主体多是银行,只有当企业与银行发生贷款业务时,并且达到银行的条件或者是通过银行允许,银行根据自身的评价系统才会出具的信用证明,一

---

① (679)是分类号,下同。

般仅用作发放贷款的评价标准，对外的参考价值并不太大；信用评级则非常广泛，是由专业的第三方信用评价机构出具的信用证明，公信力是其存在的价值基础。

2014 年国务院发布的《社会信用体系建设规划纲要（2014—2020）》则从社会建设的角度出发界定信用体系并进行了分类。该规划将社会信用体系界定为：以法律、法规、标准和契约为依据，以健全覆盖社会成员的信用记录和信用基础设施网络为基础，以信用信息合规应用和信用服务体系为支撑，以树立诚信文化理念、弘扬诚信传统美德为内在要求，以守信激励和失信约束为奖惩机制，目的是提高全社会的诚信意识和信用水平。在《社会信用体系建设规划纲要（2014—2020）》中，共分为四大诚信建设重点领域，如图 1-1 所示。在我国社会信用体系建设中，政务信用建设是关键，起到表率和导向作用；商务信用建设是重点；社会诚信建设是基础；司法诚信是底线。

学术界对信用管理的界定也存在一定分歧。这从信用管理专业设置也能反映出来。信用管理专业在我国设置在经济学（金融）、工商管理、公共管理、法律等学科下，相对应的学院分别为金融学院、商学院、管理学院、政法学院等。不同的学科对信用管理人才的培养定位不同，信用管理教育的内容不同，对其概念的理解自然不同。吴晶妹将信用视为获得信任的资本，其范围广，涉及诚信、合规、践约。[①] 此外，狭义的信用管理多是指信用风险管理，是授信者对信用交易进行科学管理以控制信用风险的专门技术，包括征信管理、授信管理、账户控制管理、商账追收管理、利用征信数据库开拓市场或推销信用支付工具。广义的信用管理是指信用活动的参与者利用管理学的方法来解决信用交易中存在的风险问题，其主要职能包括识别风险、评估风险、分析风险，并以此为基础有效控制风险，用经济、合理的方法综合处理风险。[②]

---

① 吴晶妹. 三维信用论［M］. 北京：清华大学出版社，2016.
② 刘澄，张峰. 信用管理（第 3 版）［M］. 北京：清华大学出版社，2020.

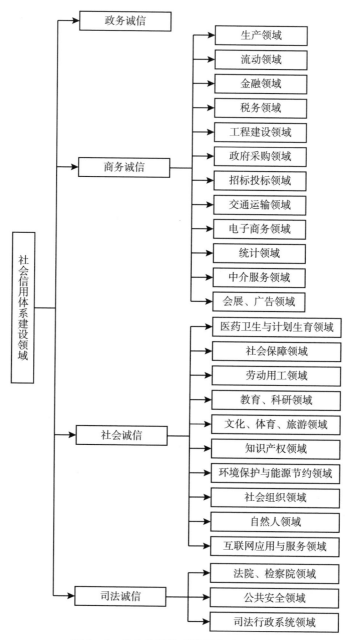

图1-1 社会信用体系的重点建设领域

综上，中国对信用的界定范围要大于西方，涵盖了较多的社会交换关系；西方的概念界定则更侧重于经济领域或者商业领域。这也充分表明，任何一个概念都有其社会文化背景，在不同的语境下，其涵盖内容的广度存在差异，侧重的领域也不同。在中国，一般意义上的信用侧重于践约行为，即在社会和经济活动遵守承诺的行为；在西方，信用侧重于经济领域，多指借贷关系。从信用的特征来看，其具有社会性、伦理与文化性、交互性、长期性等特征。其社会性特征主要表现为一种社会关系，其表现形式受经济社会发展影响，人们对其认识理解也受经济社会发展影响并处于动态发展之中；其伦理与文化特征主要表现在不同的文化对信用的理解存在差异；交互性是指信用是在社会交互过程中形成的，没有交互就没有信用的积累。此外，信用的内容与内涵还受社会规范健全程度的影响，正如狄乔治将诚信定义为"与自身所接受的最高行为规范相一致的行为，也是将伦理道德要求的规范加于自身的行为"。西方市场经济体制的建立时间远远超过我国，社会契约精神较高，故而主要侧重经济领域。而中国市场经济体制建立较晚，加之长期的"人治"等原因，社会活动的各个方面都需要建立信任关系，故此信用内容更加广泛，涉及社会各个方面。因此，在中国语境下，将信用界定为：依附在人之间、单位之间和商品交易之间形成的一种相互信任的生产关系和社会关系。

任一概念不能脱离其特定社会政治、经济、文化背景并服务于社会发展需要。我国信用管理有其特定的内涵，尤其是将其纳入社会信用体系建设背景之下，信用管理就不仅局限在信用风险的管理，而是作为新型监管机制，优化营商环境，社会治理现代化（政府治理体系）的手段与基本构成，其作用也不仅仅识别、标志、防范控制风险，而更广泛地用于净化环境，降低交易成本，优化资源配置，促进市场经济高效运行与社会和谐，激发社会活力。参照我国社会信用体系建设规划要求以及信用管理建设实践，依据"目标—功能—结构"范式，将信用管理界定为：针对特定目的，相关主体通过科学的技术、方法与工具，建立与实施信用生产与服务系统，满足社会需求的活动与过程。

1.2 我国社会信用体系发展历史与趋势

自古以来，中国就极为重视诚信建设。对个人而言，诚信是为人处世的立身之本，是个人全面发展的前提。对于整个国家而言，信用有利于维持整个社会的公共秩序与公平，有利于建立一个诚信负责任的大国形象。因此诚信不仅是个人安身立命的根本，也是社会健康发展的基石。社会信任同样是创造经济繁荣的基本前提，市场经济的本质是信用经济，信用是市场经济运行的前提和基础。我国社会信用体系不同于西方，不仅是社会主义市场经济的基础性制度安排，也是国家治理体系和治理能力现代化的重要内容。

"征信"一词源于《左传·昭公八年》中的"君子之言，信而有征，故怨远于其身"。"信而有征"就是为可验证其言为信实，或征求、验证信用。"言必信，行必果""君子一言，驷马难追"等则从"践诺"的角度阐释了信用。经济商务活动中的赊销，则促进了现代意义上信用管理的产生。基于市场活动的扩大，人们为了更好地利用市场机会，钱庄也就产生了。我国扬州的德春钱庄存续了约 80 年，形成了较为完善的信用管理体系，如先调查借款人的才能德行，再调查其经营生意的情况及贷款用途，最后才是借款人的行业现状和前景等。近代历史上的上海钱庄在发展过程中也非常重视信用，形成了注重人的信誉，连环担保与官府备案，重视人员选拔，行业组织建立与行业自律等较为系统的信用管理体系，促进了现代银行业的发展。

传统的信用管理是以"人"为主的信用管理，即在熟人社会里，信用管理主要凭个人的经验以及所掌握的信息进行风险识别、度量，然后作出相应的判断。随着市场经济的发展，熟人社会被打破，金融信贷业务的发展，多头信贷使得银行信贷风险增加，如 1932 年由于天津协和贸易公司触发的天津金融危机直接促使中国第一家征信机构——中华征信所的成立（1934 年，中国征信所改组为中国征信所股份有限公司），信用管理也从经验式走向科学。

中华人民共和国成立后，信用管理工作一度陷入停滞。随着改革开放、

市场经济机制的建立，经济快速发展，企业多头开户问题重现，造成银行的
呆账、坏账。1992 年，原人民银行深圳分行开始推出"贷款证"制度；
1994 年和 1996 年，央行分别推出《银行账户管理办法》和《贷款证管理办
法》，相关政策面向全国实施。1997 年，央行开始建立银行信贷登记咨询系
统，这也是我国现代信用管理（征信）发展的基础。尽管监管在一定程度
上缓解了"多头开户"现象，但并没有根治（银行间网点信息不能互通），
导致了 20 世纪末的"共和国第一税案"浙江金华税案的发生，竟超过当地
的财政收入。这促使人们开始了解信用建设的重要性。而 1998 年推行的住
房分配货币化则为个人信用消费或信贷奠定了基础，也迫使"信用"先行。
1998 年在上海率先开展个人消费信用联合征信试点。1999 年，我国首次提
出社会信用体系并将其作为市场秩序治理的重要手段，陆续开展了"守合
同重信用"等活动。2000 年 7 月 1 日，服务系统为工商银行查询了第一份
信用报告，标志着中国个人信用制度的开端。2001 年，汕头率先提出全面
启动信用体系建设；其后深圳、北京相继加入，各个领域也相继成立信用服
务机构。2002 年，全国金融工作会议提出"把建立健全社会信用制度，作
为关系经济发展全局的一件大事来抓"。为此，国务院成立了"建立全国企
业和个人征信体系"专题工作小组，由中国人民银行牵头，17 个部委、4
家国有独资商业银行等单位参加，对立法等问题进行研究。据不完全统计，
截至 2003 年 10 月底，全国共有专门征信机构近 200 家，此外还有其他从事
部分征信业务的中介机构约 1 000 家。

　　但由于信息孤岛的存在，全国统一和标准化的信用共享平台的建设提到
了日程上来。2003 年十六届三中全会通过的《关于完善社会主义市场经济
体制若干问题的决定》中高度强调了信用信息数据库的建设重要性与迫切
性。2004 年初，央行组织商业银行开始建立全国统一的企业和个人征信系
统。征信系统的建立大大改善了中国商业环境。与此同时，我国征信工作的
立法与制度建设也逐步发展。2013 年，国务院总理温家宝签署国务院令，
公布《征信业管理条例》，自 2013 年 3 月 15 日起施行。2013 年底，中国人
民银行发布《征信机构管理办法》作为管理条例的配套制度进一步细化管

理要求。2015 年 5 月，国务院首次提出"放管服"改革的概念。"放管服"改革的直接目的是优化营商环境，激发市场活力与创新；最终目的是厘清政府与市场的边界，发挥市场在资源配置中的决定性作用。"放管服"大大减少了政府审批，降低了进入门槛，但并非放而不管，而要求"放而不乱""放而有效""放而增效"。这也导致依靠"行政—命令"的"事后监管""行政处罚"传统监管方式失效，迫切需要建立新型监管机制。2015 年国务院部署开展的"双随机、一公开"市场监管模式；《国务院办公厅关于运用大数据加强对市场主体服务和监管的若干意见》（国办发〔2015〕51 号）明确提出，社会信用体系建设和政府信息公开、数据开放是促进简政放权和政府职能转变的抓手；《国务院办公厅关于加快推进社会信用体系建设 构建以信用为基础的新型监管机制的指导意见》（国办发〔2019〕35 号）指出，信用在创新监管机制、提高监管能力和水平方面的基础性作用；2020 年 9月，在国务院办公厅发布的《国务院办公厅关于深化商事制度改革进一步为企业松绑减负激发企业活力的通知》中再次强调以统一社会信用代码为标志，整合形成更加完善的企业信用记录；十八届三中全会通过的《中共中央关于深化改革若干重大问题的决定》公布，明确将 1992 年实行市场经济改革以来提出的"市场在资源配置中起基础性作用"提升为"决定性作用"，确定了以信用为基础的新型监管机制，并以此支撑高质量发展。

"放管服"改革赋予信用体系建设新的使命与职能，也促使信用管理从金融领域走向更为广泛的其他领域，具有中国特色的社会信用体系建设也由此拉开序幕。近年来，党中央、国务院高度重视社会信用体系，并且出台了一系列的政策文件，比如在 2014 年国家出台的《社会信用体系建设规划纲要（2014—2020）》，该文件旨在强调部署加快建设社会信用体系、构筑诚实守信的经济社会环境。该文件出台以来我国的信用体系建设取得了显著的成就。党的十九大报告提出，打造共建共治共享的社会治理格局。作为社会治理体系的组成部分，社会信用体系的构建也必须以共建共治共享为方向指引。党的十九届四中全会强调，完善诚信建设长效机制，健全覆盖全社会的征信体系，加强失信惩戒。针对社会征信问题习近平总书记强调："对突出的诚信缺失问题，既要抓紧建立覆盖全社会的征信系统，又要完善守法诚信褒奖机制和违法失信惩戒机制，使人不敢失信、不能失信。"国务院 2019 年出台的《关于加快推进社会信用体系建设构建以信用为基础的新型监管机制的指导意见》强调建立贯穿事前、事中、事后的全面监管机制，分级分类监管机制，大数据监管机制等，并要求监管实现依法依规和标准化，实现信息充分共享，要求大幅提升失信成本，注重对市场主体权益的保护。2020 年 12 月，国务院办公厅出台的《关于进一步完善失信约束制度构建诚信建设长效机制的指导意见》明确提出了信用体系长效机制建设，要坚持依法依规、准确界定范围、过惩相当、借鉴国际经验等原则。该文件要求严格科学界定公共信息纳入的范围与程序，严格规范失信认定的依据；还对规范公共信用信息共享公开范围和程序，规范严重失信主体名单认定标准和程序，依法依规开展失信惩戒，健全和完善信用修复机制，加强信息安全和隐私保护等提出了具体的要求。这也为我国社会信用体系建设高质量发展提出了具体要求与明确的方向，也标志着我国社会信用体系建设向规范化、法治化发展迈出重要一步。2022 年 3 月 20 日，中共中央办公厅、国务院办公厅印发的《关于推进社会信用体系建设高质量发展促进形成新发展格局的意见》进一步明确了社会信用体系的"供需有效衔接""资源优化配置"的作用。2022 年 3 月 25 日，中共中央、国务院发布的《中共中央 国务院关于加快建设全国统一大市场的意见》赋予了社会信用体系"市场基础制度规则"的定位，明确提出要健全统一的社会信用制度，建设全国统一大市场重在统一社会信用体系。

在政府大力推动下，社会信用体系建设逐步实现了全覆盖，公民信用素养大大提升，信用管理系统与平台建设得到全面应用，如央行征信系统已成为世界上规模最大、覆盖人口最多、收集信贷信息种类最全的征信系统。故此，中国社会信用体系建设无论在理念还是制度上，都与社会治理紧密关联。在理念上，中国人所说的"信用"，是指人们在经济、社会交往中形成的信任，它既存在于经济活动中，也存在于社会活动中。在制度上，中国社会信用体系包括四个重点领域：政务诚信、商务诚信、社会诚信和司法公信。中国的社会信用体系，不是西方国家"主要围绕着经济交易和金融活动展开的信用交易风险管理体系"，而是"一个包含经济交易信用体系和社会诚信体系在内的广义的社会信用体系"。

从我国社会信用体系建设趋势来看，其逐步由条块式的垂直建设转向横向协同建设；其功能由监管逐步转向"赋能"与"资源配置机制发挥"；其建设由经验逐步转向"标准化""法制化"；其驱动发展力量由政府转向"政府＋市场"双轮协同驱动。从我国社会信用体系的建设发展来看，有着鲜明的中国特色，这也引致了相应的信用管理人才的特殊需求。总结我国社会信用体系建设的发展，有如下特点与发展趋势。

（1）中国社会信用体系建设是自上而下驱动的，政府主导建设。中国社会信用体系建设起点是金融领域，虽然是由市场驱动，但由于金融机构管理体制以及此项工作建设所需要的资源，信用管理体系是自上而下驱动，政府发挥了主导作用。同时，社会信用体系的建设也是基于政府"放管服"的需要而建设的。鉴于信用的巨大作用，信用建设也成为国家社会治理改革的一个抓手。中国社会信用体系建设的特定目的决定了政府特殊的角色与职能。这也决定了政府信用管理人才在信用体系建设中的重要作用。从实践来看，凡是社会信用体系建设较为先进的地区，往往也是政府信用管理人才较为专业化的地区。可以预计，政府信用管理人才的引领作用在未来一段时间内仍将发挥较大作用。

（2）金融业信用体系建设与其他领域信用体系建设的隔离特征。我国信用体系建设起源金融业。鉴于金融业的特殊性以及对客户保密性的要求，致使我国金融业的信用建设与其他领域的信用建设存在相互隔离现象，分属不同的机构管理。尽管金融系统的信用管理较为成熟，但其结果在其他领域应用较为困难，反过来，其他领域信用建设成果也很难在金融领域应用。

（3）社会信用体系建设是一项系统工程，涉及面广，影响因素多，投入巨大。即使在金融领域，其信用体系建设从提出到规划，再到试点，直至全面推广，经历了较长时间，尤其是涉及自然人征信系统建设，更为复杂。在建设内容，包括有平台（系统）软件建设、平台（系统）支撑硬件采购、平台（系统）监理和评测、平台（系统）维护、平台（系统）建设方案编制、信用数据库建设和数据整理分析以及培训宣传推广等。同时，无论是征信系统开发，还是信用评级系统开发，都需要投入巨大资金。源点信用对2016 年度及 2017 年前三季度中央及地方政府主要在信用项目方面的财政资金投入表明，国家部委层面信用体系建设项目数量和资金规模大幅增加，项目预算资金规模从 2016 年度的 4 542.30 万元飙升至 2017 年前三季度的26 495 万元，单体项目规模也从 422.03 万元/个上涨至 588.78 万元/个。①

（4）涉及领域多，垂直化特点显著。我国信用体系建设往往按照各自业务领域，由所在部委推动建设实施，即往往由部委信用平台，而后省市相继开展建设。这使得我国社会信用体系建设具有较为明显的"垂直条块"特征。这也加大了我国信用归集中横向协同的难度，无论是政府主管机构人员的统筹能力，还是对信用系统开发机构都提出了更高的要求。

随着社会信用体系建设的不断深入以及社会环境的变化，我国社会信用体系建设呈现出如下趋势。

（1）由自上而下驱动转向强化信用建设的内生动力。自上而下的驱动在信用体系的基础设施建设以及网络平台建设中起到了较大作用，在服务政府职能转变方面也起到应有的作用。但现代市场经济是信用经济，服务市场需要是信用体系建设持续发展的基础，也是信用体系建设内生动力。如果仅仅依靠政府推动，信用体系建设与我国市场经济发展不能紧密结合，信用体系建设就难以转化为市场经济主体的"信用资本"，就不可避免地陷入政府一家独舞的局面，信用体系建设的动力就不足。这要求信用服务机构必须深入市场经济第一线，挖掘企业信用管理需求，提高专业能力，开发相应的产品与服务。对此，国家发改委副主任连维良在 2021 年全国信用信息共享平台、信用门户网站和全国中小企业融资综合信用服务平台建设现场观摩视频会上表示，下一步社会信用体系建设的工作方式要由原来自上而下的指导推动，转变为自下而上的总结推广。

---

① 中国金融信息网。

（2）社会信用体系建设的协同性趋势。信用建设关键在于信用的归集、整理以及利用。而信息则是实现信用体系高效运行的基础。对信息有效、快速归集也一直是政府公共信用平台建设的要求。尤其是进入大数据时代后，更是要求信用平台之间的兼容以及数据共享。而现实中信用平台建设中垂直条块式以及分层级建立的弊端已经不能满足社会信用建设的需要。注重社会信用体系建设协同性已经形成共识，"规划一体化、建设集成化、实施统筹化"将成为未来信用体系，尤其是信用平台建设的总体方针，必将更加注重纵向、横向的协同建设。

（3）信用管理体系建设将逐步得到市场主体的认可与重视，信用服务将趋向定制化、个性化，相应的服务与产品也将趋向多样化。信用管理的作用正逐步得到人们的重视，信用发挥作用的领域将更加广泛，市场主体在信用管理方面的投入将逐步增加，尤其是在恒大集团等头部企业发生债务违约的情况下。从国外来看，如美国与德国，企业都普遍建立了信用管理制度，企业对信用管理是具有现实需求的。国内方面，据调查，山东歌尔集团近年来每年在购买信用报告方面的投入都达到数百万元，企业也迫切需要在信用体系建设上的服务。市场主体在信用服务需求提振的同时，随之而来的是需求的个性化与差异化，有的期望获得更精准的数据；有的期望在评级建模上提供帮助；有的是整个信用管理体系建设等。这也要求信用服务机构必须针对市场主体差异化的需求提供针对性的服务或产品。在这个过程中，可能导致信用服务机构呈现行业化的发展趋势或特征，即信用服务机构围绕特定行业，进行深度开发，形成特色服务或产品，进而形成核心竞争力。

（4）信用服务法制化建设趋势明显加快。近年来，我国对信用服务，尤其是个人征信方面法制化要求越来越高。在国家层面，社会信用方面的法律列入全国人大常委会立法规划。据不完全统计，已有41部法律、49部行政法规中专门写入了信用条款。在地方层面，先后有16个省区市出台了省级社会信用地方性法规，有12个省区市已经提请审议或列入立法计划。下一步，国家层面将加快信用立法进程，地方层面要做好信用立法落实工作，同时，推动各领域专项立法嵌入专门的信用条款，使社会信用体系建设真正全面的步入法治化轨道。这要求无论是公共信用建设单位，还是市场化的信用服务机构，都必须进一步建立与增强法制意识，强化相关信用工作的合规性。

（5）建设内容注重"软""硬"建设同步趋向。信用体系的建设不仅仅体现在系统平台、技术工具等"硬"设施方面，还体现在法规、规范、标准、流程等"软"设施建设方面，新时代社会信用体系建设需要"软""硬"同步。这要求提高政府的规范、标准意识，高度重视有关监管法规、信用应用规范、标准等方面的制定。

（6）数字化、智能化衍生出新业态趋势，跨界融合也不断涌现。现代信息技术在社会信用体系建设中得到充分利用，大数据、云计算、数据挖掘、机器学习等技术不断渗透与运用到信用管理。一些平台公司利用所拥有的大数据优势，通过算法模型，开展相应的信用评价工作并开展相关业务；一些软件系统公司利用自身开发数据库优势，通过对数据的再加工，规避相应的限制条款，与信用服务机构合作，实现战略联合开展业务。这些都给信用服务机构的监管带来新的难度，也需要信用服务机构提高资源整合能力。

（7）多方参与，协同共建的趋势。当前信用体系建设不仅仅服务"放管服"改革，更是我国建立现代社会治理体系的重要基础。信用体系所包括的征信、评信、用信三个环节都不能缺失。这就需要吸引社会广泛参与，需要构建政府与行业协会、信用服务机构协同建设机制。解决信用评价不够全面的问题，就必须大力解决政府一家独舞的问题，就必须注重第三方服务机构、行业协会与政府的协同建设与发展。从当前来看，存在政府、行业协会、第三方信用服务机构的定位不清晰，分工不明晰以及第三方机构与行业协会专业性较低，能力较弱等问题，也是制约当前社会信用体系发展的因素。故此，构建政府、行业协会、信用服务机构的协同建设机制首先要清晰地界定三者在社会信用体系建设中的定位、职能边界，政府不应压缩第三方机构的生存、发展空间，第三方机构应针对市场主体需求，开展形式多样的市场化信用评价。此外，应建立政府有关部门通过政府采购等方式引入第三方信用服务机构参与公共信用综合评价的制度，发挥第三方机构的专业优势。

（8）分工更加精细，信用服务及产品向高层次发展，人才在信用服务机构发展中的作用将更加凸显。从经济发展趋势来看，社会分工越来越精细。这同样反映在信用服务行业上。无论是征信，还是信用评级，都需要深入行业，掌握行业发展的规律，进而提供更为精准、有效的服务或产品。而信用服务业的创新发展，离不开人才引领与支撑。对于信用服务业而言，缺乏高质量的、稳定的人才队伍，就注定信用服务机构无法建立长远的利益导向，就会导致其失去公信力，相关的认证也就无法转化为信用资本，体现不了信用管理的价值。

（9）更加注重应用。浙江、天津、海南、江苏等地公布的《社会信用体系建设"十四五"规划》，无不将信用应用作为一个重点，如浙江要打造"全社会信用应用新高地"；海南省提出"十项信用＋重点工程"；江苏省提出的五大行动（政务诚信助推营商环境优化行动、信用产品供给质量提升行动、打造信用监管示范行动、信用服务机构发展壮大行动、"信易贷"助力中小微企业融资行动）等。中国社会信用体系建设也由以平台、信息归集为建设重点转向应用建设。

（10）信用建设标准化、国际化的趋势。《国务院办公厅关于进一步完善失信约束制度构建诚信建设长效机制的指导意见》中明确提出要借鉴国际经验，既立足我国国情，又充分参考国际惯例，在社会关注度高、认识尚不统一的领域慎重推进信用体系建设，推动相关措施与国际接轨。这反映了信用体系建设内在规律的要求，尤其是在金融、国际贸易等领域，国际信用体系建设已经形成了标准化体系，国内建设必须遵循这些标准，才能为国际所接受。

1.3　我国社会信用体系建设重点领域与内容

中国社会信用体系不仅是市场经济的重要构成，还是现代社会治理体系的重要构成，涉及社会经济的各个领域。在《社会信用体系建设规划纲要（2014—2020）》中，中国社会信用体系建设内容共分为四大诚信建设重点领域，如图1-1所示。在我国社会信用体系建设中，政务信用建设是关键，起到表率和导向作用；商务信用建设是重点；社会诚信建设是基础；司法诚信是底线。

从社会信用体系的基本构成来看，涉及征信、评信、用信三个基本环节，如图1-2所示，包括征信、评信、用信的主体与客体，基础设施与网络，法规、标准与制度建设等内容。无论是征信、评信，还是用信都必须依据相应的法律规范，故此，现代社会信用体系是法治化的治理体系。征信、评信、用信三个环节是有机融合的，没有信用信息的征集，就无法开展信用评价；而没有信用评价，就很难科学、客观应用信用信息。而没有用信，征信与评信就毫无价值，也就没有市场，参与者也就丧失了动力。

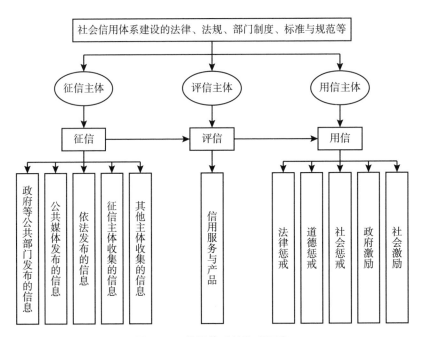

图1-2　信用体系的构成要素

从社会信用的载体形式来看，其载体仍然是信息，其征集的也是信息。产品或服务也多表现为信息的形式。从信用信息的征集来看，是依附于信用信息征集对象的，即信用信息对象的社会活动范围有多大，信用信息征集的地理范围就有多大，这也由此带来了征信的难度，尤其是伴随互联网的发展。当前，随着经济全球化，跨区域、跨国界的社会经济活动日益频繁，单个省、市区域性的信用体系已经失去意义，征信也由此向跨区域性的方向发展。此外，对于信用主体而言，反映其信用水平的信息应该是全面的，这样的信用信息才具有价值与可比性。现实中，信用主体的信息包括政府职能部门监管的公共信息，包括金融机构的信息，还包括来自市场的信息。这些信息汇总起来，才能真实地反映信用主体信用水平，而非单一方面的信用信息。信用的载体是信息，其价值基础在于其客观性、真实性。在此基础上，才能产生公信力，人们才能利用。没有公信力，信用体系就毫无用处。当然，作为一种信息产品，信用评价产品具有边际成本为零的特征，即一旦信用产品形成后，其后续使用存在很低的成本。

综上所述，尽管当前有关信用管理概念的界定多从金融与市场交易的角度出发，但任一概念都不能脱离其特定的社会政治、经济、文化背景并服务于社会发展需要。我国信用管理有其特定的内涵，尤其是将其纳入社会信用体系建设背景之下，信用管理就不仅局限在信用风险的管理，而是作为新型监管机制，优化营商环境，社会治理现代化（政府治理体系）的手段与基本构成，其作用也不仅仅识别、标志、防范控制风险，而更广泛地用于净化环境，降低交易成本，优化资源配置，促进市场经济高效运行与社会和谐，激发社会活力。

参照我国社会信用体系建设规划要求以及信用管理建设实践，依据"目标—功能—结构"范式，将信用管理界定为：针对特定目的，相关主体通过科学的技术、方法与工具，建立与实施信用生产与服务系统，满足社会需求的活动与过程。目的决定手段与具体内容，进而形成不同的结构。对应我国社会信用体系建设目标与内容，信用管理涉及微观、中观、宏观三个层面。

微观是具体组织的信用管理，对应了当前狭义上的信用管理，主要是指建立信用交易中的管理体系与运行机制，对信用风险进行识别、分析和评估，防范与控制风险。从微观来看，又可以进一步分为一般组织的信用管理与信用服务机构的信用管理。一般组织的信用管理侧重"商务信用"，是市场主体在履约过程中，针对赊销风险管理活动以及活动产生的有关记录及其评价等。这主要是针对企业外部的信用管理活动，其目的是防范与控制风险，并用经济、合理的方法综合性地处理风险，如保障应收账款安全和及时的回收。结合我国社会信用体系建设，一般组织的信用管理还包括组织内部的信用管理与上游组织以及利益相关者的信用管理，如针对自身供应商的信用管理、针对员工的信用管理以及针对社区或政府有关职能部门的信用管理，它体现了组织的诚信原则，对应了 GB/T 31950—2015《企业诚信管理体系》的具体要求。信用管理的内容就包括有：开展信用体系建设规划（策划）、保障措施（支持过程）、信用管理体系运行（管理实现）、考核评估（检查与分析）、前一阶段总结下一阶段启动（持续改进）等体系性工作。此类信用管理活动的目的在于增进组织与其利益相关者的信任程度，提高信任资本。

信用服务机构在强化自身信用管理的之外，还是信用产品与服务的生产组织。在这种组织中，信用管理的内容与范围超越自身，与当前的"金融信用""市场信用"相对应。在我国，为金融机构业务以及市场投资主体业务开展提供的外部信用服务，如征信、信用评级等，可以视为"金融信用管理"；信用服务机构根据客户需求，利用专业化的工具，提供相关信用产品或服务，如较为传统的信用评价报告与信用管理咨询服务等。信用机构的服务不仅是征信与信用评级，还包括有信用管理体系、信用规划、信用管理解决方案方面的服务等。

中观层面主要是行业协会、区域信用管理建设与服务。中观层面主要包括地方政府开展的公共信用体系建设与服务，区域信用管理体系建设、行业信用管理体系与运行，信用服务协会开展的信用服务机构管理与服务等。在中观层面，地方政府、行业协会等机构制定的信用管理规范、制度、规定、标准以及发展规划等，这些构成了信用管理微观运行的基础。同时，政府机关和具有公共管理属性的部门依法对信用主体开展的信用监管活动，构成了"公共信用信息"，也为信用服务机构提供了信息源。

宏观层面的信用管理主要包括有关信用管理的顶层设计、政策法规、组织体系建设，国家标准等，主要目的在于推动信用环境建设与信用文化塑造。

信用管理建设是一项系统工程，宏观的社会信用体系建设、中观的行业信用建设和区域信用体系建设，微观各类组织信用管理体系，三个层面相互协同，形成了具有中国特色的信用管理体系内涵与内容，如图 1-3 所示。

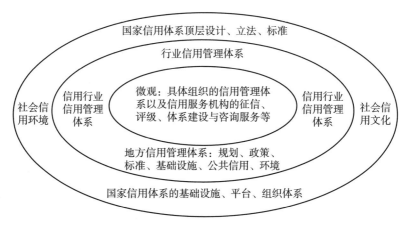

图 1-3 中国社会信用体系建设的三个层面

综上所述，我国信用管理工作具有如下特征：

（1）信用管理的本质是过程与活动，具有较强的系统性。从微观角度来看，信用管理是识别风险、评估风险、分析风险、防范与控制风险的联系过程。从信用服务提供来看，其包括了客户需求分析、可行性论证、解决方案设计、方案实施、服务评估的系列过程。从组织自身信用管理来看，包括了信用管理体系目标设定、设计与选择信用管理体系建设策略、信用管理体系建设实施、信用管理体系运行与监控、信用管理体系运行效能分析、信用管理体系优化等环节。信用管理工作的多环节性决定了其复杂性，也决定了其所需知识既需要综合性知识，又需要专业性知识。

（2）信用管理具有服务性与生产性。在信用管理过程中，既有服务型内容，如针对客户需求所提出的解决方案；还有一定的实质性产品，如设计的评级模型，开发的系统与平台，出具的报告等。

（3）信用管理的多业态性。广义上的信用管理具有三个层次，信用管理的内容又可以划分组织内与组织外。这决定了信用管理业态的多样性，既有政府部门的公共信用管理，还有信用服务机构的信用管理，更有企业自身的信用管理工作。在信用服务机构中，又可以分为征信服务与信用评级服务、信用咨询服务，还可以根据行业和领域细分为不同行业的信用管理服务等。

（4）信用管理工作的泛在性。市场经济是信用经济，信用管理存在市场经济运行的任一环节。大到整个国家，小到微观组织，信用管理无处不在，已经突破了金融业的限制。在微观组织中，即使不专设机构、人员，人们也在有意识或无意识地进行信用管理工作。对于大型企业、金融机构而言，信用管理更是自上而下渗透到整个运行体系之中。

（5）信用管理工作的专业性与综合性。发展至今，狭义上的信用管理具有高度的专业性已经成为共识；而在微观组织中，信用管理的专业性也逐步引起人们的重视。这体现在信用管理体系建设、系统与平台构建、算法模型设计以及数据清洗等诸多方面。但信用工作不仅要求具有高度的专业化，同样要求具有综合性的知识与能力，尤其是信用服务机构的前端。

1.4　社会信用体系的功能发挥

从实践来看，中国社会信用体系建设具有两大职能，一是社会治理功能，二是赋能社会高质量发展。两大职能的发挥都要结合具体的公共职能，即社会信用具有依附性，只有与特定的职能领域结合，才能发挥作用。从社会信用体系功能具体发挥来看，社会信用体系通过降低交易费用、提高交易效率、优化资源配置、塑造社会形象与品牌、警示与防范风险等功能的发挥，促进了社会经济发展的高效率、高效益以及安全；将社会信用应用到新型监管机制之中，能够大大提高监管效率，降低监管成本，提高监管效能，降低门槛，激发活力；新型监管机制则作用于高质量发展的效率、效益、安全、和谐与竞争力、绿色与生态、创新与活力。通过社会信用体系、新型监管机制的作用发挥，最终使得高质量发展具有较高的竞争力。

社会信用体系社会治理功能的发挥主要体现在新型监管机制的建立。我国新型监管机制的建立有其必然性。一是随着我国经济发展，经济主体的数量呈指数级增长。2019 年，我国市场主体高达 12 339.5 万户；截至 2020 年 11 月底，山东市场主体也高达 1 170.9 万户。① 如此规模庞大的市场主体数量使得传统的监管模式难以适应，无法实现有效监管。二是市场主体业务多样化，业态与商业模式的不断创新也使得传统监管机制疲于应付，日渐低效。现代信息技术，尤其是互联网技术的发展与应用，新产品、新商业模式、新业态以及跨界融合不断涌现，必然要求监管机制进行创新发展。三是各类主体业务范围的扩大倒逼监管机制与模式的创新发展。更深一层，除因我国市场主体数量规模呈现指数级增长，原有监管模式难以实现有效监管的原因之外，社会信用体系建设还有如下原因。

（1）我国法律建设不完善，需要采用一种更加灵活的机制来弥补。我国市场经济体制建设时间短，而近年来我国社会经济发展速度快，法律建设很难跟上社会经济发展速度，需要采用信用管理这种新型监管机制来约束市场主体的行为或者是采取信用管理作为过渡。

（2）法律的违反成本较低，难以形成有效的制约。法律的制定以普适性为主，而我国地区间不平衡，差异大，也导致了我国相当部分法律存在惩罚较低，难以形成有效的制约。这也需要依靠信用公示以及联合惩戒等加大对违法违规主体的制约力度。

（3）法律建设周期长，内容调整存在一定的滞后性，跟不上我国社会经济的发展速度，也需要信用管理来弥补。

---

① 中国智库网。

（4）市场主体发展基础还较为薄弱，需要根据发展水平采取合适的渐进性或阶梯型执法。我国中小微企业数量规模大，新创市场主体多，发展基础还较为薄弱，短时间内很难完全执行法律法规，如社保足额缴纳，需要实行渐进性以及阶梯式监管执法。对于这部分市场主体需要在发展与监管中寻求平衡。对此，国务院在《国务院办公厅关于进一步优化营商环境更好服务市场主体的实施意见》（国办发〔2020〕24 号）提出了"包容审慎监管执法"。在"包容审慎监管执法"的同时引入信用管理，能更好地引导市场主体遵法守法。

（5）解决信息不对称以及监督执法成本过高的问题。信息不对称是广泛存在的社会现象，这也是导致行政执法成本高的一大因素。信息越是不对称或者获得相关信息的成本越高，监督执法越是困难，成本越高。人社领域中的劳动者权益保护、劳动保障等工作都存在由于信息不对称或者信息获得成本较高的现象，需要借助信用管理加大风险识别与防范。同时，通过信用管理，形成社会压力，加大社会主体的违规成本。

从赋能的角度来看，信用能否赋能社会主体，关键其能否作为一种生产要素。2020 年 4 月，中共中央、国务院联合发布的《中共中央 国务院关于构建更加完善的要素市场化配置体制机制的意见》首次将数据与土地、劳动力、资本、技术并列为五大生产要素，确定了数据的生产要素地位。对于信用而言，自身是数据，需要经过人的劳动加工，具有产权属性。当然，信用的劳动生产需要社会主体与信用服务机构共同来进行，具体到人社领域，就是人社部门或人社委托的服务机构与社会主体共同完成。作为生产要素，信用要发挥赋能作用，就是要能够为市场主体带来价值增值或增强竞争力，即产生信用资本，这也体现了生产要素的价值性。作为生产要素，还应具有稀缺性的属性，也只有具备稀缺性，才能为市场主体带来价值，才能体现出信用的使用价值。我国社会信用体系建设就有公共物品属性，其产生的信用信息能够具有赋能作用，关键点在于能否具有稀缺性。

综上所述，从信用监管视角来看，其建立的必要性与对应的作用机理发挥如图 1-4 所示。

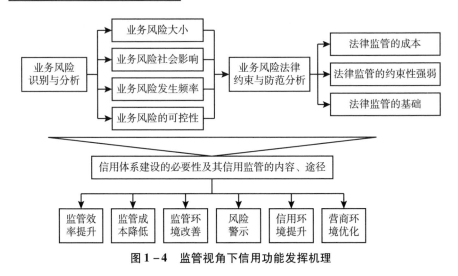

图1-4 监管视角下信用功能发挥机理

从赋能视角来看，信用体系主要是通过信用与其他生产要素的组合来提高市场主体的产出或效益，其形成与作用机理如图1-5所示。

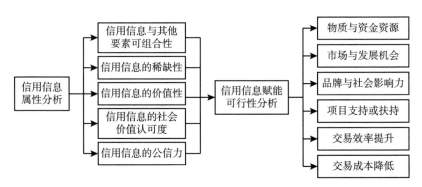

图1-5 赋能视角下信用作用发挥机理

从信用信息赋能的机理来看，信用信息不能单独发挥作用，必须依附于特定的载体，也必须与其他生产要素组合。从拥有生产要素的角度来看，法人组织与自然人相比，其拥有生产要素的数量、种类都要多于自然人。这也决定了信用信息能更好地赋能法人组织。此外，对于个体而言，其拥有的生产要素或其他信息具有一定的隐私性以及敏感性，这也加大了自然人信用信息与其他要素的组合应用，突出表现为应用场景有限。

作为一种生产要素，并非无成本获得，需要市场主体进行相应投入，达到信用标准，才能获得相应的信用等级。同时，作为生产要素，如果没有稀缺性，也就没有基础产生社会交换，也就没有相应的市场价值。对于人社领域而言，很难区分市场主体或自然人的信用水平，即信用水平一致或接近一致，那么，信用就很难发挥赋能功能。

1.5　环境与技术发展对社会信用体系建设发展的影响

任一组织都必须适应外部环境，才能生存与发展。环境影响了组织功能的变化，功能影响了组织结构设计与岗位设置等，如近年来国家对安全管理的重视直接导致企业安全管理部门、安全总监的成立与设置。不同的职能则对任职者的知识结构要求不同。

从社会整体环境来看，呈现出 VUCA 特征，即 volatility（易变性）、uncertainty（不确定性）、complexity（复杂性）、ambiguity（模糊性）。从国际环境来看，受疫情影响，环境是高度动态变化的，加之复杂的国际政治环境，使得经济发展易受影响，如我国今年大宗原材料价格的变化等。这使得市场主体的风险变得更难预测，也要求信用服务机构具有更高的专业素养，更具洞察力，以对行业发展作出较为准确的判断。当然，在 VUCA 环境下，市场往往受突发事件的影响，导致市场波动大，会打破市场正常的规律，也致使数据的预测作用会有所降低，人的专业性、风险敏感性、对行业发展规律的深入理解与掌握等所起的作用更大。

从国家政治与法律环境发展来看。正如国家发展和改革委员会副主任连维良所讲，信用信息的支撑作用、应用领域远远超出预期；应用场景广泛覆盖，社会影响力与日俱增。从国家层面来看，信用建设的功能定位是现代化社会治理的重要手段，市场机制作用发挥的重要保障与基础。以信用为基础的社会治理将成为各个领域主要模式。这对从事公共信用建设人员的专业化要求更高，在很多领域必须突破传统的思维模式，学习信用管理理论知识，将信用建设与自身业务领域紧密结合。从另一个角度来看，人才对公共领域信用建设的引领与支撑作用将更加凸显，专业化的人才队伍将是推动公共信用体系建设高质量发展的根本性因素。同时，信用建设的法制化要求更高，对信用建设、管理、服务从业人员的法律知识、法律素养等也提出了更高要求。

从政策与法律环境来看，随着我国法制化水平的不断提高，执法规范、严格程度不断提高。法规与政策的实施对市场主体的影响也越来越大，如"双碳"目标及有关政策将有可能重构我国现有经济发展模式，监管及处罚力度加深加强，企业面临的环境风险上升；"双减"政策可能给市场主体带来意想不到的风险等。这都要求信用服务机构要加深政策研究、行业研究，才能有效识别风险、评价风险。

技术环境对信用建设以及信用服务业态发展的影响直接而又巨大。一方面，现代信息技术，尤其是大数据技术、人工智能技术等为信用服务与管理提供了新的工具，直接改变了传统的专家打分评价模式，也改变了传统的人工归集信息方式，大大提高了信用服务工作的效率，也大大降低了信用服务或产品的成本，可以说现在不应用大数据与人工智能的信用服务机构几乎没有出路。另一方面，现代信息技术的发展以及在信用工作中的应用，改变了信用服务机构的经营模式、组织结构与岗位设置。现代意义上的征信、信用评价机构对计算机人才需求较多；对数据采集、整理、清晰人员要求较多，并都有相应岗位设置。故此，技术环境的变化使得信用服务机构的专业性、技术性更强。再一方面，现代信息技术在提高数据、信息广度、深度，在提高服务质量的同时，数据作为财富，形成了数据财富观，数据的保密意识在提高，数据获得难度与成本也在不断提高。如何从庞大的数据中获得有效数据；如何对庞大的数据去伪存真，也对信用工作人员提出了更高要求。

技术发展对信用行业最大影响是打破传统的行业壁垒，跨界融合以及产业链延伸催生了新的业态。随着现代信息技术的发展，形成了平台型公司。这些平台型公司在业务开展的同时积累了大量的信息数据，拥有了数据优势，很自然就能进行数据深度开发，开发与提高征信以及信用评级服务或产品。芝麻信用管理有限公司就是在阿里集团数据优势的基础发展而来，依据用户在互联网上的各类消费及行为数据，结合互联网金融借贷信息，运用云计算及机器学习等技术，通过逻辑回归、决策树、随机森林等模型算法，对各维度数据进行综合处理和评估，在用户信用历史、行为偏好、履约能力、身份特质、人脉关系五个维度客观呈现个人信用状况的综合分值。腾讯征信有限公司也是利用腾讯的平台优势发展而来。同时，对于一部分数据机构，也在积极拓展自身产业链，在规避风险，合规的情况通过数据输出，从事类信用服务工作，出现了新的业态模式。同时，一部分数据机构与信用服务机构联合，重新塑造了产业形态，使得信用服务产业链得以延伸、拓展，也形成了新的信用服务业生态系统。同时，结合信用管理的应用，信用服务与管理与其他行业也在不断融合，产生了更多的信用服务与产品。

当然，由于中国企业规模、管理水平参差不齐等原因，企业数据会出现不真实、不准确等现象，即使是税务数据，也未必完全真实、准确。这一方面加大了信用服务机构工作的难度；另一方面，也为信用服务机构创造了机会，真正有实力，尤其是有研究能力的机构恰恰能够满足需求，在风险识别、风险评价、风险预警等方面大有作为。

1.6　社会信用管理人才的分类与特征

中国社会信用体系建设的特殊性决定了中国信用管理人才类型需求不同于西方。西方市场经济体制较为完善，形成了相应的信用服务行业，政府的作用较小。中国社会信用体系作为现代社会治理的重要手段，政府驱动作用较为突出。这种发展路径也导致我国信用管理人才类型与领域分布的特殊性。除传统的金融领域信用管理人才外（服务于金融机构，主要从事资产管理、授信与风控、信用卡等工作），我国信用管理人才还分布在如下几个主要领域。

（1）政府行政管理或公共服务领域信用管理人才。我国社会信用体系建设自上而下驱动，尤其是公共信用体系建设引致了政府行政管理以及公共服务部门设置了信用管理机构与岗位，自然形成了行政管理与公共服务领域的信用管理人才队伍。由于行政管理部门人员的招聘与配置更依赖于行政权力，这也导致其信用管理人员配置有较高的不确定性。同时，基于编制等硬性约束，行政管理部门信用管理人员多是兼岗方式，信用管理工作仅仅是其一部分工作。这也导致该领域信用管理人才来源具有多样性，专业化程度参差不齐。

公共服务领域信用管理部门及岗位设置承载了部分行政管理部门的部分职能（受制于行政管理岗位编制），有的专设信用管理部门或在服务管理中心中设有信用管理岗位，开展相应的信用评级、信用管理研究等。

（2）信用服务机构的信用管理人才。征信机构、评级机构、信用资信服务机构等是信用管理专业人才的主要需求方，需要大量的专业化信用管理人才。这类机构业务不同，岗位设置不同，如以银行以及金融机构服务为主的 CBC（北京）信用管理有限公司（http：//www.cbcbeijing.com.cn/），其业务岗设置有"见习信控员—信控员—资深信控员—信控师—资深信控师"以及信控组长、信控经理、项目经理等职位等。这类机构规模不同、业务不同，设置的岗位类别存在差异，员工的专业化要求也存在差异，如央行备案的信用评级机构员工招聘大多是研究生及其以上学历且对专业也有明确要求。

同时，基于互联网金融与科技金融的发展，在信用管理方面衍生出相应的技术类岗位，如数据工程师、数据维护师等岗位。这类岗位对数据库、信息技术要求较高，岗位人员数量要求较少。

（3）企业内部的信用管理人才。随着社会信用体系的建设发展，企业对经营或商务风险防范以及其自身增信需要，开始设立相应的部门与岗位。从当前来看，我国大型企业中一般设置风险控制部门（风控中心、风险管理部等，独立型信用管理部门设置模式），如山东土地发展集团设立有法务风控部；山东钢铁集团设有风险合规部等，其主要职能有审计、合格审核、催收等；也有的在财务部门下设风控岗或者销售部门下设风控岗（财务主导型模式、销售主导型模式），一般是上规模民营企业。与国内企业不同，外资大型企业会设置专门的信用管理部门，其主要职能是进行客户、业务伙伴的资信调查，其职能不局限于企业前期风险评估和事后的应收账款处理，相应的岗位设置有信用经理、信用总监等。

同时，随着信用应用场景的扩展，尤其是信用评价在招投标中的应用，企业设立信用管理类岗位进行竞争对手信用信息收集，开展自身信用修复，参与信用评级等活动。如水利建设行业，水利建设企业设立信用管理类岗位，不仅关注自身信用建设，还关注竞争对手信用信息并利用信息开展市场活动等。

（4）社会团队与教育研究机构的信用管理人才。信用管理协会、信用管理研究机构等均设有信用管理部门以及信用岗位，如各省设立的信用协会、信用研究机构以及高校设立的信用管理专业等。高校与研究机构的信用管理人才学历层次较高，专业性要求也较高；协会类信用管理人才多是兼职类，与信用管理服务机构、信用管理研究结构人员有重叠。

总结信用管理人才的特征，新时代信用管理人才有如下特征：

（1）人才分布的广泛性。信用管理工作具有全域性，信用管理人才分布因而具有广泛性，甚至可以全域性。信用管理人才的广泛性和全域性可以体现在以下两个方面：社会需求的增加、高校信用管理教育的完善。社会信用体系是一种社会机制，是由信用立法与执法、信用管理行业运行管理与约定、社会信用行为与道德规范、不良信用惩戒机制、诚信宣传教育等多个子系统共同作用、交织形成的社会机制。社会信用体系的主要作用是规范一个国家或地区的信用活动。健全有效的信用体系可以促进该国或该地区的市场经济交易手段从原始支付方式向信用方式过渡和转变；创造和规范发展市场经济的良好信用环境；扩大并创造市场需求，保持市场繁荣，促进经济持续增长；促进该国或地区的市场经济走向成熟，为市场经济健康、有序发展提供制度保障与社会基础。近几年来，我国社会信用体系建设不断完善，社会信用体系的健全使得社会对于信用管理人才的需求不断扩大，各行各业都需要信用管理人才以保证社会信用体系的正常运行，因此这使得信用管理人才具有广泛性或全域性。

（2）高端性。信用管理人才具有高端性。信用管理人才不是一般的人才，而是具有高专业性、高技能性的专业人才。从学历上来看，信用管理人才绝大部分为研究生学历及以上。而且由于信用管理学科是交叉学科，所学知识较为繁杂，集合了管理学、经济学、金融学、法学、计算机等知识领域，而且信用管理专业对于知识与技术的综合应用能力要求较高，所以信用管理专业的培养目标是有高技术水平、高知识能力的专业化人才，必须是集经济学、社会学与管理学知识于一身的复合型人才。信用管理专业建设重视培养学生树立信用风险意识，突出风险管理意识，引导学生树立风险敏感性；培养学生养成风险管理职业习惯，掌握信用风险的识别、控制与管理技术，具备信用管理知识实际应用的能力。高校信用管理专业培养具有扎实的经济理论基础，掌握数理统计方法，拥有财务分析与软件运用技能，能够在国家政府部门、企事业单位、科研机构、信用中介机构从事信用政策制定与信用风险管理的专门人才。

（3）知识型服务性。知识型服务业又称知识密集型服务业，国外通常表示为"Knowledge Intensive Business"或"Knowledge Intensive Business Services"，简称为 KIBS，知识型服务业的概念最早是在 1995 年由 Miles 等人提出。知识型服务是服务业近年来的新发展，是知识在服务领域中的广泛和深入应用，具有服务特性。信用管理人才从业之前必须接受系统化的高度专业化的知识传授，并以此为基础去完成执业前的各项考核，不断夯实自己的专业基石，提高自己的专业素养。而知识型服务人才是指那些接受过系统的专业教育，具有较高的知识水准以及扎实的理论基础，掌握最新技术具备开拓创新精神引领组织文化发展、变革生产和制度的人。知识型服务人才的特点可以概括为：追求自主性、个体化、多样化和创新精神，与普通人力资源存在高素质、独立性、创造性较强等显著差异。信用管理人才相比其他领域的人才，专业要求更加严格，涉及范围更加广泛，作为该行业的重要力量，不论是行业整体还是员工个人，都是为了客观科学地作出评级报告而不断鞭笞自己。

（4）工作以及知识要求的差异性。信用工作分布在不同领域，尤其是政府公共管理领域与商业领域间存在较大差别，这导致了工作内容的差别，由此也导致了知识要求、能力要求的不同；同时，由于现代技术在信用服务机构的应用，导致了信用服务机构内的专业分工更加细化，岗位间的技术要求差异性更大。

（5）知识的综合性与专业性并存，知识结构呈现"⊥"形。信用管理是一项系统工程，风险来源于全体系以及外部环境因素、行业因素等影响，相关人员需要综合性知识。同时，基于业务开展的需要，即使是信用服务机构的商务人员，也需要具备相应的专业技术知识，才能和客户进行更深入的沟通。

第2章

知识与知识结构理论的研究进展

2.1 知识与信用管理知识

人才是社会信用体系建设高质量发展的支撑。知识结构则是实现社会信用管理人才培养的基本依据与支撑。中国社会信用体系建设发展的特殊性，也决定了中国社会信用管理工作需要不同的知识结构。

对于知识的概念，柏拉图的《泰阿泰德篇》记载了最早哲学家对"知识是什么"的讨论，即哲学家苏格拉底和智者朋友泰阿泰德有关知识本性的讨论。苏格拉底认为，知识必须满足如下三个条件：信念的条件、真的条件和证实的条件。由此得出结论：知识是经过证实了的真的信念，是真实的信念加上解释（逻各斯）。对此，有不少哲学家赞同，但也有不少人反对，也就形成"泰阿泰德问题"。罗素告别泰阿泰德问题，从知觉与语词和命题开始，把哲学引向实践之路[1]，罗素知识观包括了知识的经验来源、知识的逻辑结构、对知识确定性的探求等三个层面，知识的来源包括"事物的知识"和"真理的知识"；知识的构成包括原子命题、分子命题、知识系统三

---

① 余永林．罗素如何告别泰阿泰德问题？http：//www.cssn.cn/zx/201607/t20160719_3125805.shtml，2016 – 07 – 19.

个不同的层次。这都为后续知识概念的界定奠定了基础。心理学认为，知识是存在于人的大脑皮层中有组织地呈现的东西，其中内成论者认为知识是内在的心智操作的结果，外成论者认为外在的刺激输入是知识形成的基础；教育心理学认为狭义的知识是事物属性与关系的反映，是客观世界的主观映象，主要以表象、观念、概念、规则等心理形式存在；广义的知识是个体通过与其环境相互作用而获得的信息及其组织；教育界认为，知识属于人的认识范畴，是人们在社会实践中形成并得到检验的，其不仅仅是人类认识的成果，不是外在于人的、与人毫无关系的仓储式的客观存在物，知识同时也是一种探究过程①；管理学认为，知识是人们在实践中获得的认识和经验，指人们在实践中对客观事物特征、联系等属性的认识，表现为事物的感性知觉、表象或概念、规律。此外，经济合作与发展组织（OECD）在 1996 年发表的《以知识为基础的经济》报告中将知识分为四种类型：知道是什么的知识（Know-what），指关于客观事实的知识；知道为什么的知识（Know-why），指自然规律和原理方面的知识；知道怎么做的知识（Know-how），指技术诀窍、技能和能力方面的知识；知道是谁的知识（Know-who），指知道何人具有何种知识和能力的知识，涉及社会关系等方面。② 国内侧重将知识视为习得的社会经验，李润洲（2018）将知识分为事实或概念性知识、方法性知识与价值性知识三个层次，其表现为在一定的价值观念的引领下澄清研究问题，运用某（些）研究方法、思想与思维，最终获得某种事实或概念性知识③；孙铃、宋晓星、周战强等（2018）指出，财经知识是指对财经概念和原理的掌握和理解，强调心理过程中"知"的层面，有别于财经能力等。

根据本研究的目标，其目的是为了信用管理人才的培养。而教育则是信用管理人才培养的主要途径。故此，借鉴《中国大百科全书·教育》有关

---

① 石中英. 知识转型与教育改革 [M]. 北京：教育科学出版社，2001.
② 陆雄文. 管理学大辞典 [M]. 上海：上海辞书出版社，2013：380.
③ 李润洲. 学科核心素养的培育：知识结构的视域 [J]. 教育发展研究，2018（15）：43 – 49.

知识条目的界定：客观事物的属性与联系的反映，是客观世界在人脑中的主观映象，将知识界定为：公民通过教育或者经验了解和掌握的，涉及某一领域的与个人工作、生活息息相关的重要概念和原理。信用管理知识就是公民通过教育或者经验了解和掌握的，涉及信用管理与服务领域的与个人工作、生活息息相关的重要概念和原理。知识应该至少包括四个方面的内容，一是知识是一种重要的智力资源，其获得和应用有助于提高人们的认识和实践能力；二是知识不是个体一种内隐的心理要素，而是一种可以在公共领域加以传播的社会要素，是可以通过向他人或者其他途径学习而间接获得的东西；三是知识的多寡，相当程度上代表着人们对事物了解程度的深浅或实践能力的大小；四是知识是后天习得的，而非是先天遗传的，只有那些善于学习的人才能掌握某方面的知识。

知识是广博的，也是庞杂的，如何有序发展知识，其分类就非常重要。对于知识的分类，罗素将知识分为认知的知识和描述的知识（直接经验、间接经验、内省经验）。其后，人们发展了不同的分类标准，形成了不同的知识分类体系。心理学将其分为陈述性知识与程序性知识，其中陈述性知识是指个人具有有意识地提取线索，而能直接加以回忆和陈述的知识，用来说明事物的性质、特征和状态，用于区别和辨别事物，通过网络化和结构性来表征观念间的联系；程序性知识关于完成某项任务的行为或操作步骤的知识，或者说是关于"如何做"的知识，是以产生式的形式，通过目的流将一系列的"条件—行动"组装起来，体现了人会在何种条件下采取何种行动来达到一系列中间的子目标，又如何通过实现相关子目标来达到最终的总目标；策略性知识是一种较为特殊的程序性知识。它是关于认识活动的方法和技巧的知识。1956 年，布卢姆（Bloom，B. S. Bloom）等人出版的《教育目标分类学第一分册：认知领域》标志着教育目标分类学的研究拉开了序幕。其后，《面向学习，教学和评价的分类学——布卢姆教育目标分类学的修订》一书对布卢姆的教学目标分类进行修正，将布卢姆原来的一个维度分类（知识，领会，应用与分析，综合和评价）修订为两个维度，即"知识"和"认知过程"二维框架。知识是指学习时涉及的相关内容，包括了从具体到抽象四个类别：事实、概念、程序和元认知，其中，概念和程序的抽象程度有一定的交叉，即有的程序性知识比最抽象的概念性知识更具体；认知过程涉及学习时要掌握的学业行为表现（业绩），包括了六个类别：记忆、理解、应用、分析、评价和创造。

事实性知识（factual knowledge）是学习者在掌握某一学科或解决问题时必须知道的基本要素。具体包括：①术语知识（knowledge of terminology）。这是指具体的言语和非言语知识与符号（如语词、数字、信号与图片等），也是人们在沟通交流时必须用到的知识；②具体细节和要素的知识（knowledge of specific details and elements）。这是指事件、地点、人物、日期、信息源等知识。这些信息往往可以从一个更大的情境中分离出来。

概念性知识（conceptual knowledge）是指一个整体结构中基本要素之间的关系，表明某一个学科领域的知识是如何加以组织的，如何发生内在联系的，如何体现出系统一致的方式等。概念性知识具体包括：①类别与分类的知识（knowledge of classification and categories），这类知识同术语与事实在具体要素的数量及联系上有明显区别，分类与类别构成了原理与概括的基础，同样也成了理论、模式和结构的基础；②原理与概括的知识（knowledge of principles and generalizations）。这类知识是在大量的事实和事件集合的基础上，对类别和分类的内在过程与关系作出说明，对各种所观察的现象作出抽象和总结，十分有助于描述、预测、说明或确定最适宜的最相关的行动及其方向；③理论、模式与结构的知识（knowledge of theories, models and structures），将原理与概括的知识用有意义的方式加以整合，以体现某一现象、问题或学科内在一致的联系，这就是理论、模式与结构的知识。它们是最抽象的知识. 如不同的化学原理形成了各种化学理论。

程序性知识（procedural knowledge）是"如何做事的知识"，还包括了运用标准确定何时何地运用程序的知识。同元认知知识不同，程序性知识一般都是同具体学科挂钩的，反映了具体学科的思维方式。程序性知识具体包括：①具体学科技能和算法的知识（knowledge of subject-specific skills and algorithms）；②具体学科技巧和方法的知识（knowledge of subject-specific techniques and methods)，主要反映了这一领域的专家是如何思考及如何解决问题的，而不是关注其结果；③确定何时运用适当程序的知识（knowledge of criteria for determining when to use appropriate procedures），这类知识同以往的经验以及自己同他人的比较之期望有关。专家在解决问题时不仅要知道如何去做，做什么，同时也知道在什么时候什么地方运用程序，他们依据准则来帮助自己合理决策。

元认知知识（meta-cognitive knowledge）是关于一般的认知知识和自我认知的知识，强调了元认知知识在学习者成长以及发挥其主动性中的地位。元认知知识具体包括：①策略知识（strategic knowledge），即有关一般学习、思考和问题解决策略的知识，涉及不同的学科。②关于认知任务的知识，包括适当的情境性和条件性知识（knowledge about cognitive task, including appropriate contextual and conditional knowledge），不同的认知任务要求不同的认知方式，也要求不同的认知策略；③自我知识（self-knowledge），包括了解自己认知活动中的优势与不足，也包括了解自己什么时候不知道什么以及采用什么样的一般策略去发现必要的信息，除了认知上的自知以外，还有动机与情感的自知，个人的兴趣，价值观与完成任务的关系等。

此外，管理学中将知识分为显性知识与隐性知识，其中显性知识是指可以结构化、明确化的知识信息；隐性知识指存在于个体或群体内的非结构化的知识信息。隐性知识划分为两类：一是技能类隐性知识，包括那些非正式的、难以表达的技能、技巧、经验和诀窍等；二是认识类隐性知识，包括洞察力、直觉、感悟、价值观、心智模式、团队的默契和组织文化等。知识管理的主要目的是将隐性知识转化为显性知识，以便于学习、传播、共享。

2.2　知识结构及其构建方法

随着进行知识时代，人们创造知识的速度快速提高，对知识管理的需求也就日益强烈，尤其是知识的组织与某一群体所需知识机构的确定，相应的技术也得以快速发展。而对于知识结构的定义，也存在较大差异，并没有统一的定义。① 有人认为知识结构就是一个有关知识组成的网络结构，这些知识必须具有相关性，如图书馆学中早期将引文关系网络视为知识结构；有人将知识结构视为知识体系；有人将知识结构视为知识体系或科学结构；有人认为知识结构就是知识框架；还有人认为知识结构就是知识图谱；还有人将知识结构视为是学科领域、科研人员的研究内容和结构。张发亮、谭宗颖（2015）将知识结构界定为：一定时期内研究主体（或学科领域）在其研究内容中所反映的学科知识的构成情况和结合方式，是通过科研成果的特征项获取的，以词语为表征的学科子结构（研究主题或主题词）的构成情况和关联关系。② 牟冬梅、郑晓月等（2017）将学科知识结构界定为特定学科所包含的知识元素及其相互关联所形成的具有层次结构的知识体系，能够系统地体现该领域知识的基本构成和不同知识之间的关联。参照相关的研究，结合特定的研究目的，本课题将知识结构界定为：特定领域内知识的构成情况与结合方式或关联。

人们对于知识结构的研究，可以归纳为三个领域，一是有关教师知识结构的研究；二是某些新型职业的知识结构研究；三是有关知识结构构建方法的研究。教师知识结构研究是该领域的研究重点。芬内马（E. Fennema）、弗兰克（M. Franke）基于课堂环境下教师知识的使用情况提出数学教师知识模型，包括数学知识、教学知识、学习者在数学上认识的知识以及情景特定的知识，信念（教育信念以及数学信念或者说教育观和数学观）直接作用于知识结构。季诚钧、陈于清（2005）针对教师专业化提出了"熟练型实践者范式"，指出某一职业的专业属性体现在其实践领域的科学知识与技术的成熟度以及实证的效果。③ 许如聪、董艳、鲁利娟（2015）基于

---

① ② 张发亮，谭宗颖．知识结构及其测度研究［J］．图书馆学研究，2015（13）：10 – 16.
③ 季诚钧，陈于清．我国教师专业发展研究综述［J］．课程·教材·教法，2005（12）：68 –
71.

TPACK 九因子理论模型（技术知识 TK、学科内容知识 CK、教学方法知识 PK）研究了新手教师的知识结构发展，TCK 知识（整合技术的学科内容知识）和 TPK 知识（整合技术的教学法知识）的改进而得到提升。[①] 对于某一群体的所需的知识结构，尤其是新兴职业或岗位的知识结构的研究，近年来正逐步兴起。周晓燕、尹亚丽（2016）通过调研国外高校图书馆数据服务人才招聘岗位的数据，系统研究了 6 类岗位（数据管理员、科研数据馆员、数据管理专家、数据分析人员、数据管理咨询者和数据管理协调人员）的招聘信息，分别对其学历要求、学科专业以及素质能力进行了分析，得到了包括有理论知识、数据分析和计算机技术 3 个维度的知识结构，其中理论知识包括图书情报领域知识、科研数据相关知识和特定学科理论知识；数据分析知识分为统计分析、数据可视化和数据挖掘；计算机技术包括数据库知识、办公室使用软件和编程。[②] 周晓燕、尹亚丽（2017）运用网络调查法和内容分析法，通过调研数据管理人员的知识结构和技能的需求，确定了大数据人才的知识结构包括理论知识、数据分析知识和计算机技术知识，其中理论知识主要有管理学相关知识、特定学科领域知识和计算机基础知识；数据分析知识主要有统计分析、数据挖掘和数学/统计学知识；计算机技术知识主要有计算机操作能力知识、数据库知识、计算机软/硬件知识和编程知识。[③] 陈蓉、石忠义（2018）基于问卷调查与访谈法，得到了大学生创业教育知识结构，指出缄默知识的重要性，群体获得隐性知识的重要途径是人际沟通。[④] 孙铃、宋晓星、周战强等（2018）以财经活动的领域为线索来组织财经知识的结构，将财经知识分为日常收支、财富管理、风险防范、财经视

---

① 许如聪，董艳，鲁利娟. 基于九因子模型的新手教师 TPACK 知识结构分析 [J]. 现代远程教育研究，2015（1）：98 – 105.

② 周晓燕，尹亚丽. 国外高校图书馆科研数据服务人员知识结构分析——以 IASSIST 网站中 2015 年的招聘信息为例 [J]. 图书情报工作，2016（3）：76 – 82.

③ 周晓燕，尹亚丽. 基于国内市场需求的大数据管理人才知识结构分析 [J]. 2017，35（1）：29 – 34.

④ 陈蓉，石忠义. 大学生创业教育知识结构探究 [J]. 知识经济，2018（16）：146 – 147.

野四个维度①，进而指出当前财经知识测量存在的缺陷，但其也没有一个有效的测量的工具。张凤梅、吕斌（2020）针对美国 67 条数字人文馆员招聘信息，相关的专业背景要求有图书情报学、人文科学、社会科学、计算机科学、其他等五大类，有关知识要求包括图书情报学知识、数字人文相关知识和计算机网络知识。②

　　常见的知识机构分析方法有文献计量学、科学计量学和信息计量学，具体又可以分为基于内容词分析方法、基于引文分析的方法，其中内容词分析是指知识经常由一组具有关联性的词组成，包括有词频分析和共词分析；基于引文分析的方法是根据文献关系，构建引文网络并跟踪不同时间片段中聚类的论文簇变化，从而探明某一学科领域学科结构，以及其内在外在的亲缘关系，主要包括主文献耦合、同被引和直接引文三种引文关系分析，各类知识结构探测方法的比较如表 2 - 1 所示。

表 2 - 1　　　　　　　　各类知识结构探测方法的比较

探测方法	特点	要求
文献、词频数量统计	操作简单、能揭示知识结构不同主题词的分布情况，无法探测出主题间的关联情况	探测质量依赖文献关键词标引或抽词算法
基于引用的方法	直引网络可以更早探测到新的主题，且最不容易丢失核心知识；基于引用的网络适用于学科领域知识结构探测，但具有滞后性	一般需要高被引文献集或作者群为对象，分析效果更佳
共 词 分 析方法	可以对相关主体的知识结构进行实时揭示，也可结合时序分析揭示动态知识结构	主题词的选择、聚类效果、高频词阈值选择等对分析效果具有一定影响

---

① 孙铃，宋晓星，周战强，等. 财经知识的概念、结构和测量［J］. 心理技术与应用，2018（8）：459 - 464，483.

② 张凤梅，吕斌. 美国高校图书馆数字人文馆员知识结构分析——基于招聘信息的内容分析［J］. 高校图书馆工作，2020，40（6）：33 - 36.

探测方法	特点	要求
引文与共词相结合等	在一定程度上克服单一方法的不足，操作更复杂，融合效果有待进一步验证	
其他方法	社会网络、神经网络、自组织映射、多维尺度分析、因子分析、时序分析法等方法	

对于知识结构的编制与研发，具有较大影响力的步骤是：

（1）建立逻辑框架。逻辑框架遵循 MECE，即完整而不重复，应进行穷尽列举，在保证结构完整的情况下，也保证了足够小的颗粒度和清晰度。同时，应遵循系统化，可以思维导图思路，自上而下与自下而上相结合，逐层展开。使得累计的内容越多思路越清晰，而不是越混乱。（2）围绕关键词逐层分解。在分解时应坚持模块化，标准化。大模块由各小模块组成，小模块可以自由组合成大模块。（3）建立知识间的联系。遵循有效链接原则，对相关模块作详细阐释的时候通过链接标记进行标志链接，围绕核心关键词展开。在前两步建立的树状结构的基础上进一步发展出网状结构。从整体来看，以树状结构为主干，保证体系的条理性，以网状结构为辅助，体现了知识内在的关联性。（4）不断积累，完善，整合，进行迭代。对构建的知识结构不断迭代，修复，成长，促使知识结构模式不断进化，主要是通过将理论应用到实践中不断检验理论的正确性，并通过实践检验不断修正，进而不断完善迭代。

近年来，我国对知识结构的探测与构建也进行了相应的研究。刘晓敏（2015）将知识工作结构的构成维度分为完备度、精细度、有序度、创新度和有效度。谢庆球、秦春秀等（2017）系统地总结了知识的表示方法（谓语逻辑表示法、产生式表示法、框架表示法、语义网格表示法、面向对象表示法、基于本体的知识表示法）等，知识元是深入文献中的数据、公式、事实与结论等自由单元，是知识结构的基本元素，可以通过不同的排列组合形成知识单元，提出了包括本我层、自我层、超我层的知识元结构。索传军、盖双双（2018）也对知识元进行研究，指出知识元是知识控制与处理的基本单位，是知识结构的基元，总结了图书情报学、计算机科学、教育学等学科领域有关知识元的概念的界定以及知识元描述模型等，提出知识元是指语义上相对完整地表达特定知识的最小的内容单元，具有实际意义和相对独立性，进而将知识元分为常识知识元、引证知识元和创新知识元三种类型。其中常识性知识元对应学科或领域基础性知识内容，引证知识元对应能够表征施引文献引用参考文献的文本内容，创新知识元对应新发现或新认识。① 雷战波，李琼瑶（2017）在霍尔（A. D. Hall）三维结构体系（时间维、逻辑维和知识维，详见表 2 - 2）基础上，增加了环境维，组织人力资源知识结构分为四个维度，即知识维、流程维、逻辑维、环境维。其中知识维是通过学习、培训或在实践中得到的认识、判断或技能，包括有理性知识、感性知识、活性知识，在不同的层级中又分为决策知识、管理知识、操作知识；环境知识维是有关环境的知识，从微观到宏观包括有岗位环境、相关岗位环境、部门环境、组织环境、专业领域环境、行业环境、社会环境，前 4 种环境要素构成了内部环境，后三种构成外部环境；时间维（流程维）知识是不同流程上的员工应掌握的相应流程知识，包括生产管理流程知识、经营管理流程知识和战略管理流程知识；逻辑维是有关业务逻辑的知识，包括有目标确定、可行性分析、价值判断、可持续性分析、比较、决策、制定执行计划等内容。同时，雷战波，李琼瑶指出，人力资源所具备的知识结构受业务职能、业务流程、业务处理逻辑和所处环境状况的影响，不同职能层次的人力资源知识存在位势差。

---

① 索传军，盖双双. 知识元的内涵、结构与描述模型研究 [J]. 中国图书馆学报，2018（4）：54 - 72.

表 2 - 2　　　　　　　　　　　霍尔的三维体系具体内容

维度	定义	具体内容	具体知识
时间维	系统工程活动从开始到结束按时间顺序排列的全过程	规划、拟定方案、研制、生产、安装、运行、更新	项目管理知识与方法
逻辑维	指时间维的每一个阶段内所要进行的工作内容和应该遵循的思维程序	明确问题、确定目标、系统综合、系统分析、优化、决策、实施	头脑风暴法、5W1H 法、KJ 法等、德尔菲法、列名小组法、有德尔菲法、情景分析法、交叉影响法、时间序列法、建模与仿真、效用理论、风险估计、价值工程
知识维	知识与技能	工程、医学、建筑、商业、法律、管理、社会科学、艺术等各种知识和技能	学科知识

此外，田绪红、邝颖杰等（2017）采取文献研究法，提出了针对应用大数据人才的知识结构，包括有人文社会科学知识、学科基础知识、专业基础知识、专业知识、综合性知识等。① 这也是通常高校人才培养所依据的人才结构。任红娟（2013）提出了一种融合函数，通过聚类评价，验证了其作为知识结构分类的有效性。②

2.3　信用管理人才知识结构构建启示

从有关知识与知识结构研究的发展来看，尽管知识是一个习以为常的概念，但其却具有很强的复杂性与系统性、多维性、社会性、主观性等，对其本体的研究却一直困扰着人们，一直到今天也没有达成完全的共识。知识结

---

① 田绪红，邝颖杰，肖磊，等. 大数据应用人才的知识、能力、素质结构及其培养［J］. 计算机教育，2017（8）：57-60.

② 任红娟. 一种内容和引用特征融合的知识结构划分方法研究［J］. 中国图书馆学报，2013（5）：76-82.

构作为一个多维度多层级的有机结构，具有整体性、有机性、层次性和动态性，其确定是科学性较强的工作，也是相当复杂的工作。综合当前知识与知识结构的研究趋势，对于信用管理人才知识结构构建具有如下启示。

1. 充分认识信用管理人才知识结构构建所需的科学性、复杂性

相关研究显示，知识与知识结构的识别与构建并非轻而易举的事情，如对知识的基本单元知识元的识别、粒度大小、界定等还都属于需要进一步强化研究的领域。同样，知识结构的复杂性可能远远超乎人们的想象。从信用管理人才知识结构构建的目的来看，采取教育学有关知识元的界定较为合适，适用于采取颗粒较大的界定。

2. 信用管理人才知识结构的构成应采取多源性数据的分析

知识结构的构建方法综合文献计量法、文本挖掘方法都需要相应信息源的有效支撑。我国信用管理工作发展时间短，相应的机构发展也不够成熟，岗位工作分析较为笼统，导致招聘信息笼统，缺乏足够的"粒度"；加之相关招聘信息的数量也不够，导致对市场需求的把握不够，相关分析产生偏差。而信用管理人才知识结构的研究文献又较为匮乏，以"信用管理人才知识结构"为主题及关键词在知网上进行检索，没有研究文献。这说明通过文献计量来确定其知识结构的可行性较低。基于现有信用管理人才培养方案的知识机构抽取仅仅反映了高校人才培养的设置，带有较大的主观性与局限性，与市场需求存在一定的差距。此外，信用管理人才分布的广泛性也决定了需要从多个数据源来抽取其知识，构建知识结构。

3. 信用管理人才知识结构构建应突破经验，强化其科学性

有关知识与知识结构的研究表明，传统的经验法已经很难满足各行业、各领域知识管理的需求，大量以定量为主的实证研究方法得以广泛应用，知识与知识结构的研究从一般经验性研究取向科学性研究，尤其是现代计算机技术的发展。信用管理人才知识结构的构建也应强化其科学性，通过理论建模，进行数据分析，验证理论模型。

4. 注重多学科的交叉研究

现有知识与知识结构的研究具有多学科交叉性，人们从哲学、教育学、心理学一直到情报科学、计算机科学、管理学等对其展开研究。多学科交叉研究使得人们对知识与知识结构的理解更加全面、深入，也符合知识多维性的特征。信用管理本身是管理学、金融学、经济学的交叉，是多学科交叉衍生出的一个学科领域，更需要从多个学科开展研究。故此，这决定了信用管理人才知识结构研究必须从计算机科学、管理学、金融学、教育学等学科开展研究，全面揭示信用管理人才知识结构的生成规律。

5. 信用管理人才知识结构研究应遵循系统论

当前对某一特定群体知识结构的抽取都坚持系统论，更多的研究从工作的本身所具有的系统性对所需的知识进行分析，进而得到相应的知识结构。信用管理人才知识结构在提取时也应将信用管理视为一项系统工程，研究其所需的知识结构。

第3章

信用管理人才及其知识结构开发思路

3.1 人才与信用管理人才的界定

"人才"作为人才学科的基本概念,在人才竞争趋于激烈的时代背景下,其内涵的界定具有重要的理论价值与实践意义。因此学术界长期以来对人才的概念进行了广泛的探讨,主要有以下几种观点。在人才学科尚未建立之前,人才被公认为是那些具有中专以上学历的人。这一界定人才的标准虽然有利于对人才的量化统计,但事实上并不是所有有学历的人都是人才,也并不是所有的人才都具有较高的学历。因此人才与学历两者之间并不能画等号,所以界定人才的标准绝不能够是单一的学历。雷祯孝、蒲克(1979)在《应当建立一门"人才学"》一文中提出:"人才就是指那些用自己的创造性劳动效果,对认识自然改造自然,对认识社会改造社会,对人类社会进步作出了某种较大贡献的人。[①]"这一观点将创造性、进步性地作为界定人才的主要标准,强调作为人才应该具有创造能力并且能为社会作出较大贡献,改变了以往人们以学历、身份、职位等单一标准界定人才的现象,对于

---

① 雷祯孝,蒲克.立当建立一门"人才学"[J].人民教育,1979(7):23-28.

人才学科的建立具有重要意义；王通讯（1985）在《人才学通论》中提出，人才就是指为社会发展和人类进步进行了创造性劳动，在某一领域，某一行业，或某一工作上作出较大贡献的人。[①] 这一定义主要揭示了人才的本质属性是创造性劳动，强调人才应该在某一方面有突出贡献。2004 年《中共中央 国务院关于进一步加强人才工作的决定》适应新形势新任务要求对人才的定义进行了新的阐释：只要具有一定的知识或技能，能够进行创造性劳动，为推进社会主义物质文明、政治文明、精神文明建设，在建设中国特色社会主义伟大事业中作出积极贡献，都是党和国家需要的人才。[②] 这一定义在人才学研究的基础上，突出了人才的广泛性，对人才界定工作具有现实的指导意义。罗洪铁（2009）指出，人才是指那些具有良好的内在素质，能够在一定条件下通过不断地取得创造性劳动成果，对人类社会的发展产生了较大影响的人。[③] 这一定义不仅强调了人才应该具有创造性成果，而且指出了人才内在素质的重要性，综合强调了内在素质与外在成果，对人才学的发展具有重要意义。李维平（2010）在《对人才定义的理论思考》中提出，所谓人才，就是通过学习与实践，以知识与能力的形式，积累了更多的人力资本，能够在同等劳动时间内，创造更多社会价值的劳动者。[④] 人才区别于非人才，不在于他的劳动是否具有原创性，而在于是否通过学习实践以获得知识与能力，运用到实践中在同等的社会劳动时间内生产出倍加的价值和使用价值。周媛（2010）在《浅析人才定义》中指出，人才就是指在一定条件下那些具有良好素质，并在某一领域、某一行业或某一岗位上竭尽全力，为人类进步或社会发展做出较大贡献的人。[⑤] 这一定义同样强调了人才应该具有良好的素质，而且"一定条件下"指出了成才需要一些条件，它强调了每一个人只要在自己的岗位上辛勤劳动，并竭尽全力都可以成为社会需要

① 王通讯. 人才学通论 [M]. 天津：天津人民出版社，1985：21.
② 中共中央 国务院关于进一步加强人才工作的决定 [N]. 人民日报，2004 - 01 - 01.
③ 罗洪铁主编. 人才学学科 30 年建设和发展研究 [M]. 北京：中央文献出版社，2009：62.
④ 李维平. 对人才定义的理论思考 [J]. 中国人才，2010（23）：64 - 66.
⑤ 周媛. 浅析人才定义 [J]. 科教文汇（上旬刊），2010（1）：6.

的人才；易香君（2017）在《浅论人才的本质属性》中提出对人才的含义的概括应该强调内在素质和外在成果两个关键问题。[①] 她赞同罗洪铁所提出的对于人才的概念，即人才是指那些具有良好的内在素质，能够在一定条件下通过不断地取得创造性劳动成果，对人类社会的发展产生了较大影响的人。不仅如此，她还提出人才的本质属性应该包括创新性、先进性、时代性、层次性和时效性五个方面的内容。而这五个本质属性还存在以下关系：创新性是先进性、时代性的基础；先进性是创新性的方向；时代性则制约着创新性、先进性和层次性的发挥程度；层次性则反映了人才之间的差异，时效性反映人才的变化，它影响到其他属性。所以人才的本质属性就是指创新性、先进性、时代性、层次性和时效性的统一。总而言之，人才的这五个本质属性有机地结合在一起而不可分割，它们相辅相成，共同构成一个统一的整体。

伦祖利（Renzulli，1986）认为人才是三个集群的结合，即一般或特定的高能力、兴趣、动机，其中动机和兴趣在一个人取得卓越成就中发挥着关键作用；在人力资源管理文献中，人才通常被看作为人力资本，根据勒帕克和斯奈伊（Lepak and Sneii，1999）开发的人力资源架构模型，人力资本可以从价值和独特性两个方面进行评估。价值是指对组织的核心竞争力作出贡献并提高其竞争地位的潜力。独特性是指由于独特的工作性质或者劳动力市场稀缺，使其达到难以替代的程度。因此人才指是同时拥有高价值和高独特性的员工；加涅（Gagné，2000）认为人才是能够较好地掌握系统开发的能力或技能的人；威廉姆斯（Williams，2000）认为人才是指有下列情况之一的人：经常在一系列活动和情况下，或在一个专业领域内具有非凡的能力和卓越成就；在某一个或某些活动领域内始终表现出其高能力，具有较大潜力的人；白金汉和沃斯伯勒（Buckingham and Vosburgh，2001）认为人才是指能够高效利用自己思维模式、感觉和行为模式的人；杰里科（Jericó，2001）认为人才是指在特定环境和组织中有能力取得卓越成就的专业人员或专业团

---

① 易香君. 浅论人才的本质属性 [J]. 市场周刊（理论研究），2017（1）：113 – 115.

队；迈克尔等（Michaels et al.，2001）认为人才是指具备各种能力的综合体——天赋、技能、知识、经验、智慧、判断、态度、性格以及学习成长能力；刘易斯和赫克曼（Lewis and Heckman，2006）认为人才本质上是对人的委婉的说法；坦斯利等（Tansley et al.，2006）认为人才是员工技能、知识、认知能力和潜力的复杂组合，除此之外，员工的价值观和工作偏好也很重要；斯塔赫等（Stahl et al.，2007）认为人才是指那些在能力和表现上排名靠前的员工，并不是整个的劳动力；坦斯利等（Tansley et al.，2007）认为人才是指从长期来看那些能够通过直接贡献或是高水平潜力从而对组织绩效产生影响的人；尤里奇（Ulrich，2007）认为才能等于能力乘以意愿乘以贡献；奇斯等（Cheese et al.，2008）认为从本质上讲人才意味着一个人同时具备经验、知识、技能和行为并且能够将这些内容运用在自己的工作中；克鲁兹等（González-Cruz et al.，2009）认为人才意味着一个人通过学习发展和运用从而获得的一系列能力使自己能够出色地履行某一角色；斯利泽和道威尔（Silzer and Dowell，2010）认为在群体中，人才可以指在特定技术领域（如软件图形技能）或能力方面（如消费者营销人才）或更一般领域（如总经理或高潜力人才）具有特殊技能和能力的员工。在某些情况下，"人才"可能指的是整个员工群体；兰格内格（Bethke-Langenegge，2012）理解的人才是那些能够通过自己的组织（如专家或领导）、特定资格、知识、社交能力、特征属性保证公司竞争力和未来的员工；尤里奇和斯莫尔伍德（Ulrich and Smallwood，2012）认为人才 = 能力（今天和明天工作所需要的知识、技能和价值观，合适的技能，合适的地点，合适的工作，合适的时间）× 意愿（愿意做这份工作）× 贡献（找到工作的意义和目的）。

尼吉斯等（Sanne Nijs et al.，2009）根据人才的定义与界定的概念模型提出人才的界定应该包含两方面的因素，即能力因素和情感因素，当一个人同时拥有较高的能力和良好的情感因素就会使他们在所在领域有卓越的成就，而卓越的成就会反过来激励他们带来更高的绩效。判断一个人是否具有能力应该包含两个衡量标准，一是内在的先天因素，即智商；二是后天系统开发出来的能力。但是根据研究发现，仅仅具有能力并不能保证一个人在所致力于的行业中有好的成果，往往还需要一些情感因素，如动机、兴趣以及需求等。预测一个人是否具有人才应该具备的情感因素主要看两个方面：投资动机和兴趣。于是他们将人才的能力成分以及情感成分结合起来对人才作出了以下定义：人才是指那些具备综合能力并且能够将自己的个人能力运用到他们所喜欢或者认为重要的活动中，在一个或多个领域比其他相同年龄或经验的人表现得更好，或始终保持最佳的个人表现的人。

以上学者对于人才的定义虽不尽相同，但是大都是从人才的本质出发。归纳起来，人才是具有以下三个本质特征的人：第一，优秀的内在素质或者超常的个人能力；第二，具有创造性的劳动；第三，能够做出巨大贡献或拥有超出一般人的业绩。但是，实际上，人才的本质特征不仅仅包含以上几点内容，多样性、稀缺性、时代性等也是人才的特征属性，因此，仅仅用上文提出的三点本质特征作为衡量人才的标准是不全面的。学者王德劲（2008）提出人才的内涵式定义与外延式定义。内涵式定义即上文所提到的根据人才的本质属性定义人才，而外延式定义又可以成为人才的统计学定义，主要作用于对人才的统计核算和经济分析。我们现实应用中的人才定义大多是外延式定义，以便对人才作出界定和统计测量。例如，国际人才评价主要以系统的学校教育状况和科学家与工程师数量等指标评价国家人力资源状况。事实上，我国早在 1982 年就提出了"专门人才"的概念以区别理论界人才的概念。

我们可以采用学者王德劲的理论从两个角度来对人才的概念作出定义。对于人才的内涵式定义：人才是指那些拥有良好的内在素质，具有超出一般人的能力，能够进行创造性的劳动在某个或某些领域做出突出贡献的人。对于人才的外延式定义，我们将采用上文所提到的尼吉斯（Sanne Nijs）等人的观点，他们将人才划分为能力和情感两个部分，能力分为先天能力和后天习得的能力，情感因素包含兴趣和投资动机，因此他们提出可以采用WISC‐R，韦氏个人成就测验，自律测试来测定人才的先天能力；在人力资源管理领域，有很多方法去评估员工在整个生命周期中系统地发展的知识和技能（即经验）的数量。例如，人力资源从业者经常使用所谓的"绩效潜力"矩阵来识别人才，也被称为"绩效潜力九宫格"法，根据这种方法，只有在特定的工作领域内表现出高水平并同时表现出高潜力的员工才被认为是"有能力的"。绩效评估可以评估员工的知识和技能基础，潜力通常是用"延伸"任务进行评估。此外，通过调查个人的教育背景也是评估一个人后天能力的方式。至于动机和兴趣的测定，可以采用两大措施：标准化的自我评估工具和反思练习。因此，人才的外延式定义如下：当一个人能够通过以上所提到的所有测试时，就被称为人才。

信用管理作为一种职业，我国于 2005 年 3 月 31 日在北京人民大会堂由国家劳动和社会保障部正式对外公布。信用管理人才又称为信用人才，查阅现有文献，喻敬明对我国信用管理教育进行研究时提到信用管理从业人员教育。2002 年发表的一篇《我国企业急需信用管理制度和人才》首次提出信用管理需要人才的说法。2003 年中国旅游报刊登的《信用社会呼唤信用管理人才》首次提出信用管理人才说法。对于信用管理人才的直接定义较少，较多学者对信用管理人才应具备的知识和技能进行了说明。周素萍从企业和消费者信用管理角度指出：信用管理人才是指运用现代信用经济、信用管理及其相关学科的专业知识，在市场经济基本准则下，从事企业和消费者信用风险管理工作的专业人才。吴晶姝指出，在社会信用体系建设进入快速发展时期的当前，懂信用信息和数据处理、信用监管、信用管理产品和服务等信用活动规律的专业人才很少，信用管理人才是建设信用数据库、信用平台、抢夺信用信息的关键。

综上，本文认为信用管理人才的定义是：通过学习（如常规教育、专业讲座、职业培训），能够运用现代信用经济、信用管理及相关学科专业知识，掌握信用管理技术，在信用管理行业或部门（类似部门）从事信用体系建设，进行资信调查、信用评估、信用管理咨询、信用政策制订与执行、信用保险、保理、信用担保、信用管理软件开发、商账追收等工作的专业技术类人才。

基于上文对人才概念的理论研究，通过文献阅读可以发现信用管理专业人才培养质量主要体现在知识层面、能力层面和个人素养层面。知识层面上要求掌握专业理论知识、专业技术操作知识以及能提高综合素养的文化知识；技能层面要求具备信用管理操作软件技能，并且能用专业技能解决实际问题；素养层面要求具有创新精神、团队协作能力和社会适应能力，详见表 3 - 1。

表 3 - 1　　　　　　　　　　信用管理人才测量指标

一级指标	二级指标	测量指标	参考来源
信用管理人才	知识层面	具有宽广、扎实的专业理论知识 了解本专业发展的前沿和相邻专业的知识 较好掌握本专业操作性技能知识	张佩（2009） 华英（2011） 石华敏（2013）
	能力层面	较好使用本专业所需的各种操作软件 能够用专业技能解决实际问题	牛志宏（2014）
	素养层面	善于提出问题，发现新问题 具有较强团队意识 具有较强的心理调控能力	

3.2　信用管理人才知识结构构建的指导思想

自 20 世纪末期，人类就进入了知识大爆炸时代，海量的知识信息迫使人们寻求更好、更快的方式、方法进行学习。构建科学的知识结构体系就成为各领域的重要课题。尽管信用管理工作在我国发展时间较短，但发展速度快，尤其是随着现代信息技术在信用领域中的应用，信用管理领域的知识更具多样性、复合性、跨界性，知识体量也更庞大。

从知识来源来看，有本体论与认知论两个途径。本体论认为"知识"是对现实事物的"知其所以然"和"知其然"的不可孤立分割的连续体，是"可付诸行动的信息"。认识论主要包括有关知识结构和知识本质的信念及有关知识来源和知识判断的信念。从当前来看，本体论与认知论相互交叉，相互融合，纯粹的理想主义或是实证主义都已不复存在。故此，中国当前的信用管理知识结构来源于西方，尤其是美国。研究信用管理知识结构或者说重构信用给管理知识结构都不可能脱离美国既有的知识结构。研究美国信用管理的发展历史，能够明确信用管理知识结构的"特定性"。现代意义上的信用管理起源于美国 20 世纪 20 年代，尤其是"二战"结束以后，经历了世界统一货币阶段、国家创造信用需求阶段、市场创造信用需求阶段、虚拟信用需求阶段。市场创造信用需求主要是依据经济未来可能创造的价值而由债务人向债权人募集资金创造的社会信用需求。故此，西方社会信用管理知识结构体系的特定领域是"市场"，尤其是金融业务领域。中国自古就有信用，如票号、钱庄、典当等业务活动的开展，也都需要信用管理知识，但其多是经验性的。同时，中国是典型的熟人社会，信用属于道德信用。而我国在社会经济转型过程中，尤其是由计划经济体制转向社会经济体制以及现代国家治理体系的建立，原有的道德信用不能适应社会经济发展，而国家现代治理体系的建立以及经济体制的转型也决定了中国信用管理知识结构体系的特定领域不仅仅是"市场"，其范围更广。这也决定了中国信用管理知识结构体系更具广泛性。

而一个领域知识结构体系的构建具有较大的主观性，中国的社会经济文化背景影响着信用管理知识结构的形成与发展。受制于文化的影响，各国对信用的认知有所差异。故此，信用管理知识结构体系的构建必然具有价值性，社会经济发展的需要也影响着信用管理知识结构的构建。基于此，信用管理人才知识结构体系的构建必须符合社会经济体制，符合社会价值观。因而，中国信用管理人才知识结构构建应坚持如下指导思想：

以习近平新时代中国特色社会主义思想为指引，服务国家需求，对照社会信用体系建设的功能，服务社会信用体系高质量建设要求，注重标准化、规范化，迭代发展，多方融合，推动知识结构不断优化，支撑我国信用管理人才高质量培养。

3.3　信用管理人才知识结构构建基本原则

信用管理工作的性质决定其所需要的知识具有综合性、复合型、动态性等特征。这也决定了信用管理人才知识结构构建应遵循如下基本原则。

（1）特定性原则。任一知识都有明确的指向，即面型的特定的领域。对于信用管理人才的知识结构体系构建而言，也必须符合该基本原则。信用管理人才知识的来源应包括信用管理实践领域。

（2）综合性或整体性原则。综合性就是将已有的关于研究对象各个部分、方面、因素和层次的认识联结起来，形成一个统一整体的手段、方法、认识以及策略。知识体系组织原则的最基本诉求就是综合性。在知识体系中，各种处于碎片性、片段性以及多极性的不同知识系统以及知识结构等要素通过一体化原则集聚之后。将会使得各种系统在被聚合之后产生聚变效应。所谓知识结构，是多种知识的整合。信用管理人才知识结构的综合性或整体性体现在内部知识单元要按照一定的逻辑性形成知识体系。这种逻辑性体现在人们对知识的认知层次上诸多方面。同时，知识作为一个整体，还体现在知识结构由基本观念、概念、原理等组成，进而表现为具有较强逻辑性的某种架构。

（3）衔接性与贯通性。知识结构中的知识单元并非独立存在，而是按照某种关系连接在一起的。这就要求信用管理人才知识结构体系的构建必须确定一条主线，以此贯通链接各知识单元。同时，作为知识结构，各知识单元也并非是对等的，如概念一样，有上位概念、下位概念、平行概念一样。知识结构就是由不同层次的知识单元构成的，呈现出一定的层次性。而这种层次性并非毫无关联的，是层层细分，紧密衔接的。衔接性原则将信用管理人才知识不断深化，体现了信用管理高度专业化的要求。

（4）导向性或价值性原则。任一知识结构的构建，几乎都遵循价值原则，体现了人们的认知与价值追求。我国信用管理人才知识结构的构建是服务于我国社会经济建设的，必须在其构建过程中有效贯彻国家发展要求。具体而言，信用管理人才知识结构体系的构建必须能够作为信用管理人才培养的依据或参考，必须能够引导信用管理人才课程设置，支撑人才培养的高质量发展。

（5）前瞻性或弹性原则。知识结构的构建需要耗费较大的人力、物力。这也导致知识结构一旦构建完成，往往具有较高的稳定性。这也就要求在构建信用管理人才知识结构体系时应坚持一定的前瞻性，尤其是要重视信用工作的未来发展趋势，进而其所需的知识单元。否则，一旦信用工作有了新的发展，既有的知识结构就会出现不适应，影响了知识结构体系的价值与应用。

（6）差异性原则。从知识结构体系构建的实践与发展趋势来看，知识结构构建既注重知识单元的通用性，又注重知识单元的专业分化，如当前本科教学方案中就已经出现了专业方向的划分，不同的专业方向对应了不同的专业课程。信用管理工作分布广泛，领域众多，工作的种类不同，工作岗位层级不同，所需的知识种类、内容有所差别。基于此，在构建信用管理人才知识结构体系时，应按照领域、工作种类、岗位层次等有针对性地设置对应的知识点或者对同一知识点要求程度不同。

（7）发展性与迭代发展原则。知识具有时代特征，具有较为典型的积累性、发展性特征。这决定了信用管理人才知识结构构建时必须遵循发展性原则，注重知识与时代发展的结合，即运用迭代性原则，持续不断对其进行优化、完善。

3.4　信用管理人才知识结构构建方法与路径

信用管理专业是典型的交叉性专业，也是发展时间较短的新兴专业，还是专业设置分歧较大的专业。这导致采取单一数据源分析很可能导致偏差。

为解决信息在来源、时间、空间和内容维度上分布的广域式问题，人们开发多源数据融合技术。该技术指利用相关手段将调查、分析获取到的所有信息全部综合到一起，并对信息进行统一的评价，最后得到统一的信息的技术。信用管理人才知识信息也呈现出这样的特征，既有高校人才培养方案这种结构化数据，也有信用管理人才培训这种半结构化数据，还有网络上各种招聘信息的非结构化数据，形成了多源异构数据的分布态势。结构化数据与非结构化数据的混杂，导致知识挖掘与存储存在相应的难点，同样造成了信用管理人才知识结构确定的困难。

同样，信用管理专业的特征也决定了采用单一研究方法的困难。需要多种方法综合运用，从系统工程理论的视角。当前信用管理人才知识信息数据来源有高校的人才培养方案、国外信用管理职位招聘信息以及职位查询系统的数据、国内信用管理岗位招聘信息以及有关信用管理岗位设置的数据信息等。

对于高校信用管理人才培养方案的信息数据分析，主要采用逻辑推理以及知识图谱方法，提取去信用管理人才在高校人才培养中的知识结构及相应课程体系。

针对国外信用管理岗位系统查询信息的分析主要采取写实方法，如实地反映出查询结果，得出对应于信用管理岗位的知识结构。

针对国内外信用管理岗位招聘信息的分析，主要采用统计方法，按照对知识要素的要求进行统计，得出各职位对应的知识结构。

针对社会信用体系建设发展趋势以及信用管理岗位职责要求，主要采取趋势分析法与工作产出法，分析信用管理人才应具备的知识结构。

多种方法的综合运行，各自得出相应的知识结构。在此基础上，进一步归纳形成信用管理人才知识结构理论模型，作可操作化处理，设计相应的调查问卷，作问卷调查，获得数据，作实证分析，得出最终的信用管理人才知识结构，具体如图3-1所示。

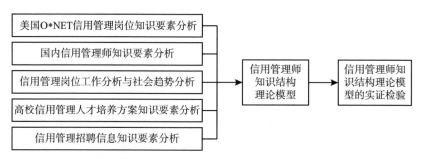

图 3 - 1　信用管理人才知识结构多源数据多种方法融合分析路径

第4章

国外信用管理人才知识结构
分析与借鉴

4.1 美国信用管理人才的分类及知识结构分析

O∗NET 是 Occupational Information Network 的简写，这是一项由美国劳工部组织发起开发的工作分析系统，目前 O∗NET 已取代了职业名称词典（Dictionary of Occupational Titles，简写为 DOT，也译为职名典），成为美国广泛应用的工作分析工具。

O∗NET 系统由 6 个基础内容构成，经验：训练、经验及证书；工作者的必要条件：基本技能跨功能的技能、一般知识、教育经历；职业的必要性：集中工作活动、工作背景、组织背景；工作者特质：能力、兴趣与价值观、工作风格；职业详细说明：知识、技能、工作仪器与工作任务；职业特质：劳动力市场资讯、职业前景与薪酬。国外学者对 O∗NET 系统进行了大量的信度研究，如罗伯特·哈维（Robert J. Harvey）等，将 O∗NET 于 CMQ 问卷进行对比分析，证实了 O∗NET 具有很高的信度。O∗NET 系统综合了问卷法和专家访谈法等各种工作分析方法，能够将工作信息（如工作活动、组织情境和工作特征等）和工作者特征（如知识、技能、兴趣）等统合在一起，是"工作导向"的工作分析和"任职者导向"的工作分析的结合，考虑到组织情境、工作情境的要求，还能够体现职业的特定要求，因此能够对整体职位信息进行全方位的收集，以便于 HRM 活动的顺利开展。综上所述，O*NET 标准职业分类与职业分析是一个丰富的职业教育资源库，深入研究其职业分类与科学的职业标准开发方法，将有助于国家劳动部门职业标准制定的科学化，有助于职业院校深入了解劳动力市场对劳动者的要求、了解现代社会对劳动者全面素质要求的重要性、及时掌握国外职业教育发展的新动向。在目前高职院校中深入开展的专业教学改革中，能引进借鉴 O*NET 职业分析的数据结论，树立现代人全面发展的教育理念，对于我国更好地开展职业教育改革，培养社会、企业适用人才，具有较好的借鉴和参考作用。O*NET 系统使用 SOC 分类法定义了 23 个职业群，923 个详细职业，规范而科学。O*NET 系统地使用了多种工作分析方法，如专家访谈法、问卷调查法等等，问卷内容详细而有指向性，分类别制定，如 Background Information（背景信息，包括工人的职业名称、任职年限、受教育水平等）、skill（技能，包括阅读理解、主动倾听等）等等。该数据库免费向公众开放，并不断更新。这个系统每年都会更新数据，因此能搜索到的职业信息和报告描述几乎都是最新的。真实的数据对于工人理解工作快速变化的性质以及它如何影响劳动力和经济都至关重要，因此这些数据对帮助人们找到他们所需要的培训和工作，以及帮助雇主找到在市场上竞争所必需的技能工人都至关重要。

通过 O*NET 系统选择关键词 credit 进行检索，剔除重复结果及无关要素，筛选出 3 种符合条件的职业，分别是信用分析师、信用顾问、信用授权人。然后我们对职业知识要素根据各自比重进行排序，得出表 4 - 1 所示结果。

表4-1　　　美国典型信用管理岗位及其知识结构构成项目

知识要素名称	信用分析师	知识要素名称	信用顾问	知识要素名称	信用授权人
经济与会计	4.5	客户和个人服务	4.64	客户和个人服务	4.06
英语	3.9	英语	4.08	英语	3.67
数学	3.9	数学	3.64	数学	3.61
政府法律	3.28	写作	3.48	政府法律	3.37
写作	3	教育和培训	3.44	写作	3.34
计算机和电子技术	2.85	经济与会计	3.28	经济与会计	3.33
客户和个人服务	2.85	心理学	3	计算机和电子技术	3.19
行政管理	2.8	通信媒体	2.96	行政管理	3.13
生产加工	2.15	计算机和电子技术	2.96	销售和营销	2.7
教育和培训	2.1	行政管理	2.92	心理学	2.37
通信媒体	2.05	销售和营销	2.88	教育和培训	2.36
销售和营销	2.05	咨询	2.71	运输	2.35
建筑施工	1.8	社会学和人类学	2.6	人事和人力资源	2.3
地理	1.8	政府法律	2.48	通信媒体	2.21
公共安全与保障	1.8	电子通信	2.36	电子通信	2.12
人事和人力资源	1.6	外语	1.92	生产加工	1.81
电子通信	1.58	人事和人力资源	1.8	公共安全与保障	1.81
社会学和人类学	1.55	生产加工	1.8	地理	1.73
历史与考古	1.5	哲学理论	1.76	机械	1.54
心理学	1.45	公共安全与保障	1.68	建筑施工	1.48
设计	1.3	运输	1.44	工程技术	1.47
工程技术	1.3	历史与考古	1.36	食品生产	1.3
哲学理论	1.3	地理	1.32	社会学和人类学	1.29
医学和牙科	1.25	设计	1.12	设计	1.27
运输	1.25	工程技术	1.12	咨询	1.21
外语	1.2	食品生产	1.09	外语	1.13
机械	1.15	艺术	1.08	历史与考古	1.1
物理学	1.1	机械	1.08	哲学理论	1.08

知识要素名称	信用分析师	知识要素名称	信用顾问	知识要素名称	信用授权人
咨询	1.1	物理学	1.08	物理学	1.08
生物学	1.05	医学和牙科	1.04	医学和牙科	1.04
化学	1.05	生物学	1	化学	1.01
艺术	1.05	建筑施工	1	生物学	1
食品生产	1.05	化学	1	艺术	1

如表 4 - 1 所示，我们可以发现信用管理相关职业对于知识的要求较为综合，主要对经济类、管理类、法律类、计算机类以及数学和文字撰写能力的要求较高。上表显示信用分析师对于经济和会计以及数学类知识要求较高，因此信用分析师具有较强的综合能力，根据在 O * NET 网站对 credit 进行检索，检索结果显示信用分析师的主要岗位职责是分析信用数据和财务报表，以确定提供信贷或借贷资金所涉及的风险程度；完成贷款申请，包括信用分析和贷款申请，并提交给贷款委员会批准；使用计算机程序生成财务比率以评估客户的财务状况；准备报告，其中包括提供信贷或借贷资金所涉及的风险程度；分析财务数据，例如收入增长、管理质量和市场份额，以确定贷款的预期盈利能力。因此，根据岗位职责也可以推断信用分析师对于经济会计、计算机技术知识应该具有较好的掌握程度。如表一数据所示，信用顾问对于服务类、经济类、数学类知识要求较高，根据在 O * NET 网站对 credit 进行检索，检索结果显示信用顾问的主要岗位职责是计算客户可用于偿还债务的每月收入；向客户介绍服务及政策，例如债务管理计划规则、使用服务的优势和劣势，或债权人让步政策；制定债务管理计划、支出计划或预算，以帮助客户实现财务目标；优先偿还客户债务以避免不好的影响，例如破产或止赎，或降低总体成本，例如先支付高息或短期贷款。通过审查收入、资产、债务、费用、信用报告或其他财务信息来评估客户的整体财务状况。因此，根据信用顾问的岗位职责可以推断信用顾问应该对数学知识、法律及政策知识有较好的掌握程度。如表 4 - 1 数据所示，信用授权人对于服

务类、法律类、数学类知识要求较高，根据在 O＊NET 网站对 credit 进行检索，检索结果显示信用授权人的主要岗位职责是保留客户收费和付款的记录；整理和分析调查收集的信用信息；从银行、征信机构和其他信贷服务机构获取有关潜在债权人的信息，并在需要时提供互惠信息；通过电话或亲自采访信用申请人，以获取完成信用报告所需的个人和财务数据；根据预先确定的标准，评估客户的计算机化信用记录和付款历史，以决定是否批准新的信用。因此，根据信用授权人的岗位职责可以推断信用授权人应该对数学类、法律类以及服务类知识有较好的掌握程度。

4.2　美国信用协会信用人才认证知识要求

根据对美国信用管理协会（NACM）官网进行分析，网站开设 6 个功能模块，分别是关于 NACM 介绍、教育模块、新闻模块、资源模块、服务模块以及加入 NACM。

其中关于 NACM 介绍主要介绍 NACM 愿景、使命、战略目标以及核心价值观等内容，由此我们可以得知美国信用管理协会（NACM）成立于1986 年，旨在促进良好社会信用体系的形成，保护企业免受欺诈性债务人的侵害，改善信用信息的交换，开发更好的信用实践和方法，并建立道德准则。该协会制定的教育和研究计划充分说明了其对当今信用管理行业复杂需求的认识，NACM 针对行业环境制定出恰当的培训计划，不断为该行业输送高质量人才。NACM 是一个会员制的协会，截至目前，NACM 主要包含 4 个会员：NACM、信用和国际商业协会（FCIB）、信贷金融发展处（CFDD）以及 NACM – Canada。其中 FCIB 是首屈一指的国际公认的金融、信贷和国际商务高管协会，该协会通过现场活动、在线教育、全球信用报告、专业认证计划等为各种规模的公司提供重要的出口信贷和收款情报和交流机会，为全球 76 个国家或地区的 1 100 多名全球信贷和贸易融资专业人士提供服务。CFDD 分会是由信用专业人士组成的团体，重点是为全国信用管理协会成员公司的员工提供教育、网络和专业支持。NACM – Canada 于 1998 年在加拿大资深信贷专业人士的敦促下成立。该协会致力于通过指导、领导和服务促进、提高和教育商业信用专业人士。NACM – Canada 为加拿大信贷和金融专业人士提供大量的网络和教育机会，使人们能够通过会议、研讨会、交流和出版物等形式获取信贷和风险管理知识。该协会为信贷和金融高管在国内和跨境信贷、贸易融资和风险管理方面进行交流和培训提供了重要平台。NACM 的使命就是帮助商业信贷专业人士取得成功，同时制定商业信贷和财务管理行业的卓越标准。NACM 是一个蓬勃发展、充满活力的组织，该协会鼓励诚实、合乎道德、不受限制地交换信用信息，商业信用信息将真实、不受限制地分享并由所有信用专业人士进行保密和维护。他们倡导良好的商业信用实践，并且他们认为信贷行业将成为企业管理中不可或缺的一部分，对于自由企业而言至关重要。该协会就当下复杂的行业环境所推出信用教育将提供给商业信用社区，推广信用管理专业知识的学习。

教育模块主要包含了证书考试以及在线学习中心。美国信用管理协会证书考试共包含六类，分别是信用业务助理（CBA）、信用认证和风险分析师（CCRA）、信贷业务研究员（CBF）、信用认证执行官（CCE）、国际信用认证专业人士（CICP）、国际信用认证执行官（ICCE）。

其中信用业务助理（CBA）应该掌握以下 3 个课程：基础财务会计，财务报表分析（1），商业信用原则。CBA 没有最低工作经验要求，可通过大学学习、当地 NACM 附属协会自学或通过国家赞助计划学习指定课程。在大学学习一整个学期或两个季度的基本财务会计，或 NACM 的在线会计课程即可完成 CBA 规定的基础财务会计的学习。学习一整个学期或两个季度的大学基本财务报表分析或学习 NACM 信用学习中心的 NACM 在线财务报表分析（1）课程，即可成功完成 CBA 对于财务报表分析（1）课程的要求。但是基础财务会计的课程应在财务报表分析课程之前完成。商业信用原则课程要求可以通过 3 种不同的方式完成：NACM 的在线商业信用原则课程或者学习 NACM 的全国总部或当地的 NACM 附属协会赞助的课程。

信用认证和风险分析师（CCRA）要求精通财务报表的分析以及信用风

险的评估。CCRA 必修的 3 门课程分别是：基础财务会计，财务报表分析（1），财务报表分析（2）：信用和风险评估。在大学学习一整个学期或两个季度的基本财务会计，或 NACM 的在线会计课程即可完成 CCRA 对于基础财务会计要求。学习一整个学期或两个季度的大学基本财务报表分析或通过 NACM 信用学习中心的 NACM 在线财务报表分析（1）课程，或学习 NACM 的全国总部或当地的 NACM 附属协会赞助的课程即可完成 CCRA 对财务报表分析（1）的课程要求。但是财务会计基础课程应在财务报表分析课程之前完成。财务报表分析（2）：信用和风险评估课程要求，通过 NACM 国家总部提供的证书课程或 NACM 的信用大会上提供的证书会议。

信用认证执行官（CCE）要求考生必须通过严格的 4 小时考试，考试内容包含会计、金融、国内和国际信用概念、管理和法律领域的知识。

信贷业务研究员（CBF）必须已经通过 CBA 考试，即先要获得信用业务助理的资格，信贷业务研究员（CBF）表明具有商业和信用法方面的能力。信贷业务研究员（CBF）要求对以下知识的掌握：商务法和信用法。商业法课程应在信用法课程之前完成。CBF 的知识课程要求可以通过参加大学课程，或学习 NACM 的在线商法和信用法课程、NACM 信用学习中心的课程以及当地 NACM 附属协会赞助的高级信用管理计划（ACAP）完成，每门课程达到 "C" 及以上才能完成课程要求。

国际信用认证专业人士（CICP）授予那些成功完成国际信用与风险管理（ICRM）在线课程和期末考试的信用专业人士，是全球公认的杰出标志。CICP 表明已经掌握了广泛的全球信用管理概念。FCIB 的国际信用与风险管理在线课程（ICRM）是一门全面深入的课程，课程时长为 13 周，该课程旨在使初级专业人士和高级管理人员了解全球信用和风险管理的复杂性。该课程主要提供重要的最新的信用知识，并且 24 小时均可访问。点对点互动将建立、丰富和加强可靠的专业人士网络，同时使人们全面了解信用和风险管理。该课程从知识和实践经验多个角度出发，使人们得知如何更好地理解、管理和减轻与国际业务相关的信用风险。ICRM 课程专为从业者而设计，旨在为人们的职业发展增加价值。

国际信用认证执行官（ICCE）是为比国际信用认证专业人士（CICP）更高级，能够在国际信用和风险市场产生重要影响的人而设置的。ICCE 候选人和持有人是那些有兴趣参与全球信用工作并高度重视继续教育的人。他们将继续教育作为获得维持其行政地位的一种手段。ICCE 通过在委员会、工作组发表建议或回答发布在 FCIB 讨论板或 Linkedin 页面上的问题以发挥其作用。ICCE 持有者将教育视为保持全球商业和风险管理理论和实践前沿的关键。在申请 ICCE 之前，候选人必须获得 CICP。要获得 CICP 基于学术的称号，候选人必须参加并通过 FCIB 的国际信用和风险管理在线课程。CICP 持有者必须在两年内获得 20 分（10 次教育和 10 次参与）才能达到 ICCE 水平。

由以上 6 个等级的信用管理从业资格来看，信用业务助理（CBA）、信用认证和风险分析师（CCRA）、信用认证执行官（CCE）、信贷业务研究员（CBF）属于中低层次的信用管理从业人员。他们仅需掌握一般的财务、会计、金融、法律类的知识、并通过相应考试或学习相关课程即可获得从业资格。而国际信用认证专业人士（CICP）、国际信用认证执行官（ICCE）属于高层次的信用管理从业人员，在掌握相关知识的基础上，他们应该了解全球信用和风险管理的复杂性、有高度的兴趣参与全球信用管理工作并为全球信用管理行业做出贡献。

4.3 FCIB 的信用人才知识要求

FCIB（国际金融、信用及商业协会）成立于 1919 年，隶属于 1896 年成立的美国信用协会（NACM）。FCIB 的总部设在美国，在欧洲、北美和南美都有分会，现在在中国香港也设立了 FCIB 中国分会。会员包括 Microsoft、Apple、3M、Du Pont、Shell、SONY、GE、DHL 等。并与国际执业管理认证中心（International Profession Administration and Certification Association，简称 IPAC）进行了强强联合。

　　FCIB 的注册国际信用专业资质认证项目是专为在国际信用管理领域内具有专业知识的人士所设计，包括了认证标准和培训方式。FCIB 通过对那些在国际信用和贸易金融领域具有专长和资历的管理者进行专业培训并经国际执业管理认证中心（IPAC）审核认证，达到支持和扶持信用管理领域整体发展的目的。FCIB 的专业资质认证标准是国际信用管理领域表彰和认可信用管理专长的一个标志。

　　FCIB 也针对相应的专业认证开设相应的课程，其课程多为在线形式。FCIB 的国际信用与风险管理在线课程（ICRM）是一门全面、深入的 13 周课程，旨在就全球信用和风险管理的复杂性对入门级专业人士和高级管理人员进行教育。该课程在协作的每天 24 小时可访问的学习环境中提供重要的最新知识。点对点互动将建立、丰富和加强可靠的专业人士网络，同时帮助您全面了解信用和风险管理。知识和实践经验从多个角度出发，让人们更平衡地了解如何更好地理解、管理和减轻与国际业务相关的信用风险。简单来说——了解获得报酬的风险，并按时获得报酬。这个为期 13 周的课程将帮助您发现实现这一目标的一些最佳方法（见表 4 - 2）。

表 4 - 2　　　　　　　　　　　　国际信用与风险管理课程内容

章节目录	基本内容
第一章　成功的国际信用管理概念	1. 贷到现金周期（信贷 - 现金循环）；2. 在全球市场销售；3. 全球信贷政策和程序；4. 组建全球信用部；5. 制定政策
第二章　建立新客户	1. 关键问题（重要概念）；2. 信贷审批流程；3. 开发信用申请；4. 国家、货币和文化风险；5. 风险评估流程；6. 风险的五个关键维度
第三章　财务报表分析	1. 财务报表的组成部分；2. 如何使用比率；3. 财务报表分析；4. 识别问题；5. 文化因素
第四章　降低风险（风险消减）	1. 降低风险的选择；2. 信用衍生品；3. 外汇政策；4. 保理和福费廷（保付代理和未偿账务买卖）；5. 担保交易；6. 了解贸易信用保险；7. 出口信贷机构

章节目录	基本内容
第五章 付款条件和信用额度	1. 信用额度与信用限额；2. 信用考虑和影响（信用考量及影响）；3. 建立和监控信用额度；4. 评估数据源；5. 设置暴露限制
第六章 银行和货币	1. 货币基础；2. 外汇策略；3. 不可兑换风险；4. 融资技巧；5. 对销贸易的形式；6. 银行信贷管理
第七章 全球支付机制和方法	1. 付款协议；2. 开户口（往来账户）；3. 纪录片收藏（跟单托收）；4. 预付现金；5. 付款流程；6. 融资贸易运输的方法
第八章 信用证、担保和债券	1. 主要融资技巧；2. 保理和福费廷；3. 防范对销贸易风险（易货贸易风险的预防）；4. 出口信贷机构
第九章 指标和基准测试	1. 基准测试和绩效衡量；2. DSO 的计算方法；3. 应收账款报告方法；4. 信贷团队分布及绩效考核办法；5. 集合预测；6. 差异
第十章 合规与法律	1. 国际贸易和法律；2. 信贷部法律问题；3. 领土主义（地方制度）；4. 仲裁和诉讼；5. 选择法律专业人士；6. 出口管制与合规；7. 公司治理

　　FCIB 重视隐性课程的教育，强调通过表 4-2 的授课，帮助学员建立强大的信用管理专业人士网络，交流想法、知识和流程，进而通过与其他学生和教师的定期交流，与同龄人互动和协作促进操作型知识与策略性知识的发展。

　　FCIB 是世界权威的信用管理专业协会，它与国际执业管理认证中心（IPAC）为国际商业信用管理领域设定了杰出管理的标准，这些管理标准中包括了国际注册信用分析师（CICA）、国际注册信用管理经理人（CICP）和国际注册信用管理执行官（CICE）等系列行业专业资质的认证与审核。

4.4　英美国家信用管理人才培养方案分析与启示

　　在美国信用管理专业一般由商学院开设高年级或研究生课程，且大学正规教育比较成熟，现阶段强调信用管理的研究生教育，要求学生完成的主干课程集中于财务会计、市场营销、国际贸易、企业管理、财务管理、微观经济学、管理经济学、商业统计、商法、计算机编程、档案管理等课程准备。美国全国信用管理协会（NACM）在达特茅斯学院开设了信用和财务管理研究生院（NACM Graduate School of Credit and Financial Management），开设信用管理研究生课程，在美国的信用管理教育学生完成相应的本科课程后，经过 2～3 年的企业工作实践，根据自己的发展方向，完成信用管理硕士专业课程；抑或 MBA 上增设信用管理专业方向，主要是培养管理层的信用管理人才。

美国开设信用管理专业的正规大学较少，在美国信用管理的在职培训十分普遍，典型的有美国国家信用管理协会（National Association of Credit Management，简称 NACM），开设信用管理学习中心，有 NACM 教育部设计信用管理学习计划方案，提供网上课程培训以及证书考试自学课程，除提供信用、会计和财务管理基础教育课程外，还包括的主干课程有财务报表分析（Financial Statement Analysis）、商业信用原则（Business Credit Principles）、高级信用政策（Advanced Credit Policy）、评价企业信用政策（Evaluation Enterprise Credit Policy）、偏好分析（Anatomy of a Preference）、商务写作（Business Writing Skills）、公司发展战略（Company Development Strategy）、应收账款管理（Account Receivable）、信用的法律环境（Legal Environment of Credit）、国际商业风险评估（International Business Risk Assessment）、应用商业经济学（Applied Business Economics）、谈判实践（Negotiation Practice）、商法（Business Law）、信用法（Credit Law）等。

在英国，欧克汉姆郡（Oakham）的信用管理学院（Institute of Credit Management，简称 ICM）是欧洲最大的一所提供信用管理专业教育学院，其主要目的是培养信用管理专家，保证信用管理经理人员知识的更新，提供自学考证课程计划安排相应的基础知识和专业知识课程。另一所在信用管理方面出色的大学英国的利兹大学（Leeds University），其商学院开设了信用管理研究中心，提供信用管理专业硕士培养课程，主干课程主要有：消费者和交易信用管理、信用管理的量化方法、信用评分技术等。

从国外信用管理人才知识结构来看，其知识结构主要侧重于市场信用或商务信用管理，针对我国社会信用体系建设的政务信用、公共信用管理等缺乏知识结构设计。从另一方面来看，无论是市场信用还是政务信用、公共信用，都属于信用管理的范畴，其内在规律是贯通的。故此，国外信用管理知识结构能够为我国社会信用管理知识结构开发提供相应的借鉴。

（1）知识结构的高度综合性。国外信用管理人才知识项目众多，呈现出较高的综合性特征。这非常符合信用管理工作的要求。

（2）信用管理知识结构中较为重视实践经验。实践经验也是知识，是实践性知识。从国外信用管理知识结构来看，其尤其重视实践知识。这也导致了信用管理教育的层次较高，多是研究生层次。

（3）风险管理是贯穿信用管理知识结构的主线。市场信用是市场主体兑现承诺的能力和行为。故而，识别风险、评估风险以及风险管理等知识也就成为信用管理知识结构的主线。而由于风险的多源性，进而需要综合性的知识。

（4）协会在信用管理知识发展中起到了重要作用。鉴于信用管理工作对实践经验要求较高，而高校滞后于实际工作的发展，信用协会就发挥了知识构建的作用。

第 5 章

我国高校信用管理人才培养方案分析

5.1 我国信用管理专业设置与人才培养方案

信用管理人才的培育是建设完善我国信用建设的根本。《社会信用体系建设规划纲要（2014—2020 年）》指出：加快信用专业人才培养，规范信用管理职业培训，培养信用管理专业化队伍，健全专业考评制度，这表明了信用管理人才培养在社会信用体系建设中具有重要地位。习近平总书记多次强调信用体系建设的重要性，要求中央全面深化改革领导小组将社会信用体系建设作为改革督察的重点内容，并将开展专项督察。中国社会信用体系建设已启动，信用管理问题得到社会各界的广泛关注。信用管理专业教育是信用管理人力资源的基础，截至 2019 年底，全国共有 29 所大学开设了信用管理专业。中国教育在线的数据表明，在全国所有专业热度排名中，信用管理专业排在了第 219 名，在经济学大类中排第 11 名。[①] 虽然越来越多的大学开设了信用管理专业，然而每年毕业的学生数量有限，加上国家对信用体系建设越来越重视，整个社会对信用管理人才的需求急剧增加，因而信用管理专

---

① 作者手工整理统计。

业毕业的学生还是远远不能满足整个社会的需求。

我国信用管理专业在设置上属于交叉学科，是多学科、多领域的经济应用性学科，涉及市场、财务、商法、信息、数学、统计、网络计算机软件设计、信用管理、信用保险服务、保理服务、信用法律咨询服务等各个方面。在专业设置与建设中，人才培养方案是最基础的支撑，是人才培养的纲领性文件与实施蓝图，需要经过反复科学论证。从人才培养方案是制定的逻辑来看，起点是社会需求，中间包括培养目标、层次、知识能力要求，终点是具体的课程与课时安排。传统的人才培养方案制订多是依据经验，近年来则引入 OBE 理念，建立了较为科学的逻辑架构。

OBE（outcome based education）又称为成果导向教育，其采用反向设计，即需要（国家、行业、学生与家长）决定培养目标，培养目标决定毕业要求，毕业要求决定了培养的指标点，进而决定课程体系、教学要求、教学内容。OBE 模式有效地将社会需要与人才培养的知识能力要求衔接起来，课程设计与内容支撑岗位能力要求，比较科学地建立起专业知识结构与专业人才能力培养的对应关系。故此，课程是专业知识结构的载体与表现形式，是知识点按照一定的逻辑关系排列的知识体系。故此，现有信用管理人才培养方案是研究提取信用管理人才知识项目的一大来源，可以通过关键共性词分析，研究信用管理学科基础知识，构建信用管理知识结构，通过共词分析促进各学科领域在信用管理人才培养方面融合发展。

我国信用管理专业设置较晚，专业设置学校存在层次差别，这也导致当前人才培养方案还多以经验为主，学校之间相互借鉴，进而导致课程体系设置趋同，知识结构与社会需求并不能有效衔接、匹配。

5.2　国内信用管理人才培养方案分析

虽然在西方国家对信用管理人才的社会需求非常大，但开设信用管理专业正规本科教育的大学并不多。国外信用管理专业教育的特点，是强调研究生教育，特别是硕士研究生层次，而在本科教育阶段大多数学校只是开设一些相关课程，如很多大学在经济类和管理类学科开设信用管理方面的课程，讲授征信调查、银行风险管理和资信评级等专业知识。例如美国、英国是当今世界信用管理教育最发达的国家，其信用管理教育主要有大学正规教育、职业培训、远程教育等方式。

从培养目标层次进行分析，我国 2002 年开设信用管理专业，2005 年开始信用管理师考证与培训，与信用管理较为成熟的英美发达国家一样，目前已经形成常规教育、在职培训教育和远程教育等多种形式的信用管理专业人才培养方式。2002 年教育部以目录外专业（专业代码 020111W）形式批准中国人民大学和上海财经大学试办信用管理专业进行本科生招生。上海财经大学为第一所开办信用管理专业的学校，首批招生 40 人，2004 年开始招收硕士、博士，2011 年开始仅招硕博连读学生。中国人民大学首批招收本科生 23 人，2003 年开始培养信用管理方向的硕士、博士。2012 年，教育部将信用管理专业（专业代码 020306T）和信用风险管理与法律防控（专业代码 030104T）正式列为金融学专业类下的本科专业，可授经济学或管理学学士学位，积极引导高校科学设置该学科。截至 2021 年全国曾有 29 所本科院校开设了信用管理专业，如，中国人民大学、上海财经大学、西南财经大学、吉林大学招收信用管理硕士学位学生。我国已形成专科、本科、硕士、博士多层次的学历教育形式（详见表 5 - 1）。

由表 5 - 1 国内高校信用管理专业培养方案资料分析可知，国内信用管理专业的学科定位分为经济类应用学科、管理类应用学科两类（2018 年湘潭大学在法学院开设了信用风险管理与法律防控）。经济类应用学科代表高校为中国人民大学、上海财经大学，这类学校大都将信用管理专业置于金融学院、经济管理学院、会计学院等，人才培养定位一是重视信用风险意识培养，培养风险管理职业习惯，掌握风险识别技术，具备信用管理实际应用能力；二是培养掌握数理统计方法、财务分析、软件运用技能，能够从事信用管理和信用政策制定的专门人才；三是培养高级技术型人才，培养具有创新力、技术专业化的复合型人才。

表 5 - 1　国内高校信用管理专业培养目标层次汇总

院校	招生时间	招生层次	培养目标	培养方向
中国人民大学	2002 年	本、硕、博	应用型金融管理（高级信用管理）"高、精、细"专业人才	企事业、信用中介机构、政府、科研机构
上海财经大学	2002 年	本、硕、博	管理学、经济学和计算机科学基础理论和实际应用能力	政府、银行、资信评估公司等信用管理机构、企事业、高校
吉林大学	2003 年	本、硕（有硕士招生权）	能够在国家政府部门及企业单位从事信用政策的制定、资信调查、信用评级、风险控制和在高等院校从事信用管理教学、科研方面工作的高级信用管理专门人才	政府部门的财政部、工商管理局、海关、征信局、金融行业的商业银行、保险公司、信用卡公司、企业的信用管理部门、研究院校等
上海第二工业大学	2005	本科	具备管理学、经济学、金融理论知识，具备从事资信调查、企业信用管理、信用风险控制、信用评级、信用管理咨询等实际技能的人才	国内职业资格证书初级会计师证书、初级经济师证书以及 CFAI 证书
上海立信会计学院	2005	本科	复合型信用管理人才，具备财务分析、数据处理、信用管理能力	政府部门、企事业单位、金融机构、信用服务机构
浙江财经大学	2007	本科	高层次信用管理专业人才。掌握经济学、管理学、财会基础理论，具备信用管理、信用评级、征信等方面专业技能	金融机构、信用评级公司、征信机构、政府经济管理部门以及大中型企业
南京审计大学	2007	本科	应用型信用管理等管理基础知识，掌握经济、金融、管理及信用管理专业理论、信用评级、资信调查、信用评级、公司信用评级、消费者信用管理等专业技术和工具应用能力	面向银行、证券、保险等金融机构、政府经济管理部门及企业单位从事信用管理业务

续表

院校	招生时间	招生层次	培养目标	培养方向
西南财经大学	2008 年招硕士、2016 年招本科	本、硕	高层次金融信用风险管理创新人才	征信管理部门、银行等金融机构风险管理部门、互联网金融机构风险控制决策部门、企业信用管理部门等
广东金融学院	2010 年	专、本	应用型信用管理专门人才，掌握现代经济、金融和信用管理等基本理论，具有风险识别、度量，管理等专业能力	金融机构、信用服务机构、工商企业、事业单位、政府、学校、研究机构从事信用管理、金融后台服务与财务管理等
南京财经大学	2014 年	本科	应用型高级专门信用管理人才，掌握信用管理技术、专业知识和信用管理工作，信用管理产品开发与服务、金融机构信用风险管理以及商业风险管理等	商业银行、证券公司、保险机构、信用中介机构、企事业单位、各级政府部门、学校及相关研究机构从事信用管理、金融后台服务与风险管理等工作
西安外国语大学	2014 年	本科	应用型信用管理专门人才，FRM 认证，能够从事信用分析、管理与服务的	征信局、商业银行、信托公司、企业的信用管理和风险控制部门、信用评级机构、资产评估机构以及政府金融监管部门等
太原师范学院	2016 年	本科	能够在金融机构、企业、高等院校及其他相关部门、从事信用管理工作或教学、科研工作的复合型、应用型人才	金融机构、企事业单位、各级政府部门、学校及相关研究机构从事信用管理工作

资料来源：由各院校官方网站、招生网、教务处、研究生办公室整理得出。

管理类应用学科代表学校是吉林大学、浙江财经大学，认为信用管理是以管理学为基础，综合了心理学、社会学和经济学，该定位下人才培养的目的是能够运用原理、技术、程序对信用规则制定计划、组织，从而保证社会信用秩序有序。

教育部于 2012 年将信用管理正式列为金融学下的本科专业，因此大多院校采用经济类应用学科定位。

每个学校的培养目标结合办学特色和地方特色，有所差异（如表 1 – 1 所示）。中国人民大学旨在培养应用型金融管理（高级信用管理）专门人才。上海财经大学旨在培养适应社会现代化建设需要的信用管理人才，培养经济学、管理学、计算机科学理论扎实且实际应用力强的高级信用管理专门人才。西南财经大学旨在培养学生具备管理信用交易（商业信用、消费者信用和银行信用等）的风险及资信评级的能力。广东金融学院结合学校"高水平行业性应用型本科院校办学定位"及区域特征，在人才培养定位上同中国人民大学和上海财经大学差异发展，旨在培养适应社会发展需要，掌握现代经济和信用管理基本理论、专业知识和技能，能够在信用管理部门从事信用管理和教学、科研工作，德智体美全面发展、有创新精神、国际通用的信用应用型高级专业技术人才。

5.3 我国信用管理专业课程体系分析

各个院校因培养层次和目标的差异，课程体系设置也不尽一致。学科定位决定培养内容，大部分学校采取"基础课 + 专业课"的课程模式。广东金融学院还增设了就业导向课程，形成 CPE 三段式课程体系。课程内容方面融合金融学、管理学、法学、市场营销、信用管理方面的课程，形成多学科课程体系；实行学分制，控制主选修课学分比例。表 5 – 2 列出了国内院校信用管理专业主干课程体系。

表 5 - 2　中国国家信用管理专业人才培养相关主干课程汇总

院校	代表性主干课程	备注
吉林大学	经济学、管理学、统计学、计量经济学、金融学、经济法、金融市场学、信用管理学、财务管理、运筹学、信用管理理论与实务、消费者信用管理体系、信用和个人信用管理、投资学、征信数据库应用开发、资信评估、客户关系管理等	设有金融机构信用管理研究方向和企业信用管理研究方向
河南财经政法大学	核心课程：管理学、微观经济学、宏观经济学、金融学、商业银行经营与管理、会计学、企业财务分析、经济法、统计学、信用管理学、银行信用管理、信用评估、信用评级管理、信用数据库开发与应用等。实践性教学环节：数据分析与 SPSS 应用、计量经济软件应用、金融市场模拟实验、专业实习、学年论文、毕业实习、毕业论文。实验：大数据统计实验、计量经济学实验、金融市场模拟实验、征信数据库与消费者信用管理系统实验等	
兰州财经大学	马克思主义基本原理、大学英语、微积分、线性代数、概率论与数理统计、计算机基础应用、数据库应用基础、政治经济学、宏观经济学、公共经济学、管理学、会计学、统计学、财务管理、经济法学、信用管理概论、金融风险管理、商业银行经营管理、国际金融、金融企业会计、资信信用评估、财务报表分析、信用风险分析方法与度量、社会信用管理体系、企业信用管理、银行信用管理、信用管理法规、西方信用制度与实务、信用管理、信用管理评级等	经济学学士，信用管理研究方向
南京财经大学	微观经济学、宏观经济学、计量经济学、管理学原理、信用风险管理、金融学、保险学、证券投资学、信用管理学、金融工程学、信用经济学、资信评级、财务会计、金融计量学、企业信用管理、公司金融、征信调查实务、信用管理综合实验等	信用管理本科四年
南京审计大学	经济学、管理学主要课程政治经济学、宏观经济学、微观经济学、会计学、货币银行学、国际金融、信用证券投资学、保险学、商业银行信用业务与经营、信用管理学、信用风险管理、企业与个人信用管理、信用评级、征信调查实务、资产评估学等	

续表

院校	代表性主干课程	备注
山东财经大学	金融学、信用经济学、信用管理学、信用评级、商业银行信用管理、企业信用管理、资信评级、项目评估等	
上海金融学院	金融学、投资学、信用评级、信用管理概论、企业和消费者信用管理、信用卡业务管理、财务报表分析、信用分析数据采集与管理、资产评估等	
上海立信会计金融学院	政治经济学、微观经济学、宏观经济学、计量经济学、统计学、会计学、金融学、财政学、公司金融、信用经济学、信用管理学、征信与管理、信用风险度量方法、信用评级、信用风险管理、投资学等	
广东金融学院	微观经济学、宏观经济学、会计学原理、信用管理、信用经济学、国家信用管理体系、风险管理、信用风险分析方法与度量、金融风险管理、企业风险管理、项目风险管理、资信评级、消费者信用管理、企业信用管理、信用担保、信用理论与实践前沿、金融机构信用管理、金融学、经济法、统计学原理、信用管理案例、信用数据库管理、征信数据库管理、企业信用销售与应收账款管理系统、信用管理师从业资格等	
上海第二工业大学	课程对接国内信用管理职业资格证书、初级会计师证书和初级经济师证书，以及特许金融分析师（CFA）等级证书	
天津财经大学	模块一：通识课程模块（数学、英语、思政等）；模块二：专业基础模块（经济学、金融学、会计学、统计学、计量经济学、信用管理等）；模块三：工具方法论模块（宏观经济分析、财务报表分析、统计计量、计算编程等）；模块四：专业实践模块（金融风险管理、信用评级、信用评级实验室等）	
天津商业大学	微观经济学、宏观经济学、国际经济学、金融学、管理学、财政学、会计学、统计学、计量经济学、信用管理学、信用经济学、信用风险度量管理、金融风险管理、企业信用管理、消费者信用管理、征信管理、信用银行业务与经营、商业银行行业信用、财务报表分析、财务管理原理、金融理论与实务、国际结算（双语）、国际金融（双语）、公司金融、证券投资实务、融资租赁实务、保险理论与实务、保险理论前沿专题研究等	金融学院，信用管理专业

续表

院校	代表性主干课程	备注
西安外国语大学	对接全球风险管理（Financial Risk Manager, FRM）认证资格课程，以及专业基础模块课程信用经济学、风险管理基础、估值信用管理、银行风险建模、征信市场调查与实务等	
浙江财经大学	政治经济学、宏观经济学、微观经济学、货币金融学、财政学、统计学、计量经济学、信用管理、征信管理实务、信用理论与实务、信用评级、金融风险管理、企业信用管理、信用担保、管理信息系统、金融数据挖掘等	
中国人民大学	模块一：通识课程模块（数学、英语、思政、计算机等）；模块二：专业基础模块（经济学、金融学、会计学、统计计量、信用管理、信用管理度量等）；模块三：工具方法论模块（宏观经济分析、财务报表分析、计算编程）；模块四：专业理论实践模块（全流程信用管理与市场应用、风险管理、社会信用体系理论与实务、信用评级实验等）	
西南财经大学	概率论与数理统计、计量经济学、金融风险管理、固定收益证券、信用评级、信用评分、数据挖掘机器学习、金融建模与数据分析、金融数据分析与编程、深度学习、金融机构的信用管理、金融科技学等	
天津职业技术大学	政治经济学、微观经济学、会计学原理、管理学原理、金融学、统计学、计量经济学、财政学、信用管理学、信用理论与实务、信用评级、商业银行经营管理等	经济与管理学院
上海师范大学	宏观经济学、微观经济学、金融学、管理学、投资学、财务分析、商账管理、投融资信用风险测定与管理、企业信用管理、企业社会责任、公司分析与价值评估、项目投资于评估、客户信用分析技巧、消费者信用管理、个人信用评分模型及其应用、信用数据库开发与管理、计量经济学、统计学、以及实践教学环节：会计账簿设计、信用报告处理方案设计、信用评级设计、信用报告设计、学术论文写作训练、产教融合实践等	商学院

院校	代表性主干课程	备注
太原师范学院	政治经济学、西方经济学（微观）、西方经济学（宏观）、会计学、货币银行学、财政学、统计学、信用经济学、信用管理学、信用评级概论、企业与消费者信用管理、信用风险管理、经济法	
湖北经济学院	核心课程：大学英语、高等数学、微观经济学、宏观经济学、计量经济学、会计学、财政学、管理学、金融学、信用管理学、商业银行管理学、征信理论与实务、公司金融、企业与消费者信用管理等	
重庆工商大学融智学院	西方经济学、金融学、统计学、会计学、财务管理（含财务报表分析）、保险学、投资学、财政与税收、计算机数据库、管理学、信用管理概论、企业信用评级、资信评级、消费者信用管理、信用担保、企业信用管理、商业银行管理、信用风险管理、金融市场营销、国家信用管理体系等	
安徽商贸职业技术学院	基础会计、初级会计实务、财务管理、信用管理实务、信用管理实务、银行信贷管理、银行综合柜台操作、互联网金融、金融产品营销实务、金融法规、信用评级实务、金融服务礼仪等	
浙江金融职业学院	基础会计、财务分析、信用管理、信用评级与报告、信用担保与实务、信用管理软件应用、征信与市场调查等	

由各高校信用管理专业课程信息资料分析可知，由于信用管理专业属于交叉学科，因此高校专业设置时一般采用宽口径设置。如中国人民大学专业设置呈宽口径，厚基础特点。突出专业特色，学分分配广泛，在公共课、专业课、基础课、选修课及其他环节都具有灵活性。

课程体系上，各学校间信用管理课程体系有重复，例如通识教育模块，基本都是思政、数学、英语和计算机技术等相关课程。有交叉，例如专业基础模块信用管理学、信用经济学、信用风险管理、信用评级等。可以说各院校重视理论基础和实践课程的结合，同时也开展较多的隐性课程，营造良好的信用文化。课程结构有以下特征：一是公共课和专业基础课各校设置差异不大。二是专业必修课上，普遍选用《信用管理学》《信用评级》《信用风险管理》等课程。三是专业选修课上，有些高校也将上述专业必修课放于选修课中，另外也包括《信用保险》《金融机构信用管理》《信用管理前沿》《信用经济学》《信用担保》《征信理论与实务》《商账管理》等课程。中国人民大学课程设置分为专业基础课和专业骨干课，专业骨干课内容丰富且贴近实际，具有较丰富的实务操作课程。上海财经大学课程设置涵盖面广，专业主干课程包括：投资学、财务报表分析、金融计量学、信用评级、信用法律法规、信用分析定量模型等。广东金融学院课程特色体现在 CPE 三段式课程：Core Curriculum（基础核心课程）、Professional Curriculum（专业课程）、Employment Curriculum（就业导向课程）。

其次，高校结合其办学层次、服务领域、配套资源等制定培养目标，部分课程存在明显差异，如中国人民大学培养"三优"（优质生源 - 优秀教育 - 优异出路）目标人才，要求信用管理专业学生掌握经济理论基础和数理统计方法；上海财经大学则"立足于上海信用体系建设，服务长三角乃至全国"的信用管理人才的培养基础；安徽商贸职业技术学院素养和较强实际工作能力的学生。在众多开设信用管理专业的学校中，西南财大和广东金融学院是仅有的以"系"为建制的信用人才培养基地。对信用管理人才的培养高度重视，上海第二工业大学和西安外国语大学的核心主干课程主要是对接信用管理师执业资格、CFA 以及全球风险管理认证资格等级考试。

尤其是隐性课程设置上的差异较明显，以中国人民大学为例，开展"信用管理月"活动，"专业辩论赛""信管杯"羽毛球赛、歌咏比赛、"信用之秋活动季"营造良好的信用文化氛围，灌输信用思想。广东金融学院定期举办华南信用管理论坛。上海财经大学聘请客座教授、海外专家进行专题讲座，让学生接触到最前沿的思想。由于信用管理专业人才除了掌握扎实的理论知识以外，还需要具备风险分析技能和软件操作技能，因此各大院校积极探索实践课程形式。以广东金融学院为例，广东金融学院探索校企合作培养模式，开设校企联合培养班，比如佳鑫隆教学班、中兴微贷教学班。人民大学也进行校企合作的培养模式，与中诚信、大公国际、中贸远大等机构构建实习基地，成立"信我有用"俱乐部，并尝试设立海外实习基地。上海财经大学与邓白氏集团、法国科法斯集团、新世纪评估公司、上海远东评估公司等实行校企合作培养模式，开展参观、访问、业务学习和社会调查活动。西南财经大学实行"产、学、研"联合培养，与中国诚信信用管理有限公司、中国人民银行成都分行合作开展学术交流与培训，并设立台湾交换项目。

英美国家的信用管理人才培养方案体系和中国信用管理培养方案存在显著差异。例如在英美国家信用管理正规大学课程体系较少，主要有英美信用管理协会提供自学计划课程体系指导，但在中国信用管理主要是在高校正规课程体系。

5.4 基于国内信用管理专业人才培养方案的知识结构

由国内外信用管理人才培养方案，各高校信用管理专业的培养思想可概括为"以岗位定位为导向，以能力培养为核心，以课程模块为基础"（见图 5 – 1）。

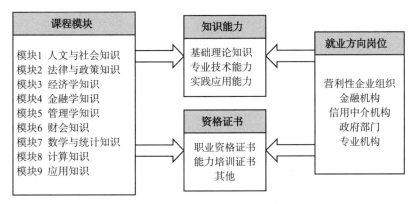

图 5 - 1　信用管理专业课程设置

信用管理专业课程体系九大模块依据课程知识内容和提供的培养能力技能，划分为初阶、中阶和高阶三个级别。初阶主要是提供概念性基础理论知识，中阶主要是指信用管理专业技术能力培养的系列知识课程体系，高阶是信用管理的实践操作应用。

培养学生掌握九大模块知识体系，管理学、经济学、金融学、会计学的基本原理和现代信用管理的基本理论、基本方法；熟悉我国经济与管理的有关方针政策、法律法规以及国际信用管理惯例及相关的法律、规则；系统掌握信用管理的理论知识和分析方法，具有风险管理、资信调查、信用评级、公司信用管理、消费者信用管理、国际业务信用管理、基金管理、投资组合设计与管理等专业知识，具有从事信用风险防控管理能力；具有较强的语言与文字表达能力和人际沟通能力；具有收集信息并进行分析研究、开发利用的基本信息化能力；掌握文献查询的基本方法，了解信用管理学科发展动态，具有国际化视野，有从事信用风险管理研究的初步能力；具有较强创新能力、跨文化交际能力，具有较强的外语能力，具备解决信用管理实际问题的能力（见表 5 - 3）。

表 5 - 3 　　　　　　　信用管理专业培养的知识能力

能力	具体内容要求	课程体系
基础理论知识	管理学、经济学、金融学、会计学、信用管理、法律法规、国家信用管理体系	基础课（法律与政策、金融学、财会、管理学）
基本能力	语言、沟通、文字表达、信息收集处理、创新、外语	通识课（人文与社会、数学与统计）
专业技术能力	征信、信用评级、企业信用管理、消费者信用管理、国际业务信用管理、信用风险管控	专业基础课、专业课、选修课（信用知识、金融学、财会知识）
行业应用能力	建筑信用、房地产信用、机器设备评估、银行信用管理、信贷分析等	专业课、选修课

　　信用管理专业就业方向可以分为企业、金融机构、政府机构和专业机构四个方向，每个就业方向的岗位又可划分为初级、中级和高级三个级别（见表 5 - 4），对应着不同的课程。

表 5 - 4 　　　　　　　信用管理专业培养的知识能力

课程体系	岗位			就业方向
	初级	中级	高级	
客户关系管理、财务报表分析、电子商务信用、信用经济学、信用风险管、资本运作、商账管理、信用担保实务	信用档案管理；财会审计岗；营销岗；电话催收员	信用客户经理；信用审核与审批；商账管理；信用管理员	信用经理；资本运作管理；信用分析师	企业
信用卡管理、银行信贷管理、个人理财、投资分析、信用卡业务管理、商账管理、信用担保实务、信用风险管理、信用经济学	信贷员；信用卡专员；呆账核销；风险监测	投资顾问；客户经理；风险管理	金融监管部（如财政部、审计署、人行、国家金融监督管理总局）	金融机构（商业银行、保险公司、证券公司、信用卡公司）

续表

课程体系	岗位			就业方向
	初级	中级	高级	
国家信用管理体系、互联网金融、征信、电子商务信用、信用管理软件、征信与评估实务、信用经济学、信用风险管理	财政部；工商管理局；海关；征信局			政府机构
客户关系管理、资本运作、财务报表分析、投资分析、信用管理软件、信用管理实务、商账管理、信用风险管理、征信与评估实务	信用担保公司；信用评级机构；资产评估机构；会计师事务所等			专业机构

　　由前文研究概括，虽然因培养目标和层次差异，信用管理专业九大知识模块在各高校及职业技术院校的课程设置不尽相同，各有侧重，结合实际，在 PROTÉGÉ 中生成信用管理专业课程知识结构图谱（见图 5－2）。

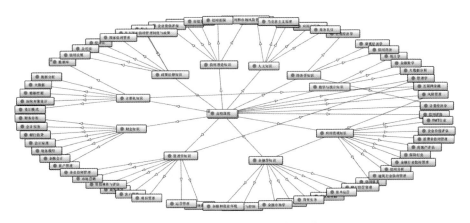

图 5－2　信用管理知识结构图谱

本章研究根据我国高校培养方案课程体系构建的知识结构图谱，虽然信用管理专业正规教育有一定成熟度，分属不同的学科和区域。课程体系知识图谱结构确定仅是依据高校培养方案对课程的介绍，并没有涵盖整门课程的内容部分结论之间的关系还有待深入研究。

5.5 我国信用管理专业培养方案存在的问题与启示

信用管理专业作为新兴专业，是在借鉴国外专业教育基础上发展而来的。这也导致我国信用管理专业的人才培养方案"西方"色彩较为浓厚，还不能完全适应与支撑中国社会信用体系发展的需要。

（1）课程体系多参照西方信用管理课程设置，缺乏针对中国社会经济发展需求的知识体系构建。西方信用体系针对市场信用（商务信用或金融信用），而中国社会信用体系则领域广泛。这也决定了中国社会信用体系建设需要特殊的知识体系作为支撑。

（2）滞后于现代信用管理发展的方向，缺乏对现代信用管理的有效支撑。无论是市场信用管理还是政务信用管理，现代信息技术都得到广泛地采用，如大数据、数据挖掘等技术。现代信用管理知识体系也应纳入这些知识，才能更好地适应现代信用管理发展。此外，现代信用管理更加注重适时动态信用管理，相应的征信、评信技术也在不断变化，也要求进行知识更新。

（3）专业课程体系的趋同性。我国高校专业人才培养方案侧重依靠学校之间的交流、研讨等确定，在课程设置上相互借鉴，这也导致信用管理专业课程设置呈现趋同性，并不能很好地反映出学校的培养层次以及培养特色，也不能适应社会各层次信用管理人才的需求。

（4）缺乏对中国社会信用体系建设特定领域与方向的知识体系开发。公共信用管理在中国社会信用体系建设中占据了重要地位，尤其是信用管理在现代社会中被赋予"新型监管机制""社会共治机制""赋能机制"的重任。尽管有高校针对中国特有的信用管理领域人才需求开设了专业方向，但还缺乏针对这些特定领域所需能力及其对应知识的深入研究，缺乏针对性的知识开发。

（5）信用管理专业知识结构的逻辑性、科学性还有待加强。从当前多数信用管理专业人才培养方案来看，整个课程体系缺乏从风险识别到风险评价，再到风险评级应用的逻辑关联，其科学性值得商榷。就课程或教材设计来看，也大多沿用西方课程的知识架构，缺乏针对中国情景的知识架构设计。

（6）核心知识与领域知识的平衡设计非常重要。中国社会信用体系涉及领域多，这也决定了信用管理专业人才培养方案需要处理好核心知识与领域知识的关系。从当前信用管理专业人才培养方案来看，并没有妥善处理好两者间的关系。这也导致了信用管理行业协会与高校信用管理人才培养间的衔接不够紧密，行业协会的人才培养与知识创造功能没有很好地发挥出来。此外，高校信用管理专业人才培养方案中的知识体系与社会信用管理人才认证的知识结构也需要进一步强化衔接。

第6章

基于市场需求的信用管理人才
知识结构研究

6.1　基于市场需求的人才知识结构分析方法

市场需求反映了用人单位的现实和直接需求，以市场为导向构建人才知识结构，建立课程体系，也是人才培养中常用的方法。基于市场需求的人才知识结构分析关键在于科学、准确把握市场人才需求。市场主体数量多，规模不一，业务重点、管理模式以及内部组织分工等也存在较大差异。这也导致了市场主体人才需求存在较大差异性，具体体现在能力与知识要求上。基于市场需求的人才知识结构分析通常采用访谈法与问卷调查法。访谈法一般选择较具代表性的市场主体，拟定访谈大纲，深入了解其对特定岗位的能力与知识要求。问卷调查法一般是由学校拟定调查问卷，面向相关市场开展调查，而后进行统计分析，得出能力与知识项目，进而构建相应的人才培养方案与课程体系。

从总体上看，信用管理职业侧重于应用导向，信用管理专业也侧重于应用型专业，这为应用市场需求开展其知识结构研究奠定了基础。同时，随着信用管理行业发展，我国已经培育出信用服务机构，这也为开展信用管理人才市场需求分析奠定了可行性基础。

以企业就信用管理专业所设立岗位的招聘信息为研究对象对信用体系不断完善的背景下社会对信用管理人才的知识需求进行分析。首先，对国内各大评级机构的招聘信息进行收集时，我们通过企业信息网（http：//www.bgcheck.cn/Index.html）筛选出的若干省市的资信评级机构，后从这些企业的官方网站的"招贤纳士"模块检索出信用管理相关岗位的招聘信息，不足部分则通过检索前程无忧和智联招聘等各大招聘网站进行了相应补充；国外数据来自国际上知名的三大国际信用评级机构的官方网站，在筛掉重复和其他非相关的岗位招聘信息后，最终筛选出了 120 条相关岗位的招聘信息。

我们在各大网站收集了截至 2021 年 12 月 7 日的不同机构有关信用管理人才招聘的相关要求及各项职能。我们主要是运用网络调查法和归纳总结法对其进行研究，并对招聘信息的具体内容进行深入分析和挖掘，筛选出有关信用管理岗位（信用分析师、评级分析师等）的招聘要求及行业职责。在获取的每条招聘信息的更多具体岗位职责要求的基础上，我们把它们细分成社会对信用体系下不断完善的背景下的信用管理人才的需求类型、知识背景要求、综合素质能力要求、专业知识要求和特殊技能要求等 5 个方面的信息。最后，针对每一方面的内容深入剖析出社会对信用管理人才的知识结构要求。

6.2　信用管理人才市场需求调查概况

6.2.1　信用管理人才市场需求类型

我们通过浏览多家规模大小不一的资信评级企业的对外招聘信息，发现公司规模越大，岗位设置越完善，岗位的职权越清晰，信用管理人才的需求类型更加多样，同样的这些企业对相应人员的要求也更加严格。从招聘的岗位名称上来看，国内有关信用管理人才设立的岗位主要分为助理信用分析师、信用分析师、高级信用分析师以及其他相关岗位。我们可以发现，在所有的岗位招聘信息中大约有 16% 是针对助理信用分析师推出的招聘，有 55% 的招聘要求是针对信用分析师的招聘，有 8% 的招聘要求是针对高级信用分析师的，余下的 21% 都是各大企业根据自己公司的经营模式和实际经营状况推出的相关岗位，如金融机构部分析师、结构融资部分析师、质量控制部分析师、高级项目经理、合规专员等一系列信用管理相关的岗位，按照公司的统一安排做各项信用评级工作。

从表 6 – 1 中，我们可以看出，在劳动和社会保障局确立的 3 个有关信用管理的岗位中，信用分析师是招聘最多的岗位，占 55%；而对于高级信用分析师的需求量则相对较小，在所有样本数据中仅占 8%。

表 6 –1 各类信用管理人员岗位职责

岗位名称	岗位职责	所占比例
助理信用分析师	1. 协助部门分析师完成企业现场访谈、业务情况调查、财务分析和评价、收集客户基本信用信息等； 2. 对区域经济与行业发展进行研究与分析； 3. 完成评级部安排的课题研究等项目	16%
信用分析师	1. 把握宏观经济形势，实时跟踪行业、企业信用风险变动情况，并做出前瞻性的研究； 2. 负责相关企业及其债务工具的信用评级和跟踪评级工作，出具信用评级报告或信用风险分析报告； 3. 负责相关被评对象的信用风险定价研究	55%
高级信用分析师	1. 全面主持评级项目。 （1）企业访谈阶段，准备访谈提纲，承担主访谈任务。 （2）项目撰写阶段，指导分析师、助理分析师撰写报告。 （3）项目审核，负责项目报告的一审、二审。 2. 负责行业梳理、行业展望、评级方法制定等相关研究工作并形成报告	8%

岗位名称	岗位职责	所占比例
其他	1. 参与银行、证券、保险、资管、金控等各类金融机构和各类金融机构信用评级，撰写信用评级报告； 2. 关注金融机构各行业动态，及时完成跟踪评级工作，并维护好客户关系； 3. 参与公司评级方法行业风险研究等技术政策文件编写和制定； 4. 参与相关课题研究、撰写研究报告； 5. 从事市场机会开拓和合作伙伴开发，牵头与个人、企业征信相关的信贷数据、金融信息等的采集工作	21%

一方面，信用管理人才迫切需求的背景下是信用管理人才培养数量不足以及质量有待提高的思考。信用管理人才当下主要是通过院校的系统化教学去培养，但是信用管理专业尚未得到高校的充分认可，整体办学层次不高，数量规模不大，从而导致招收学生数量很少；另一方面，信用管理人才培养的质量有待提高，比如信用管理专业毕业生所具备的知识体系无法满足该行业的基本需求，人才的基本能力与行业岗位的基本要求不匹配，再加上该行业还处于不断稳步发展的阶段，在校生实际操作机会少，实践课程少，难以很好地适应工作岗位等问题也较突出。信用管理人才是指可以充分运用信用管理专业相关知识，通过自己对市场经济发展及未来走势的有效预测，从事企业和消费者信用风险管理工作的综合性人才。当下，社会信用体系建设不断完善，信用管理人才的需求量将会越来越大，但是国内培养信用管理人才的数量完全不能很好地迎合这一需求，因此在很多企业的信用评级部门就会额外设立其他岗位来帮助进行公司的一系列信用管理工作。

6.2.2　信用管理岗位招聘知识背景要求分析

基于收集到所有样本数据，我们对市场所需的信用管理人才的知识背景作了深入分析，主要是从企业对外招聘中相应岗位对应聘者的学历及专业要求两个方面分析，其中最低学历要求从高到低依次为硕士研究生及以上、本科及同等学历、大专及同等学历，其详细数量分布见图6-1。

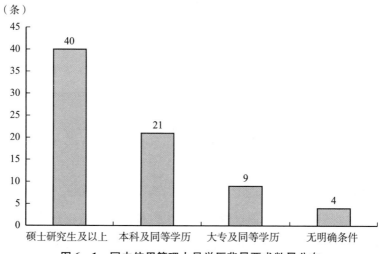

（条）

图6-1　国内信用管理人员学历背景要求数量分布

在国内的样本数据中，各大机构对人才的学历要求主要是硕士及以上，共有40条招聘信息，占所有样本数据的54.1%；学历要求是本科及同等学历的21家企业，占所有样本数量的28.4%；有9个招聘单位对人才学历的要求相比来说不算高，具备相关专业大专及同等学历即可；余下的其他单位在招聘要求中并没有对应聘者的学历作出明确规定，但是他们比较看重应聘者的执业经验和专业技能。在国外的样本数据中，三大机构所需人才的学历要求比起国内要稍微低一些，大多要求达到相关专业本科学历，取得学士学位即可，如图6-2所示。在所有的样本数据中，有31条招聘要求为本科及同等学历，占所有的67.4%；要求是硕士研究生及以上学历的约占26.1%；另有3个岗位没有对学历作出具体要求。

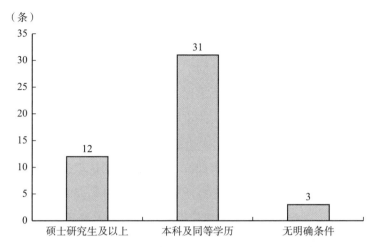

（条）

图 6 - 2 国外信用管理人员学历背景要求数量分布

从专业要求的角度来看，我们搜集到的几乎所有的招聘信息都对应聘者的学术专业有所要求。我们发现招聘信息中对专业背景的要求主要集中经济类、金融类和管理类专业，有的招聘信息规定得较为笼统，仅写明应聘人员需要具有经济类或者管理类的专业背景，也有的招聘信息明确对应聘者的专业背景作出了较为细致的规定，包括金融学、数量经济学、政治经济学、金融工程、财务会计以及相关所有细分专业。除去这些专业，数学、统计学、法学计算机科学等专业也有一定的需求，比如通过数学建模、计算机编程等实现数据加工处理等工作，仅凭经济管理类专业的基本学习，终究会进行得十分艰难。总而言之，当下信用管理部门对人才的要求不仅限于基本的社科知识学习，还要具备数据分析处理、建模分析、数理统计等方面的能力。市场需求的信用管理人才是掌握多学科交叉知识的复合型人才。

我们通过比较国内企业和国际上三大评级机构对于信用管理人才学历背景的要求发现，国内企业大多数要求信用管理人员学历在硕士研究生及以上，虽然有些单位也会招聘专科毕业生，但是都是规模较小、经营模式相对单一的小企业；国内比较大型的招聘单位都要求学历是硕士研究生甚至是博士，特别是有少数企业对人才毕业院校有所要求，如毕业于国内 985/211 高校或其他知名院校等。而反观标普、惠誉和穆迪三大国际信用评级机构的招聘，明确指出取得学士学位即可，硕士学位可以作为加分项去竞争岗位。

　　为什么信用管理人员在国内外的学历要求会出现这样的反差呢？我们仔细研究发现，国外招聘虽然学历要求比国内低，但是入职后他们会通过各种社会资源进行专业培训，来满足人才市场的基本要求。如美国的国家信用管理协会（NACM）向信用行业推出了恰当的培训计划，协会制定的教育和研究计划充分说明了其对当今信用管理行业复杂需求的认识，通过不断完善并创新培训课程，不断为该行业输送高质量人才。尼日利亚的信用管理研究所（ICA）专门致力于提供微观和宏观信用管理教育、专业资格授予、技能发展和日常贸易管理人员的能力建设、金融、消费者和商业信贷，通过定期培训研讨会和强制性专业技能发展计划进行信贷管理能力建设，通过与信用与财务管理研究生院（PSCFM）合作，提供世界一流的信用管理专业教育。英国伦敦的研究生信用管理学院（LPCMC）通过提供适合个人、企业和社会需求的特殊教育来提高信用和财务管理方面的知识和授予资格，将专业资格与学术严谨性相结合，提供高级认证，帮助行业内人士在信贷和财务管理领域保持领先地位……相比来看，国内对于信用管理专业的认可度还相对较低。该行业发展的 20 年间，尽管陆续有高校开设信用管理专业并对外招生，但是整体办学层次并不高，招收规模也相对较小。这样不仅限制了该专业人才的对外输送，也很难提高该专业的社会影响力。社会认知度低，就业前景低迷，学生对该专业的整体评价也就不会很高。招生困难、评价不高、认知模糊、就业前景迷茫……形成了一个恶性循环，这个基于信用体系不断完善推出的新兴专业就会一步步地走向"冷门专业""边缘专业"。由此可见，高校的本科教育很难满足人才市场对信用管理人员的需求。当下，行业环境瞬息万变，信用管理人员作为一类多学科交叉知识的复合型人才，除了基本的专业知识学习，文字写作、信息挖掘分析、计算机应用等都要有一定的涉猎。

　　因此，本科之后利用研究生三年的科研经历与知识体系完善，通过多方面、全方位的学习，高学历人才能够更好地满足招聘单位的基本需求。

6.3　市场对信用管理人才的能力与知识要求分析

6.3.1　综合素质能力要求分析

通过对样本数据进行统计发现，招聘单位对应聘的综合素质要求主要体现在以下 7 个方面：沟通协调能力、组织与团队合作能力、研究分析能力、文字表述能力、良好的职业道德、信息挖掘与处理能力、征信行业和市场调查经验，其数量分布如图 6 – 3 所示。

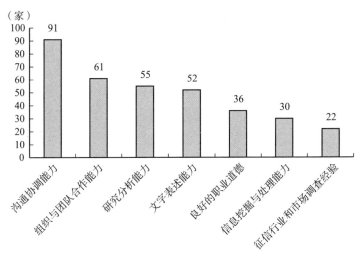

图 6 – 3　招聘单位对信用管理人员综合素质能力要求

从分析的数据可以看出，招聘者更需要沟通协调能力强的信用管理人才，对该条件提出明确要求的招聘单位共有 91 个，占到总样本的 76%。招聘单位也很看重应聘者的组织与团队协作能力，对此提出明确要求的单位有 61 个，占总招聘单位的比重为 50.8%，信用管理人员进行的信用评级工作是通过团队分工与协作完成的，需要对企业现状与问题进行一系列的现场访谈，对企业的业务情况进行调查，还要对企业的财务情况作分析与评价，并最终出具评级报告或者信用风险分析报告。在进行行业分析或者评价方法研究等其他的项目也必须在团队中进行，因此与团队成员之间的沟通协调以及在团队中完成任务的能力就显得格外重要，是信用管理人员必不可少的综合能力。再就是研究与分析和文字表述能力，对这两类能力提出明确要求的招聘单位分别为55家和52家，占样本总量的45.8%和43.3%，二者占比接近。在对被评级企业进行评级的过程中要进行分析并出局评级报告，自然离不开研究分析能力和文字表述能力。另外，对于高级信用分析师来说，还需要进行行业的展望以及评级方法研究等活动，这对相关人员的研究分析与文字表述能力提出了更高的要求，这两种技能是信用管理人才应具备的基本职业技能。对应聘者的良好的职业道德提出明确要求的招聘单位有36家，占比为30%，比例较低。值得深思的问题是，现如今信用评级行业自律问题现如今已引起社会的广泛关注，成为构建信用体系亟待解决的问题，信用管理人员的职业道德似乎并没有引起信用管理行业的足够重视。企业对信用管理人员所具备的信息挖掘与处理能力以及行业从业经验和市场调查经验也有一定的要求，分别有30家和16家有这方面的要求，占全部样本数量的25%和13.3%。总的来说，社会中需要沟通协调能力和团队合作能力强的信用管理人才。

6.3.2 信用挂历岗位专业知识要求分析

信用管理人员掌握的知识包括社科基础知识、专业知识和特殊技能操作要求的相关知识三个部分。基础知识是一个人提供工作的基础学识结构，如果不具备这些知识就无法成功进入信用管理行业，如财务、会计、市场营销、数理统计、宏观经济、法律、企业管理、英语等方面的知识；专业知识是信用管理人员日常作业必备的专业知识，如信用管理、企业征信、个人征信、资信评级、信用保险、商账追收、社会信用体系运行原理、信用监管要求、信用相关法律法规等，大量的专业知识可以在职培训。特殊操作技能要求的相关知识是一些行业对信用管理人员提出的更广泛的技能要求，如图书分类法、数据库检索、数学模型建模、心理学、金融工具、企业所在行业相关的知识等。当然，信用管理部门不同级别的人员对用掌握的知识要求也不相同，普通级别的信用管理人员需要掌握的知识要求较低，高级别的信用管理人员则需要掌握更多的知识。

综合收集到的 120 条样本数据，我们对应聘人员的专业知识要求分析发现，在当前的信用体系背景下信用管理人才至少应当具备三个方面的知识：金融理论知识、财务知识、计算机相关知识。根据招聘方的要求，相关金融理论知识主要包括金融市场基础知识、宏观经济、商业银行、保险、征信和信用评级等的知识；财务知识主要是与现金流量和财务分析相关的内容；计算机相关知识主要是 Word、Excel 等常用 Office 办公软件的灵活运用，Matlab、VBA 等编程技能，掌握 Python、R、SASS、SPSS 等任一种数据分析工具及其他大数据的相关知识，见图 6 - 4。

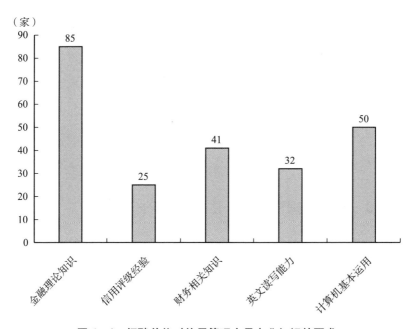

图 6 - 4　招聘单位对信用管理人员专业知识的要求

通过整理分析样本数据，我们发现有 85 家招聘单位（约占总招聘数量的 71%）对应聘人员需要具备的金融理论知识作了明确的规定，主要集中在金融市场基础知识和征信与信用评级相关知识上，其中有 25 家招聘单位更是明确规定必须有信用评级相关的工作经验，高级信用分析师更是要求至少具有 5 年的相关从业经验，这也体现了信用管理行业对信用管理人员专业性的要求是十分严格的。而在财务知识方面，有 41 家招聘单位明确提出了相关要求，要求掌握财务分析的相关知识，主要是因为在信用管理人员进行信用评级时必须对被评级企业的财务状况进行必要的审查，具备一定的会计财务知识基础也能更好地迎合行业的要求。熟练运用 Office 软件进行日常办公也是信用管理人员需要掌握的基本技能，数据的挖掘和统计分析、数学建模等都离不开这些基本工具，相应的，对数据要求比较高的招聘单位除了要求应聘人员掌握这些基本的办公软件以外，还要求他们掌握大数据和编程等知识，可以应用 Python 和 SPSS 等工具进行数据的深度挖掘和统计分析。此外，一些具有国际业务的单位还要求应聘人员至少掌握一门外语——大多数为英语（有 32 家单位对此做了明确要求，约占总样本量的 27%），这些单位大多需要涉外业务，因此需要从业人员能够用英语进行书面或者口头的交流，阅读及翻译外文文献等。而那些招聘高级信用分析师的单位则需要信用管理人员能够有很好的大局观，可以有效地对行业未来进行展望，帮助单位培养信用分析师以及进行信用评级理论和方法的研究等，这也就对他们的英文水平有着很高的要求，能够无障碍的在国外网站和著作文献中获取信息。

6.3.3 信用管理岗位特殊技能要求分析

通过分析发现，有一半的招聘单位的招聘要求中都有提到应聘的优先录用条件，其中出现比较多的优先录用条件有：（1）具有 CPA，CFA，证券从业资格证等相关专业证书的；（2）具有相关行业工作经验的；（3）掌握大数据应用、编程语言应用、数据库、金融建模等技能的；（4）国内知名院校、重点高校优秀毕业生；（5）学历是硕士研究生及以上的；等等。如图 6 - 5 所示。

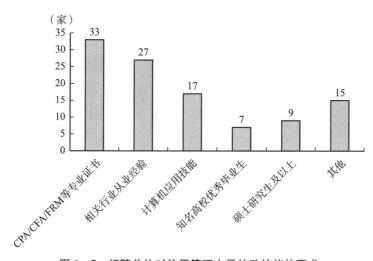

图 6 - 5　招聘单位对信用管理人员特殊技能的要求

从图 6 - 5 中可以发现，首先，有 27.5% 的招聘单位（33 家）将具有 CFA、CPA、FRM、证券从业资格证等相关证书作为优先录用条件。CFA 和 CPA 是金融和会计领域含金量较高的证书，它们都能充分表明所有者的专业素养以及扎实的专业基本知识，考取的难度很高但是具有很高的竞争力的证书。证书持有者会具有更高的可雇佣性，这也是成为应聘者的主要优势条件。但是由于 CPA 和 CFA 考试难度较大且考试周期较长，部分招聘单位的招聘要求上适当放宽了限制，只要通过一门主要科目或者通过数门科目也可以作为应聘的优先录用条件。其次，有 22.5% 的招聘单位（27 家）的优先录用条件里提到了相关从业经验，主要包括信用评级行业、银行业、保险业、财务会计、证券等行业。信用管理行业比较贴近金融、管理这两大领域，具有金融类机构的一些从业经验对于之后推入到信用管理行业会有很大的帮助。再次，随着大数据时代的到来，传统的服务业务也进行了很多创新，保有自身传统的业务模式与互联网相结合，不断推出新型便利的服务模式，这也就使得很多企业在招聘信用管理人员时对计算机应用的要求有了一定的要求。再次，有些大型评级机构比较中意高学历的优秀人才，国内知名高校的优秀毕业生更能得到这些大公司的青睐。最后，各招聘单位还会根据自己单位的经营模式提出其他优先条件，如拥有良好的人脉、丰富的客源，通过司法考试、具备法律从业资格，有国外留学背景、英语听说读写能力较强等。由此来看，在当下行业环境下，信用管理人才仅仅掌握一种专业知识显然是远远不够的，只有具备丰富的工作经验和较高的综合素质，才能满足人才市场对信用管理人员的需求。

6.4　基于市场需求的信用管理人才知识分析的启示

人才或人力资源的市场需求信息不仅反映了数量要求，还反映了对能力与知识的要求。通过市场信用管理人才的信息分析，得出以下几点启示：

（1）信用管理人才知识具有较高的综合性，信用管理人才属于典型的复合型人才。尽管市场需求信息较为笼统，但总体反映出信用管理人才所需的知识类型包括金融、财务、法学、计算机以及写作等知识类型。从信用管理工作实践来看，信用管理需要对市场主体作出较为全面的分析判断，需要综合性知识与能力作为支撑。

（2）信用管理工作需要较高的实践性知识。信用管理需要在综合分析的基础上作出相应的判断，不是一般性的操作工作，而是具有高智力性。这也要求信用管理人才具有较高的专业技能。信用管理市场招聘信息也反映出对实践性知识的要求，尤其是层次较高的信用管理工作，明确提出了专业证书的要求。无论是 CPA，还是 CFA，都要求具有一定的工作经验才能报考，工作经验很自然地体现在了能力与知识的要求上。同时，这也说明较高层次信用管理人才的能力与知识要高于相应的财会人员。

（3）对计算机知识的要求越来越高，预示着未来信用管理人才可能出现分化。随着信用管理的发展，借助现代信息技术，实现风险的动态识别与管理，成为 21 世纪信用管理行业的主要发展趋势。反映到人才需求上，就是加大了有关计算机以及网络技术等知识的要求。当然，计算机与信息网络技术不仅仅是工具，还与金融、财会、评价等融合，形成了基于信息网络或互联网金融或财会分支。这也对现代信用管理人才的培养提出了更高的要求。从实践来看，信用管理工作可能面临更细的分工，如信用管理工程师等职位的设立。信用管理工作更细的分工既为人才培养带来了挑战，也为其知识结构研究带来了挑战。

基于市场需求的人才知识结构开发的前提是市场人才需求信息能够充分反映出对能力与知识的要求。这也需要发展较为成熟的人力资源市场。人力资源市场按照专业领域可以细分为多个子市场，信用管理人才市场就是其一。由于我国信用管理职业发展时间短，其人力资源市场发育还不成熟，这给利用其需求信息进行知识结构开发带来了一定的障碍，具体如下：

（1）信用管理人才市场需求信息发布缺乏相应的标准，有关能力与知识信息较为笼统。从人才招聘信息的发布来看，利用人才市场需求信息开发信用管理人才知识结构的最大障碍就是信息不全，较为笼统，存在大量的缺项。信用管理职业作为新兴职业，对其工作内容及所需能力、知识分析还不系统、深入，也就很难提供较为全面的市场需求信息。同时，我国大部分信用服务机构成立时间短，规模小，人力资源管理基础较为薄弱，也导致对信用管理岗位的工作分析不到位，自然也就难以提供出较为全面的岗位信息。最后，我国在人力资源需求信息发布上也没有建立相应的规范或标准，信息发布的弹性空间大，也致使很多信息被遗漏掉。故此，信用管理人才的市场需求信息只能为其知识结构构建提供部分借鉴。

（2）市场导向的人才培养方案与知识结构研究一般应用于应用型人才培养，人才层次较低，其实用性有一定的局限性。基于市场导向的人才培养方案往往适用于学制时间较短，以应用型、操作型人才培养为主。而对于较高层次或者以面向研发的人才培养，多是需要与社会、行业前沿发展相结合，需要强化创新能力培养，市场需求信息就很难完全支撑。

（3）基于市场需求的人才培养方案与知识体系构建可能导致其滞后于

市场发展，培养方案与知识结构调整跟随市场跑。市场上的岗位需求信息多基于既有的工作内容或岗位（职位）说明书文件，很难反映出未来的发展与调整。在信用管理业发展较快的背景下，信用管理岗位工作内容也在发生较快的变化，基于现有信息的人才培养方案与知识结构开发很容易滞后于实践发展。这将制约信用管理人才知识结构的应用。

（4）信用管理岗位市场招聘信息的局限性。当前发布信用管理人才需求信息的单位集中在商业信用管理领域，以信用服务机构为主。公共信用服务领域的组织以政府机构、事业单位为主，这类组织有自身招募渠道，并不通过公开的市场招聘，故而也没有相应的市场需求信息。同时，这类组织往往通过招考渠道来进行，发布的信息多为专业要求，没有相应的知识、能力要求。这也需要从中国社会信用体系建设实际出发，在利用信用管理市场需求信息的同时注重其他渠道信息的收集与应用。

第7章

基于信用管理人才认证的知识结构分析

7.1 职业资格认证的发展及知识结构体系开发

职业资格是劳动者从事某一职业所需具备的知识、技术和能力的基本要求。职业资格认证是对个体具备职业技能和专业水平能力的证明和认定。英国作为第一次工业革命的发源地，在 19 世纪面临学徒工减少的问题，开始重视职业教育，在 1986 年成立国家职业资格委员会（NCVQ），开始推行国家职业资格证书制度（NVQ）和通用国家职业资格证书系统（GNVQ），其中国家职业资格证书制度（NVQ）覆盖英国约 90% 的职业范围。英国制定职业资格标准的方法主要是功能分析法（Functional Analysis）。功能分析法是基于岗位工作本身，是一种以工作为中心及导向，以任务为分析单元的岗位分析方法。功能分析法以工作或岗位职能为核心，区分工作行为与工作结果，并建立两者之间的联系，进而针对相应的工作任务划分通用技能、专业技能以及环境适应性技能。功能分析法的核心在于科学、准确分解工作任务，识别关键任务并界定其标准，进而确定支撑完成工作任务的知识与能力。在实际操作中，英国职业资格开发具有严格的程序，首先确定职业名称，然后对通过以下六个主要部分来描述职业标准：（1）单元（Units）：是可分离出来、具有相对独立的意义，可能单独考核并授予证书的职业功能；
（2）要素（Elements）：完成一个单元工作的实际工作步骤；（3）操作规范
（Performance Criteria）：对操作技能的具体要求；（4）适用范围（Range
Statements）：使用标准时对具体条件、环境和状况的要求；（5）必备知识
（Knowledge Specifications）：与操作规范中的技能相配套的知识的要求；
（6）证据要求（Evidence Requirements）：实际进行鉴定考核时需要提出的
工作过程或成果的证明，以及对获得这些证明的方式方法的要求。英国职业
资格认证体系通过建立全国统一的职业资格标准，有效促进了教育培育与市
场需要的紧密结合，实现了产教有机衔接，也强化了成人继续教育。

德国职业资格认证体系建设也较为成熟，是其职业教育大发展的重要基
础。德国职业资格认证起源较早，可以追溯到"学徒制度"，也产生了最早
的职业培训和认证管理机构——行会。1969 年，随着职业教育大发展，联
邦德国颁布联邦《职业教育法》，确定了全联邦企业培训的统一职业资格标
准，也标志着职业资格证书制度的双元制培训模式的确立。在德国职业资格
认证体系中，行业协会是中坚力量，负责进行国家承认的培训职业的结业考
试。而结业考试是"三证合一"的考试，即考试证书、培训合格证书和职
业学校毕业证书。目前，德国的职业证书已遍及 13 个专业领域、450 多种
职业，深深影响着德国人的就业与生活，促使各行业的积极发展。

日本是亚洲地区实施职业能力评价制度具有极高成效的代表性国家之
一。日本职业教育把"资格证书"的取得作为推动学生学习的原动力。职
业资格一般分为参加国家考试取得的资格和参加全国性专业技术协会主办的
鉴定取得的资格。完善的证书制度有利于落实职业学校的技能教学，肯定学
生学习成效，使学生在毕业时能同时取得毕业证书及技术证书，一方面有助
于提高职业学校专业教学地位，另一方面也有助于学生就业，提高技术人才
的水准和服务品质。

新中国成立后我们沿用苏联"八级工"模式，建立了八级工人技术等
级标准和考工定级制度；1978 年，我国组织力量再次修订《工人技术等级
标准》并于 1979 年建立工人技术等级考核制度。1989 年十三届五中全会

后，我国劳动力市场及其运行机制开始形成，建立了初、中、高、技师、高级技师五级职业资格等级制度。

1993 年 11 月 14 日，中共中央发布的《关于建立社会主义市场经济体制若干问题的决定》指出："实行学历文凭和职业资格两种证书制度，逐步实行公开招聘，平等竞争，促进人才合理流动。"1993 年 7 月，原劳动部颁布了《职业技能鉴定规定》首次提出建立学历文凭和职业资格证书两种证书制度（俗称"双证"制度）：职业技能鉴定实行政府指导下的社会化管理体制，建立职业技能鉴定机构并实行许可证制度。同年，劳动部发布《关于建立社会主义市场经济体制时期劳动体制改革总体设想》的通知，明确提出要建立国家职业分类、职业资格证书和职业技能鉴定制度。

随着职业资格证书体系的建设实施，在实践中出现了证书泛滥，缺乏公信力，管理混乱等现象，引起社会强烈反响。对此，2007 年 12 月 31 日，国务院办公厅发出《关于清理规范各类职业资格相关活动的通知》，开始整顿清理职业资格证书市场乱象。2014 年 8 月，人社部印发的《关于减少职业资格许可和认定有关问题的通知》明确提出了"四个取消"。2015 年伴随国务院"放管服"改革，国务院多次发布《关于取消一批职业资格许可和认定事项的决定》。经过 10 多年的清理，职业资格证书市场乱象初步得到遏制，职业资格证书制度在职业资格设置、培训、认定、发放、监管等各个方面都进行了重大改革，科学性、规范性、公信力也越来越高。

近年来，我国职业资格证书制度逐步向职业技能等级制度转变。2017 年，中共中央、国务院印发的《新时期产业工人队伍建设改革方案》要求建立健全职业技能多元化评价方式，引导和支持企业、行业组织和社会组织自主开展技能评价。2018 年，中共中央办公厅、国务院办公厅又印发《关于分类推进人才评价机制改革的指导意见》，再次明确"完善职业资格评价、职业技能等级认定、专项职业能力考核等多元化评价方式"；同年 5 月，《国务院关于推行终身职业技能培训制度的意见》提出"建立与国家职业资格制度相衔接、与终身职业技能培训制度相适应的职业技能等级制度"。2019 年 4 月 23 日，人社部、教育部联合印发《职业技能等级证书监督管理办法（试行）》。2019 年 8 月，人社部印发《关于改革完善技能人才评价制度的意见》，明确要求改革技能人才评价制度，建立并推行职业技能等级制度，由用人单位和社会培训评价组织按照有关规定开展职业技能等级认定。以此为标志，职业技能等级制度初步建立，这也标志着由政府直接参与主导授权背书的国家职业资格证书制度，逐渐向市场主导的社会第三方评价机构承担职业技能鉴定职能的职业技能等级制度转变。在这一制度框架下，职业资格证书分为两类：一是准入类职业资格；二是水平评价类职业资格。

为规范职业技能标准的制定，我国制定了相应的规范和标准。人力资源和社会保障部印发《国家职业技能标准编制技术规程》。该技术规程对某一职业所需的基本要求作了规范性的表述要求，如图 7－1、表 7－1 所示。

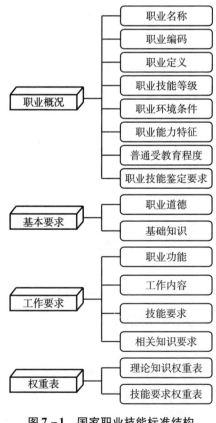

图 7－1　国家职业技能标准结构

表 7 - 1   我国职业技能知识编制规范

职业功能	工作内容	技能要求	相关知识要求
1. ××××	1.1　××××	1. 1. 1　××××× 1. 1. 2　×××××	1. 1. 1　××××× 1. 1. 2　×××××
	1.2　××××	1. 2. 1　××××× 1. 2. 2　×××××	1. 2. 1　××××× 1. 2. 2　×××××
2. ××××	2.1　××××	2. 1. 1　××××× 2. 1. 2　×××××	2. 1. 1　××××× 2. 1. 2　×××××
	2.2　××××	2. 2. 1　×××××	2. 2. 1　××××× 2. 2. 2　×××××
	……	……	……

　　表 7 - 1 显示，职业技能认证体系包括了完整的知识结构，并且对应知识要求均为具体的知识点，而非宽泛的知识领域。这有利于提高职业技能认证的适应性。

7.2　我国信用管理师职业认证的发展

　　信用管理作为一种职业，英美对其进行职业认证，第 4 章中进行了阐述，本章主要阐述中国信用管理职业认证的发展概况。信用管理在我国作为一个职业，最早是由原劳动和社会保障部于 2005 年发布，其定义为"在企业中从事信用风险管理和征信技术工作的专业人员"。2006 年，信用管理师职业被列入《中华人民共和国职业分类大典（增补本）》（职业编码为 2 - 07 - 03 - 06），属于国家职业第二大类，即专业技术人员大类。2006 年初，原劳动和社会保障部开始实施《国家职业标准信用管理师》。《标准》对信用管理师职业作出了详尽的职业道德要求、职业等级划分、职业能力特征描述、培训要求、鉴定要求等，如表 7 - 2 所示。

表 7 - 2 我国信用管理师知识结构体系（2006 版）

项目		助理信用管理师（%）	信用管理师（%）	高级信用管理师（%）
基本要求	职业道德	5	3	3
	基础知识	50	25	25
相关知识	客户资信管理			
	（一）采集客户信用信息	4	2	2
	（二）核实客户信用信息	4	2	2
	（三）辅导客户申请信用	3	—	—
	（四）处理客户信用信息	5	2	4
	（五）建立客户信用档案	6	4	4
	（六）控制信用信息渠道和成本	—	4	—
	赊销合同期的信用风险控制和转移			
	（一）合同控制	6	—	—
	（二）发贷控制	2	2	—
	（三）转移信用风险	—	7	—
	（四）客户预警	—	3	—
	商账催收与追收			
	（一）合同期的应收账款管理	7	—	—
	（二）逾期应收账款管理	8	—	—
	（三）勤追账	—	5	—
	（四）外勤追账	—	3	—
	（五）委托追账	—	3	1
	（六）商账后期处理	—	—	3
	授信			
	（一）客户信用申请处理	—	2	3
	（二）客户信用分析	—	3	5
	（三）客户信用风险评估	—	6	10
	（四）客户授信	—	3	—
	（五）起草赊销合同条款	—	1	—
	（六）审定赊销合同条款	—	—	5
	利用征信数据库开拓市场			
	（一）检索商业信息	—	2	—
	（二）筛选客户数据	—	2	—

续表

项目			助理信用管理师（%）	信用管理师（%）	高级信用管理师（%）
相关知识	部门管理	（一）制定、调整信用政策和建立信用制度	—	6	8
		（二）制定部门预算	—	3	3
		（三）设立及描述	—	2	3
		（四）调控信用销售指标	—	3	—
		（五）员工培训	—	2	3
		（六）赊销指标管理	—	—	3
		（七）企业信用评价	—	—	5
		（八）企业信用价值的定量分析	—	—	8
合计			100	100	100

2014 年，国务院印发的《社会信用体系建设规划纲要（2014—2020 年)》第 79 条中明确规定：加强信用管理职业培训与专业考评。建立健全信用管理职业培训与专业考评制度。推广信用管理职业资格培训，培养信用管理专业化队伍。促进和加强信用从业人员、信用管理人员的交流与培训，为社会信用体系建设提供人力资源支撑。2015 年颁布的《国家职业分类大典（2015 版)》将"信用管理师"作为一个新兴职业纳入其中（4 - 05 - 06 - 02)。2020 年 6 月 17 日，"中国就业培训技术指导中心"和"人力资源和社会保障部职业技能鉴定中心"联合印发的《国家职业技能标准制定工作计划（2020—2022 年)》再次将"信用管理师"纳入其中。其后，人力资源和社会保障部为了贯彻落实《社会信用体系建设规划纲要（2014—2020 年)》的要求，重新设立了信用管理师职业资格，在人力资源和社会保障部 2021 年向社会公示 18 个新职业中，信用管理师列入其中。信用管理师是信用经济时代的新职业，已纳入《中华人民共和国职业分类大典（2022 年版)》，其职业编码为：4 - 05 - 06 - 02。同时，中华人民共和国

人力资源和社会保障部对外公开发布《信用管理师国家职业技能标准2021版》标志着我国信用管理人才培养和《信用管理师》职业技能人才评价迈出新阶段。

按照《信用管理师国家职业技能标准2021版》，信用管理师是在企业中从事信用风险管理和征信技术工作的专业人员，共设四个等级，分别为：四级/中级工、三级/高级工、二级/技师、一级/高级技师。信用管理师职业能力特征为：具备观察、分析、判断、表达、沟通、决策等能力，学历要求为大学专科毕业（或同等学力）。信用管理师的基本要求包括职业道德、基础知识两大部分，其中职业道德包括职业道德基本知识与职业守则；基础知识包括基础信用理论、企业信用管理基础、外部监管与服务环境、主要法律法规知识、国家信用标准五部分，如表7-3所示。

表7-3　　　　　　　　信用管理师的基础知识结构体系

序号	内容	子内容
1	基础信用理论	基本术语与概念
		信用管理基本功能
2	企业信用管理基础	客户信用档案管理
		企业信用政策
		授信管理
		应收账款管理
		商账管理
		信用管理外部技术支持
		新兴信用风险管控技术应用
3	外部监管与服务环境	社会信用体系概况
		政府市场信用监管方式与作用
		企业诚信合规管理
		公共征信服务获取与使用

序号	内容	子内容
4	主要法律法规知识	信息公开与公示
		征信和评级业监管
		企业全生命周期信用监管
		信用数据安全与信用主体权益保护
5	国家信用标准	信用标准体系与信用信息征集、分类标准
		公共信用信息相关通用标准
		企业信用信息采集、档案规范与调查报告标准
		企业内部信用管理体系建设相关标准

相对于原有版本，新版针对信用管理所处的环境进行了知识体系优化，增加了"大数据环境下的企业信用管理""由信控平台技术支持的企业信用管理""营销渠道和供应商信用管理""实施信用标准化的企业信用管理""适应社会信用体系制度环境的企业信用管理""应对政府的市场信用监管"等内容。这大大增强了信用管理知识体系的适用性。

7.3　基于中国信用管理师认证体系的知识结构分析

在中国信用管理师职业技能认证体系中，将信用管理师界定在企业信用管理领域，进而围绕企业信用管理工作进行了职能分析，确定了相应的知识要求。本标准对四级/中级工、三级/高级工、二级/技师、一级/高级技师的技能要求和相关知识要求依次提高，高级别涵盖低级别的所有要求。

四级信用管理师侧重于程序性工作，主要进行的工作包括信用采集与查询、信用档案管理及录入、信用交易文件管理、辅助应收账款管理、会议技术服务和文件编制管理等职业功能，对应的技能与相关知识要求如表7-4所示。

表 7 – 4 四级信用管理师的技能与相关知识要求

职业功能	工作内容	技能要求	相关知识要求
1. 信用信息采集与查询	1.1 采集企业上下游交易方的信用信息	1.1.1 能从公开合法渠道采集客户信用信息 1.1.2 能从公开合法渠道采集供应商信用信息 1.1.3 能从上级指定渠道采集客户信用信息 1.1.4 能从上级指定渠道采集供应商信用信息 1.1.5 能从上级指定的公开合法渠道采集客户关联方的信用信息 1.1.6 能从上级指定的公开合法渠道采集供应商关联方的信用信息	1.1.1 网上信息检索知识 1.1.2 国标企业信用信息采集处理和提供规范基础知识 1.1.3 法人和其他组织统一社会信用代码编码规则相关知识
	1.2 采集中观行业信息	1.2.1 能判别官方网站和非官方网站 1.2.2 能从官方网站采集行业动态信息 1.2.3 能从公开网站采集行业动态信息 1.2.4 能从官方网站下载政府政策文件或法律法规文本	1.2.1 国民经济行业分类知识 1.2.2 公共信用信息基础数据项规范标准知识 1.2.3 官方网站识别知识
	1.3 采集宏观经济信息	1.3.1 能从网上采集行业相关的宏观经济信息 1.3.2 能从网上定期下载宏观经济指标数据 1.3.3 能从网上定期下载所在相关的经济指数	1.3.1 经济指标知识 1.3.2 经济指数知识
2. 信用档案管理及录入	2.1 调出客户信用档案	2.1.1 能按制度查阅客户信用档案内容 2.1.2 能将新信息补入客户信用档案 2.1.3 能按要求更新客户信用档案资料 2.1.4 能保存涉及客户信用记录的原始资料 2.1.5 能打印装订纸质客户信用档案	2.1.1 国标企业信用档案信息规范知识 2.1.2 国标企业信用调查报告格式要求
	2.2 操作信用管理系统	2.2.1 能将数据输入信用管理系统的对应栏目中 2.2.2 能将非结构性数据录入信用管理系统 2.2.3 能制作物理证据的图像并输入信用管理系统 2.2.4 能核对所输入各类型数据的准确性	国标公共信用信息交换方式及接口规范知识

职业功能	工作内容	技能要求	相关知识要求
3. 信用交易文件管理	3.1　管理信用交易通知单	3.1.1　能检索信用销售运营系统中的信息 3.1.2　能将合同和授信通知等文件转送至相关方 3.1.3　能将合同和授信通知等文件保存至线上或线下指定位置	国标:《企业合同》信用指标指南知识
	3.2　收发货单	3.2.1　能跟进业务流程取得发货单文本 3.2.2　能跟进业务流程取得收货单文本 3.2.3　能转送及保存收发货单文本	发货单与收货单基础知识
	3.3　管理对账单	3.3.1　能跟进对账单的回收工作 3.3.2　能将对账单送入对应的管理流程	3.3.1　《中华人民共和国民法典》债权相关知识 3.3.2　信用交易债权确立知识
4. 辅助应收账款管理	4.1　编制应收账款日报、周报和月报	4.1.1　能采集企业的赊销赊购数据 4.1.2　能编制图表分析赊销赊购数据 4.1.3　能列表标识应收账款的各催收时间节点 4.1.4　能列表标识逾期应收账款内勤催收的各时间节点	应收账款统计汇总知识
	4.2　编制催收逾期应收账款用的各类报表	4.2.1　能定期编制业务人员账款追收成效报表 4.2.2　能为外勤追账人员做技术文件准备工作 4.2.3　能列表标识外勤追账的各时间节点 4.2.4　能列表标识外委追账的各时间节点	逾期应收账款管理知识
	4.3　账款催收和追收准备工作	4.3.1　能为内勤电话催收员制备对账单 4.3.2　能为外勤追账人员检索债务人现状信息	4.3.1　内勤催收作业知识 4.3.2　外勤追收作业知识
5. 会议技术服务和文件编制管理	5.1　会议技术服务	5.1.1　能编制会议文件 5.1.2　能按要求发布会议通知 5.1.3　能编写和发布业务会议纪要	商务会议文件与流程基础知识
	5.2　商务文件编制和管理	5.2.1　能为编制部门工作汇报或简报汇集资料 5.2.2　能按指定模板编纂业务相关PPT文件 5.2.3　能草拟业务案例分析文件文本	5.2.1　国标信用术语 5.2.2　常用信用管理系统知识 5.2.3　主流办公软件知识

三级信用管理师（三级/高级工）的技能要求与相关知识均有所提高，

具有了管理职能，如成本预算管理、信用信息筛选、信用审查以及逾期账款控制等，详见表7-5。

表7-5 三级信用管理师（高级工）技能与知识要求

职业功能	工作内容	技能要求	相关知识要求
1. 客户资信管理	1.1 采集客户信用信息	1.1.1 能从公共渠道采集合法信用信息 1.1.2 能通过合法的商业渠道采购信用信息 1.1.3 能从企业各部门采集客户信用信息 1.1.4 能动态更新客户信用档案中的记录 1.1.5 能控制信息采购成本不超过预算 1.1.6 能比较信用信息采集方案的适用性 1.1.7 能确定客户信用信息的完整性 1.1.8 能制定客户信用信息检索方案 1.1.9 能搜索新近出现的信息源 1.1.10 能对新信息源作合规性认定	1.1.1 公共信用信息目录 1.1.2 数据供应商知识 1.1.3 企业信用档案知识 1.1.4 消费者信用档案知识 1.1.5 征信数据采集单知识 1.1.6 现场采集信用信息方法 1.1.7 个人信息保护法律规定 1.1.8 政务信息公开政策 1.1.9 征信报告产品及其服务 1.1.10 界定信用信息类国标
	1.2 核实客户信用记录	1.2.1 能审核客户信用记录的真实性 1.2.2 能委托第三方机构核实客户信用记录 1.2.3 能下现场核实客户信用信息 1.2.4 能通过公共信用信息平台核实客户信用信息	1.2.1 企业分类方法 1.2.2 现地现认知识 1.2.3 公共征信系统对外服务方式
	1.3 辅导客户申请信用	1.3.1 能受理客户的信用申请 1.3.2 能查明客户不提出信用申请的原因 1.3.3 能引导客户提出所需信用申请 1.3.4 能辅导客户填写信用申请表 1.3.5 能回复客户的信用申请 1.3.6 能受理客户投诉	1.3.1 客户信用申请条件 1.3.2 客户信用申请程序 1.3.3 信用申请表知识 1.3.4 区分客户动机知识 1.3.5 说服客户技巧 1.3.6 客服窗口作业知识
	1.4 处理客户信用信息	1.4.1 能对客户信用信息进行分类和筛选 1.4.2 能从企业财务报表中提取信用信息 1.4.3 能转换信用信息的数据格式 1.4.4 能将客户信用信息数字化 1.4.5 能备份客户信用信息	1.4.1 信息分类知识 1.4.2 企业财务报表知识 1.4.3 信息脱敏知识 1.4.4 文本录入纠错方法 1.4.5 数据质量标准
	1.5 建立客户信用档案	1.5.1 能动态更新客户信用档案中的记录 1.5.2 能依规纠正客户信用档案中的错失信息 1.5.3 能处置无须归档的客户文件资料 1.5.4 能依照模板归整客户信用档案 1.5.5 能对客户信用档案进行日常维护 1.5.6 能对外提供客户信用档案查询服务 1.5.7 能安装查询客户信用档案的检索工具 1.5.8 能用新模板升级客户信用档案 1.5.9 能按指南解读国外的企业征信报告	1.5.1 信用档案国标规范 1.5.2 阅读企业征信报告 1.5.3 信息编码和标识国标规范

职业功能	工作内容	技能要求	相关知识要求
2. 全程信控	2.1 管理信用交易合同	2.1.1 能审查商业合同中的信用条款 2.1.2 能就财会记账环节提出信控规范	2.1.1 付款结算方式知识 2.1.2 商业合同知识 2.1.3 《中华人民共和国民法典》合同编制知识
	2.2 控制发货	2.2.1 能核实赊购客户身份及提货数量 2.2.2 能监控仓库发货过程中的信控操作 2.2.3 能按程序暂停或取消客户信用额度 2.2.4 能依规注销客户的信用凭证	2.2.1 仓储管理常识 2.2.2 赊销赊购票据和凭证知识 2.2.3 《中华人民共和国票据法》相关条款
3. 商账追收	3.1 管理应收账款	3.1.1 能检查客户收货的签收凭证 3.1.2 能确认物权转移状况 3.1.3 能设置货物质量确认步骤 3.1.4 能催要客户的验货凭证 3.1.5 能判别货物质量争议的双方责任 3.1.6 能在应收账款到期前向客户作出提示 3.1.7 能跟踪监控客户在途货款 3.1.8 能监控消费者的付款状况	3.1.1 产品质量管理知识 3.1.2 留置货物合法性知识 3.1.3 送货运输常识 3.1.4 应收账款管控知识
	3.2 管控逾期应收账款	3.2.1 能清查客户拖延付款的原因 3.2.2 能凭欠款记录调查客户信用状况 3.2.3 能编写逾期应收账款诊断报告 3.2.4 能做内外部对账工作 3.2.5 能通过电话催收逾期应收账款 3.2.6 能通过信函催收逾期应收账款 3.2.7 能编制催账工作日志并存档 3.2.8 能上门催收逾期应收账款 3.2.9 能撰写内勤催账进展报告 3.2.10 能撰写外勤追账进展报告 3.2.11 能核实并申报坏账注销	3.2.1 会计对账知识 3.2.2 商账催收业务流程 3.2.3 电话追账技巧 3.2.4 催款信函撰写方法 3.2.5 现场催收技巧

　　二级信用管理师（技师）则在财务管理知识上有了明确的要求，更加强调客户信用的实时动态管理，也更加注重系统思维，能够设计开发信用管理工具等，如表7-6所示。

表 7 - 6 二级信用管理师（技师）技能与知识要求

职业功能	工作内容	技能要求	相关知识要求
1. 客户资信管理	1.1 处理客户信用信息	1.1.1 能判别信用信息的合法性 1.1.2 能分析客户企业财务报表 1.1.3 能分析客户企业财务比率 1.1.4 能用专业软件识别客户信用风险	1.1.1 信息保护类法律规定 1.1.2 财务比率知识 1.1.3 企业信用等级划分国标 1.1.4 个人信用评分作用 1.1.5 信用管理专业软件知识
	1.2 建立客户信用档案	1.2.1 能设计不同类型的客户信用档案模板 1.2.2 能设计客户信用档案的检索系统 1.2.3 能编制客户信用档案库的建设预算 1.2.4 能对客户实施信用分级分类管理 1.2.5 能建立客户信用档案管理制度 1.2.6 能制定客户信用档案库更新升级方案	1.2.1 信用档案栏目设计知识 1.2.2 征信报告销售模式知识 1.2.3 信用档案模板设计知识 1.2.4 客户风险分级分类方法 1.2.5 修改或删除信用记录的法律法规
	1.3 管控信用信息渠道和成本	1.3.1 能制定信用信息采购政策 1.3.2 能与各类信息渠道建立合作关系 1.3.3 能筛选公共或商业化信用信息源 1.3.4 能在预算内优选信用信息采购方案	1.3.1 数据供应商评价方法 1.3.2 数据存储知识 1.3.3 信息源优劣比较方法 1.3.4 评价信用信息源
2. 全程信控	2.1 转移信用风险	2.1.1 能选择适用的信用保险服务 2.1.2 能选择使用商业保理服务 2.1.3 能选择使用各类信用担保服务 2.1.4 能实施财产抵押担保操作	2.1.1 信用保险服务知识 2.1.2 商业保理服务知识 2.1.3 信用担保服务知识
	2.2 客户风险预警	2.2.1 能列表分析账龄 2.2.2 能与客户沟通赊销合同执行问题 2.2.3 能用 DSO[①] 和坏账率分析客户信用风险	2.2.1 账龄分析知识 2.2.2 应收账款风险管理知识 2.2.3 财务坏账核销知识
	2.3 控制发货	2.3.1 能依据客户信用额度使用规律作出停止发货判断 2.3.2 能适时或定期调整客户的信用额度 2.3.3 能合理解释降低或取消客户信用额度的理由	2.3.1 客户信用额度动态调整原则 2.3.2 客户失信约束 2.3.3 客户守信激励
3. 授信审批	3.1 处理客户信用申请	3.1.1 能设计客户信用申请表 3.1.2 能审批客户信用申请 3.1.3 能处理客户申诉 3.1.4 能制定企业的信用政策 3.1.5 能解释企业的信用政策	3.1.1 客服表格设计知识 3.1.2 企业信用政策条款

职业功能	工作内容	技能要求	相关知识要求
3. 授信审批	3.2 分析客户信用价值	3.2.1 能用信用分析模型划分客户信用等级 3.2.2 能用个人信用分判断消费者信用风险 3.2.3 能设定赊销客户群体的规模 3.2.4 能编制信用档案中的分析与评价内容 3.2.5 能依据征信报告分析客户信用价值 3.2.6 能评价企业征信报告的质量 3.2.7 能依据征信报告的性价比择优订购 3.2.8 能使用关联图谱分析客户信用风险	3.2.1 企业信用风险分析模型知识 3.2.2 客户群优化知识 3.2.3 应收账款规模管控知识 3.2.4 个人信用报告分析 3.2.5 企业关联分析知识
	3.3 评估客户信用风险	3.3.1 能计算个体授信额度 3.3.2 能评估企业客户的信用等级 3.3.3 能编制企业客户的信用风险指数 3.3.4 能购买外部的企业信用评级服务 3.3.5 能依据行业特点调整企业信用风险分析模型 3.3.6 能审慎编制客户失信记录 3.3.7 能依法规制作企业法人类客户黑名单	3.3.1 授信额度计算方法 3.3.2 赊销和信贷授信技术 3.3.3 信用监管措施 3.3.4 信用评级报告内容和应用知识 3.3.5 企业诚信评价服务知识 3.3.6 企业信用风险等级与指数知识 3.3.7 黑名单系统设计知识 3.3.8 行业状况调查知识
	3.4 实施客户授信	3.4.1 能设定个体企业授信额度的上限 3.4.2 能动态调控个体授信额度 3.4.3 能审定消费者授信额度 3.4.4 能设计客户授信操作流程 3.4.5 能依信用政策对失信客户进行处理	3.4.1 企业授信总体规模知识 3.4.2 个人征信评分服务知识 3.4.3 个人信用分应用知识
	3.5 起草赊销合同	3.5.1 能起草赊销赊购合同 3.5.2 能解释赊销合同条款和符号 3.5.3 能设计客户赊购凭证	3.5.1 常用赊销合同条款 3.5.2 信用条件符号表达方式 3.5.3 内外贸付款和结算方式知识
	3.6 实施营销渠道信控	3.6.1 能采集符合行业特点和企业发展战略的渠道信息 3.6.2 能建立渠道商准入资格审核、信用评价和解约的操作流程 3.6.3 能制定渠道商各环节的节点信控政策 3.6.4 能制定渠道商分级信控政策 3.6.5 能根据渠道商的业绩考核结果调整对渠道商的授信额度	3.6.1 渠道商及其分级管理知识 3.6.2 渠道商全生命周期管理知识 3.6.3 渠道商物流管控知识 3.6.4 渠道商奖惩政策条款

职业功能	工作内容	技能要求	相关知识要求
4. 商账追收	4.1 实施内勤催账	4.1.1 能制定个性化的商账催收方案 4.1.2 能安排内勤催账班次和座席人选 4.1.3 能分配内勤催账的工作量 4.1.4 能设计内勤催账操作流程 4.1.5 能制定企业的收账政策	4.1.1 商账催收难度等级判断方法 4.1.2 企业破产保护知识 4.1.3 个人破产保护知识
	4.2 实施外勤追账	4.2.1 能设计外勤追账的方案 4.2.2 能安排外勤追账任务 4.2.3 能与失信客户进行催收谈判	4.2.1 债务催收作业法律规定 4.2.2 催收心理施压方法
	4.3 委托追账	4.3.1 能识别合法的第三方追账机构 4.3.2 能委托第三方追账机构追讨客户欠款 4.3.3 能监督受外委追账机构的业务进度 4.3.4 能委托律师追讨客户欠款 4.3.5 能制定将失信客户付诸法律的标准 4.3.6 能将追账案件及证据移交法务部门	4.3.1 追账机构资质合规性知识 4.3.2 委托追账合同条款知识 4.3.3 追账机构及服务择优方法 4.3.4 商业仲裁知识 4.3.5 商账追收相关法律法规 4.3.6 法律诉讼程序知识
5. 制度规范	5.1 应对政府信用监管	5.1.1 能建立与政府监管部门的沟通机制 5.1.2 能解读政府信用监管政策和规章 5.1.3 能制定执行政府信用监管规定的方案 5.1.4 能依据政府信用监管要求改进企业的相关制度 5.1.5 能选择经政府认可的信用修复服务 5.1.6 能在各政务平台上监测企业信用状况 5.1.7 能为企业申请守信激励政策性优惠 5.1.8 能及时将各政府部门的信用监管要求通报给上级主管	5.1.1 政府公关知识 5.1.2 政府市场和金融信用监管知识 5.1.3 信用修复方法
	5.2 建设信用标准化	5.2.1 能用国家标准规范客户信用档案建设 5.2.2 能实行标准化以符合信息共享要求 5.2.3 能应用信用标准改进企业的相关制度 5.2.4 能根据需要编制适合企业的信用标准 5.2.5 能为企业申报信用标准化试点	5.2.1 信用标准化知识 5.2.2 团体标准编制申办方式 5.2.3 企业信用标准化试点示范方法 5.2.4 企业征信报告分类应用知识 5.2.5 企业信用档案编制标准化知识

职业功能	工作内容	技能要求	相关知识要求
6. 培训管理和指导	6.1 实施培训工作	6.1.1 能制订信用管理技术短期培训方案 6.1.2 能制订征信技术培训短期培训方案 6.1.3 能制订个人信息保护合规操作法律培训方案 6.1.4 能实施本专业的短期培训方案	6.1.1 培训与管理基础知识 6.1.2 教学方案编制要求 6.1.3 培训班管理知识
	6.2 指导业务操作	6.2.1 能对下级信用管理人员的技术操作进行指导 6.2.2 能对下级征信技术人员进行技术指导 6.2.3 能对下级信用管理人员的业务水平进行考核	6.2.1 业务操作指导方法 6.2.2 业务考核要求和方法

注：DSO（Days Sales Outstanding）：应收账款回收天数。

一级信用管理师（高级技师）更加注重信用增值、信用体系建设的能力，对财务分析方面知识要求更高，如表 7-7 所示。

表 7-7　　　　一级信用管理师（高级技师）技能与知识要求

职业功能	工作内容	技能要求	相关知识要求
1. 客户资信管理	1.1 采集客户信用信息	1.1.1 能制订客户信用档案增值方案 1.1.2 能制订合规的信用信息上报和共享方案 1.1.3 能制订选择国内外数据供应商的策略 1.1.4 能评价信用信息供应商并予以排序 1.1.5 能评价大数据征信机构并予以排序 1.1.6 能与国际数据供应商进行交易	1.1.1 征信数据库知识 1.1.2 大数据征信产品知识 1.1.3 社会信用法律法规 1.1.4 政府监管征业相关法规 1.1.5 国际征信服务渠道知识
	1.2 核实客户信用信息	1.2.1 能根据预算采用客户信息检索策略 1.2.2 能查询政府公示的黑名单信息 1.2.3 能用专业软件监测核心客户的舆情动态	1.2.1 数据检索工具使用方法 1.2.2 政府黑名单公示方式 1.2.3 舆情监测软件使用方法
	1.3 分析客户信用信息	1.3.1 能借助舆情系统分析客户信用风险 1.3.2 能运用大数据画像技术或服务 1.3.3 能检测客户财务报表中的虚假成分 1.3.4 能评价国内外征信产品和服务的质量	1.3.1 企业信用风险监测知识 1.3.2 企业画像技术方法 1.3.3 企业财务报表分析软件知识

职业功能	工作内容	技能要求	相关知识要求
2. 审批授信	2.1 分析客户信用价值	2.1.1 能估算给予客户授信额度的极值 2.1.2 能对商务谈判提出信控策略建议 2.1.3 能建立客户信用档案的内联服务机制	2.1.1 企业信用价值评估方法 2.1.2 商务谈判策略知识 2.1.3 管理顾问咨询知识
	2.2 评估企业客户信用风险	2.2.1 能依据行业中值调整企业法人类信用风险分析模型 2.2.2 能依据客户现金流异常状况预测其违约风险 2.2.3 能依据市场变化调整模型的自变量权重 2.2.4 能制订综合使用风险转移服务的方案	2.2.1 行业中值分析法 2.2.2 企业信用等级复评规则 2.2.3 预测类信用分析模型建模知识 2.2.4 管理类信用分析模型建模知识 2.2.5 应收账款融资知识
	2.3 评估消费者个人信用风险	2.3.1 能用金融信用分评估消费者信用风险 2.3.2 能用电商信用分评估消费者信用分析 2.3.3 能用居民诚信分评估消费者信用风险 2.3.4 能用个人信用分设计市场营销方案	2.3.1 居民诚信分知识 2.3.2 个人信用评分建模知识 2.3.3 个人信用评价指标体系知识 2.3.4 个人征信报告知识
	2.4 设置赊销合同条款	2.4.1 能设置赊销合同中的信用条款 2.4.2 能运用赊销折扣政策	赊销折让和优惠方法
3. 国际信控	3.1 开拓国际市场	3.1.1 能寻找国际信用信息源 3.1.2 能为企业销售提供国际市场风险信息	3.1.1 国际征信知识 3.1.2 国际征信市场知识
	3.2 调查国外客户信用状况	3.2.1 能选用国际征信机构的服务 3.2.2 能优选国际征信机构并予以排序 3.2.3 能使用国家信用风险分析咨询服务	3.2.1 国际征信行业组织知识 3.2.2 国家风险报告阅读方法
	3.3 追收国际欠款	3.3.1 能优选外国追账机构或律所的追账服务 3.3.2 能搜索外国司法服务信息 3.3.3 能索取外国法庭审理经济纠纷案件的司法程序和成本资料 3.3.4 能参与境外客户的破产清算	3.3.1 国际追账组织及其会员制度 3.3.2 国际追账服务知识 3.3.3 外国司法服务场所 3.3.4 外国企业破产法知识
4. 设施建设	4.1 建设信控系统	4.1.1 能选择信用管理系统软件供应商 4.1.2 能对信控系统架构提出功能增减需求 4.1.3 能提取 ERP[①] 系统中的信息用于信控 4.1.4 能评估企业信用管理数字化水平 4.1.5 能设计企业各部门信用信息整合方案	4.1.1 企业信用管理软件知识 4.1.2 ERP 系统知识 4.1.3 企业数字化管理知识

职业功能	工作内容	技能要求	相关知识要求
4. 设施建设	4.2　实施平台化	4.2.1　能提出平台设置信控模块的功能需求 4.2.2　能在平台上建立信控 BBS② 4.2.3　能在平台上建立信用管理上下游生态圈 4.2.4　能对平台信控模块功能进行合规性监测	4.2.1　平台化技术知识 4.2.2　建立网络生态圈方法 4.2.3　国家网信相关政策法规
	4.3　使用外部平台服务	4.3.1　能建立与公共征信系统的信息共享服务 4.3.2　能使用商业化企业管理平台的信息服务 4.3.3　能在外部平台上交流企业信用管理经验	4.3.1　公共征信系统信息共享政策 4.3.2　公共信用信息目录和标识类国标
	4.4　监测企业诚信自律状况	4.4.1　能对企业诚信自律状况进行评估 4.4.2　能依国标设计企业诚信体系建设方案 4.4.3　能使用行业组织的诚信评价服务 4.4.4　能监测产品或服务的质量信用状况	4.4.1　企业诚信体系建设国标规范 4.4.2　产品质量管理常识 4.4.3　品牌建设知识
5. 重点领域信控	5.1　管理供应商信用风险	5.1.1　能依据国家标准评价合格供应商 5.1.2　能对供应商进行分类和分级 5.1.3　能建立供应商准入资质审核制度 5.1.4　能评价供应商的信用风险并予以排序 5.1.5　能对供应商实施信用风险监测预警	5.1.1　政府采购合格供应商国标规范 5.1.2　合格供应商信用评价知识 5.1.3　商品追溯服务知识 5.1.4　区块链技术信控应用知识
	5.2　管理金融信贷业务信用风险	5.2.1　能用信控工具辅助信贷申请审批 5.2.2　能建立信贷客户的动态信用档案 5.2.3　能设计和优化贷后信控操作流程 5.2.4　能划分信贷客户的信用等级 5.2.5　能监测信贷信控的效果 5.2.6　能识别金融产品的信用风险类型 5.2.7　能执行金融监管的规范要求	5.2.1　金融机构信用风险管理知识 5.2.2　征信业务相关金融标准 5.2.3　非银金融信用风险 5.2.4　普惠金融信用风险
	5.3　管理电子商务领域信用风险	5.3.1　能执行电商平台的信控规范 5.3.2　能设计电商店铺信控方案 5.3.3　能建立电商店铺的动态信用档案 5.3.4　能将电商声誉评价机制用于信控 5.3.5　能逐级举报失信电商店铺 5.3.6　能宣贯电子商务信用国家标准 5.3.7　能运用信用分优化电商商户群体	5.3.1　常见电子商务平台信控规则 5.3.2　电子商务信用国标规范 5.3.3　电商店铺信誉机制知识 5.3.4　在线口碑知识

职业功能	工作内容	技能要求	相关知识要求
6. 培训管理和指导	6.1 实施培训工作	6.1.1 能根据本部门人员状况分析培训需求 6.1.2 能编制本部门人员培训的规划 6.1.3 能编写适应本部门业务的教案和讲义	6.1.1 技能培训需求分析方法 6.1.2 规划编制要求和方法 6.1.3 年度培训预算编制方法
	6.2 指导业务操作	6.2.1 能对本专业技术培训进行督导 6.2.2 能对技术培训效果进行综合评价 6.2.3 能修订和更新技术培训方案 6.2.4 能制定考核规则和流程	6.2.1 教育培训督导方法 6.2.2 总结培训考核方法 6.2.3 培训效果评价方法

注：①ERP（enterprise resource planning）：企业资源计划系统。
②BBS（bulletin board system）：电子公告板系统。

四级信用管理师（中级工）、三级信用管理师（高级工）、二级信用管理师（技师）、一级信用管理师（高级技师）对应的知识与技能要求分别如表 7－8、表 7－9 所示。

表 7－8 各级信用管理师知识要求权重

项目		四级/中级工（%）	三级/高级工（%）	二级/技师（%）	一级/高级技师（%）
基本要求	职业道德	5	5	5	5
	基础知识	20	15	10	5
相关知识要求	信用信息采集与查询	20	—	—	—
	信用档案管理及录入	15	—	—	—
	信用交易文件管理	15	—	—	—
	辅助应收账款管理	15	—	—	—
	会议技术服务和文件编制管理	10	—	—	—
	客户资信管理	—	40	20	15
	全程信控	—	15	15	
	商账追收	—	25	15	
	授信审批	—	—	25	15

续表

项目		四级/中级工（%）	三级/高级工（%）	二级/技师（%）	一级/高级技师（%）
相关知识要求	制度规范	—	—	10	—
	培训管理和指导	—	—	—	—
	国际信控	—	—	—	15
	设施建设	—	—	—	25
	重点领域信控	—	—	—	20
合计		100	100	100	100

表 7-9　　　　　　　　各级信用管理师技能要求权重

项目		四级/中级工（%）	三级/高级工（%）	二级/技师（%）	一级/高级技师（%）
技能要求	信用信息采集与查询	25	—	—	—
	信用档案管理及录入	20	—	—	—
	信用交易文件管理	20	—	—	—
	辅助应收账款管理	20	—	—	—
	会议技术服务和文件编制管理	15	—	—	—
	客户资信管理	—	50	20	20
	全程信控	—	20	15	—
	商账追收	—	30	15	—
	授信审批	—	—	30	15
	制度规范	—	—	15	—
	培训管理和指导	—	—	5	5
	国际信控	—	—	—	15
	设施建设	—	—	—	25
	重点领域信控	—	—	—	20
合计		100	100	100	100

从以上国家信用管理师职业技能认定标准来看，总体内容分两大部分，即职业道德与基本知识。信用管理作为一种以"信用"为产品或服务的职业，需要具备较高的职业道德，故而四个等级信用管理师均有相应的要求。在相关知识要求上，对于不同等级的信用管理师具有不同的掌握程度要求，呈现出操作型知识到管理型梯次上升的特征。对于四级信用管理师来说，其工作内容包括：信用信息采集与查询、信用档案管理及录入、信用交易文件管理、辅助应收账款管理、会议技术服务和文件编制管理。这些工作多为程序性、辅助性以及对内工作，知识要求也多为基础性知识，主要涉及信息采集中信息分类、经济指标以及档案规范知识等领域，大部分以操作型知识以及基础性知识为主。三级信用管理师的工作内容包括客户资信管理、全程信控、商账追收，工作内容从操作性工作开始向管理性工作转变，工作从内部开始拓展到外部，相应的知识要求从操作型知识向管理与信用信息应用型知识转变，如审查客户信用信息以及区分客户动机知识等。二级信用管理师（技师）的工作内容拓展到客户风险分析、授信审批以及发货控制、商账催收、政府信用监管应对等，大大增加了信用的管理职能，如信用标准化建设知识、培训管理知识等。一级信用管理师（高级技师）的工作内容包括客户资信管理、审批授信、国际信控、设施建设、重点领域信控、培训管理和指导，其工作性质已经完全上升为管理工作，工作范围也侧重于外部。一级信用管理师的技能要求也上升到信用档案的利用、信用服务供应商的评价与选择、信用模型的调整、客户信用风险评估、个人信用风险评估等，征信知识拓展到国际领域。

7.4　信用管理师认证对构建信用管理人才知识结构的启示

信用管理师认证体系面向实际工作，提供阶梯式的知识结构，为社会信用管理人才培养提供了基础，促进了信用管理教育培训与信用管理工作实践的有效结合。我国信用管理师认证开展时间较短，中间也有间隔，这也导致我国信用管理师认证还需要进一步完善。从当前我国信用管理师认证体系来看，其知识结构还存在如下问题。

一是信用管理师认证对象具有一定的局限性，其知识结构也具有局限性。从发布的认证标准来看，我国信用管理师认证侧重于企业信用管理人员，其知识结构不太适用于公共信用管理以及信用管理服务等领域。这也导致其对应的知识体系难以适应公共管理、信用管理服务领域。

二是信用管理师认证体系与当前社会需求还有一定的差距。职业资格认证是以产业需要为导向，需要紧跟生产和技术的变化，对提高企业的生产效率有直接作用，才能具有生命力。当前信用管理师认证以企业信用领域为主。而从实践来看，企业信用管理涉及多个职能领域，如市场销售、财务、审计、法律以及高层管理者等，即企业信用管理多为一个体系，由多个职能岗位共同参与完成。这也导致企业一般不单独设立信用管理岗位。针对企业信用管理领域开发的信用管理师认证很难在企业中找到对应的岗位，这也大大限制了我国信用管理师实证体系的社会推广与发展。同时，我国信用管理服务行业与服务机构大量设置信用管理专业岗位，并且分工更细，如信用调查岗位、商账追收岗位等，其对应的职能如表 7－10 所示。

表 7－10　　　　　信用管理服务机构设置的岗位与职能

证书	说明
信用调查员	主要从事采集、处理企业和个人信用信息，建立信用档案，评估信用价值，降低信用交易/信贷双方信息不对称状态，提供企业授信的决策参考。另外，可以对自然人身份、信用和行踪调查及雇主对应聘者资质的调查（学历，个人信誉，个人资质调查）等
商账追收员	通过合法的商账追收流程和技巧，对国内、海外债务人，包括企业、事业单位和个人进行商账追收服务。商账追收主要针对企业的"应收账款"，帮助企业及时收回账款，降低风险率和坏账率，防范和规避由于使用赊销方式带来的信用风险

证书	说明
信用分析员	运用资信评级技术，通过科学的指标体系和量化标准，对企业债券、金融债券、基金等固定收益类证券及金融机构、担保机构、贷款企业的偿债能力和可信程度进行综合评估，以信用等级的方式揭示信用风险。投资者可按照风险与收益对等原则，参考评级结果，估算违约概率和风险大小，做出信用投放与否的决定
商务调查员	主要从事对企业的产品和对品牌的响应、市场份额、购买偏好、广告收视率等进行调查和分析，为产品开发和改进提供依据；对竞争对手的经营情况进行调查和分析，让企业掌握自己在行业中所处的优势或劣势地位；对行业商业调查商业情报搜集，资产追踪等一系列工作
企业信用安全管理员	主要从事收集并更新所有与业务部门往来的客户信息，准确、及时分析已掌握的资料，核算出信用额度，提出债权保障建议，管理已发生的应收账款，追收逾期账款，根据企业的信用政策制定信用管理的流程等工作

从当前信用管理师认证的知识结构来看，尽管有部分知识内容涉及以上职能，但其知识专业性距离以上工作岗位要求还有一定距离。此外，随着我国公共管理领域信用管理建设的发展，事业单位也设立了相应的专业岗位，但其信用管理知识有较为特殊的要求。

三是当前信用管理师认证的知识机构体系的社会认可度仍需提高。真实性、权威性、适用性决定了职业认证的认可度，也是职业资格认证的生命所在。我国职业资格认证经历的混乱期导致社会认可程度低，信用管理师职业认证也曾被取消。新设立的信用管理师职业资格认证属于水平认证类，更需要与产业发展紧密结合，才能获得社会认可。从当前管理师认证体系来看，由于其涉及领域的局限性，其社会认可度还需进一步提高。

四是信用管理知识具有复合型特征，需要进一步作知识分类。从信用管理师认证体系的知识要求来看，其知识涉及法律、计算机、文档管理、信用调查、决策、管理等各方面知识，具有典型的知识综合性。由于其按照岗位职能分析对应的技能与知识，这样的知识结构与"风险识别""风险分析""信用征集""信用评价""信用使用"的逻辑并不完全相符，需要做一定的优化设计，才能更好地应用。

第8章

信用管理人才知识结构实证分析

8.1 基于战略演绎法的信用管理人才知识结构

无论是基于市场需求的信用管理人才知识结构分析，还是基于信用管理师认证体系的知识结构分析，都在信用管理人才知识机构的前瞻性有所缺失。而从实践来看，信用管理无论是应用场景，还是理论与技术，都在发生重大变化。应对这种变化，就必须强化信用管理人才知识结构构建的前瞻性，进而结合其他分析方法，将现实性与前瞻性有效结合。在知识结构的前瞻性研究中，有市场调查法，还有常用的演绎法。

演绎法是根据社会信用体系建设目标规划，进行分解，得出针对信号管理人才的知识要求，进而知识结构体系。这种方法得出的知识要素能体现出未来战略的导向性和牵引性，比较符合信用管理发展的现状，也可以集中反映社会信用体系建设发展对人员的要求。其具体步骤有：

第一步：采取环境趋势分析法，分析我国社会环境变化对信用管理人才的要求，提炼其知识要素；

第二步：采取战略演绎法，分析我国社会信用体系建设的发展目标、使命以及关键任务等，倒推其对信用管理人才的要求，提炼其知识要素；

第三步：根据提取的知识要素，进行归纳并建立管理，形成信用管理人才的知识结构。

对照我国社会信用体系建设发展的环境，从政治环境、经济环境、社会文化与技术环境分析其对信用管理人才的要求。从政治环境来看，社会信用体系已经作为现代社会治理的重要构成，得到党中央、国务院的高度重视，自上而下的驱动社会信用体系建设。这也要求信用管理者必须具有相当的政策认知力，需要掌握有关社会信用体系建设的发展动向，了解中国社会信用体系建设的标准。同时，中国法制化日趋完善，依法治国成为基本国策，社会信用体系建设也不例外。这也要求信用管理者必须具有较高的法律知识与素养，才能更好地开展信用管理服务。此外，近年来我国大力支持新经济发展，尤其是数字经济发展，信用服务也是新经济与数字经济的构成，得到政策支持。这也要求信用管理者掌握相应的政策。

从经济环境来看，中国经济快速发展，无论是市场主体数量，还是体量规模，都达到了前所未有的水平。结合公共管理需要，中国迫切需要引入信用管理构建新的监管机制。这也要求信用管理者具备信用监管类知识、公共信用渠道知识等。同时，中国经济快速发展，由此也促进了信用管理服务行业的大发展，而经济全球的一体化，国外信用服务机构的进入，也促使我国信用管理服务机构向专业化方向发展。这也要求信用管理者必须了解国际信用管理标准、技术方法等。

从技术环境来看，现代信息技术不断融入信用管理，尤其大数据、数据挖掘、数据整理等技术，这也要求信用管理者具备一定的计算机与现代信息技术知识。对照我国社会信用体系建设发展趋势分析以及各省"十四五"社会信用体系建设规划，分析信用管理人才应具备的知识包括有：法律与政策知识、标准化知识、数字化知识、系统理论与知识、创新理论知识与方法等。

此外，工作分析法也是提取知识结构的常用方法。工作分析法是根据其信用管理岗位职责要求，分析信用管理工作的性质、工作特征等，提炼其知识要素，其主要集中于工作目标、专业、团队小组，输出高绩效者产生的结果，胜任力主要是通过检查输出来获得（Patricia McLagan）。主要步骤有：
（1）收集所有关于职责、任务、责任、角色和工作环境、专业、小组的可利用的信息；（2）建立专家顾问团，管理目标及人员；（3）表述关于可能影响到工作、职位、团队或专业变化的外在因素；（4）遵行工作输出的菜单；（5）发展与工作输出联系的工作品质需求的菜单；（6）设计系列工作胜任力或联系到每一胜任力的指标；（7）通过工作输出的分析确定一系列工作角色发展；（8）发展胜任力草图。输出驱动方法可以利用影响组织和绩效的环境变化信息，通过集中专家实行脑力风暴法来完成或通过询问专家成员描述成功产出者的个性特征。

收集有关信用管理典型岗位，分析其岗位职责说明书，得出其相应的知识要求包括有精通财会、营销、统计、审计、信息管理、管理经济学等知识；熟悉民法、经济法等法律知识；具备信用管理或审计、财务工作经验等。

8.2　基于多源数据的信用管理人才知识结构理论模型

随着现代信息技术的发展，我们已经进入大数据时代，数据也分布在多个领域。利用多个渠道、多个领域的数据分析，既能够更加全面地分析，也能相互交叉检验，提高分析结果的准确度。多源数据融合技术指利用相关手段将调查、分析获取到的所有信息全部综合到一起，并对信息进行统一的评价，最后得到统一的信息技术。所谓异构数据，是指具有不同的结构的数据。

如上所述，信用管理人才知识结构数据来源于多个渠道，既有高校的人才培养方案，也有市场需求信息，还有信用管理师认证体系。不同的数据来源，其数据结构不同，如高校人才培养方案中的数据结构性较强，而市场需求数据则多根据经验提供，逻辑性较为缺乏。综合归纳多源数据的分析结果，信用管理人才知识结构可以综合为信用理论知识、人文与社会知识、法律与政策知识、经济学知识、金融学知识、管理学知识、财会知识、数学与统计知识、计算机知识以及特定应用领域的知识，共计十个维度。

召开小组研讨会，对这十个知识维度进行分析。研讨发现，"人文与社会知识"可以与"法律与政策知识"合并，在管理学一般环境分析框架中，通常将这两者合并，故而合并为"人文法律与社会知识"；从学科分类来看，金融学属于经济学一级学科门类，故而两者可以合并为"经济与金融知识"，突出了金融知识的成分；财会知识本身就属于管理学知识体系，两者完全可以合并为"管理学知识"；进一步分析数学与统计知识以及计算机知识在信用管理的作用，两者都是为了发现数据、获得数据、进行数据、得出相应的信用服务结果，都是信用管理工作的具体工具，合并为"数据发现与分析知识"；而对于领域知识，与信用管理知识结合紧密，将其与"信用理论知识"合并为"信用管理及领域知识"。合并后，信用管理人才知识结构由 5 个维度构成，如图 8-1 所示。

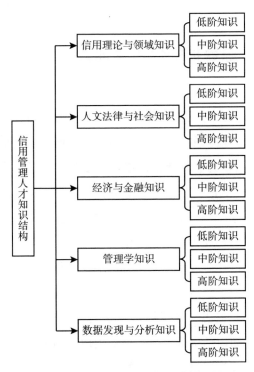

图 8-1　信用管理人才知识结构理论模型

如图 8 - 1 所示，信用管理人才知识结构包括五大维度，参照组织中的岗位层次划分，一般为基层岗位、中层岗位、高层岗位，不同的岗位层次具有不同的知识能力要求。对应岗位层次划分，进一步将 5 个维度的知识划分为高阶、中阶与低阶，形成阶梯式知识结构。

8.3　研究设计与调研概况

按照如图 8 - 1 的信用管理人才知识结构理论模型，进一步对照多源数据的分析，结合以上理论模型，进行可操作化处理，形成调查量表。该量表共分四大部分：第一部分为被调查者基本信息；第二部分为信用管理人才知识要素调查；第三部分为信用管理人才能力要素调查；第四部分为信用管理人才培养模式与途径调查。各部分对应的题项见表 8 - 1。

表 8 - 1　　　　　　　　信用管理人才知识结构调查量表

部分	题项数量单位	具体内容	备注
被调查者基本信息	6	性别、学历、任职年限、工作单位、是否参加信用管理培训、专业	单选题
信用管理人才知识要素	36	社会学知识、人文知识、公共管理知识、哲学知识、公共安全知识、法律知识、写作与表达知识、外语知识、计算机理论、经济学知识、会计学知识、财务管理知识、金融理论知识、管理学理论知识、保密管理知识、数学知识、统计理论知识、国际信用管理惯例与相关法律、征信基本原理与知识、信用评级基本原理与方法知识、行业或某职能领域的知识、风险识别知识与工具、风险识别与度量知识与工具、财务分析知识与工具、信息收集与调查知识与方法、信息技术与软件系统知识与方法、大数据知识与方法、数据库知识与方法、客户（使用者）分析与管理知识与方法、经营管理理论与知识、政府政策分析与工具知识、政策或条令（制度）设计知识与方法、提取信用指标、建立信用模型知识与方法、咨询服务知识与方法、行业准则与规范知识、职业道德知识	单选

部分	题项数量单位	具体内容	备注
信用管理人才能力要素	20	调查能力、多渠道收集信息能力、信息判断能力、沟通能力、团队协作、学习能力、表达能力、协调能力、问题敏感与风险识别能力、逻辑思维分析能力（演绎、归纳推理等）、抗压能力、研究分析能力、写作能力（PPT、调查报告等）、开拓创新能力、工作经验、法律与合乎规范及规则意识、客户保密意识、市场意识、客观与中立、注重细节	单选
信用管理人才培养模式与途径	1	培养信用管理人才的途径	多选与问答

调查采取定向调查方式，即针对信用服务机构、政府信用管理部门及人员、信用协会、信用研究机构以及信用教育的人员，提高问卷调查的有效性。调研面向全国开展，共收集有效问卷 642 份，涵盖了信用服务机构、政府信用管理部门、信用管理与服务事业单位、民非组织等，如表 8 - 2 所示。

表 8 - 2　　　　　　　　　被调查对象的领域分布

选项	小计（份）	比例
A. 征信、信用评级等信用服务机构	78	12. 15%
B. 政府信用管理部门	183	28. 5%
C. 信用管理与服务的事业单位	102	15. 89%
D. 信用管理与服务的非营利社会组织（协会）	33	5. 14%
E. 教育与科研机构	45	7. 01%
F. 其他	201	31. 31%
本题有效填写人次	642	

　　从被调查者的工作年限来看，大多数被调查者都具有较长的工作年限，工作 10 年及以上占比高达 50% 以上，如表 8 - 3 所示。这也与当前我国信用管理与服务行业的发展实际情况相符。整体来看，当前我国信用管理与服务行业处于低谷期，信用管理与服务机构发展萎缩，既有员工多为进入该行业较早的人员。

表 8 - 3　　　　　　　　　　　被调查者的任职年限

选项	小计（份）	比例	
A. 10 年或以上	369		57.48%
B. 至少 6 年但不到 10 年	114		17.76%
C. 至少 3 年但不到 6 年	66		10.28%
D. 至少 1 年但不到 3 年	57		8.88%
E. 其他	36		5.61%
本题有效填写人次	642		

　　从被调查者的学历来看，大学学历比例较高，占到 50% 以上，硕博比例也超过了 25%，验证了信用工作是知识密集型高端服务工作，见表 8 - 4。

表 8 - 4　　　　　　　　　　　被调查者的学历分布情况

选项	小计（份）	比例	
A. 大专	105		16.36%
B. 大学	369		57.48%
C. 硕士	153		23.83%
D. 博士	15		2.34%
本题有效填写人次	642		

从被调查者的专业分布来看，经济与管理类专业占据了 50%，其他则分布较为广泛，符合当前实际情况，见表 8 – 5。这也与信用管理与服务人员市场需求调研相符，信用管理与服务岗位专业需求较为复杂，但仍然以经济管理专业为主。

表 8 – 5 　　　　　　　　　　　被调查者的专业分布情况

选项	小计（份）	比例
A. 管理类	207	32.24%
B. 经济类	141	21.96%
C. 医学类	18	2.8%
D. 文学类	54	8.41%
E. 教育类	21	3.27%
F. 理工学类	141	21.96%
G. 法学类	42	6.54%
H. 哲学类	9	1.4%
I. 史学类	9	1.4%
本题有效填写人次	642	

从被调查者的性别来看，男女比例分布相对平衡，男性占比为 52.8%，女性占比为 47.2%。从被调查者参与信用培训的调查来看，多数被调查者参与信用方面的培训，占比为 58.88%，没有参加过培训的占比为 41.12%。

利用调查数据，对问卷的信度进行分析。问卷数据分析结构表明，问卷信度系数值为 0.976，大于 0.9，因而说明研究数据信度质量很高。针对"CITC 值"，分析项的 CITC 值均大于 0.4，说明分析项之间具有良好的相关关系，同时也说明信度水平良好。通过研究小组的多次研讨，综合判定问卷的效度较高。进一步进行因子分析的可行性验证，因子分析的检验见表 8 – 6。一般而言，KMO（Kaiser – Meyer – Olkin）检验统计量在 0.7 以上就适合做因子分析，本实证分析 KMO 为 0.940，大于 0.9，并且 Bartlett's Test of Sphericity 显著，说明变量高度相关，数据非常适合应用因子分析。

表 8 – 6　　　　　　　　　**KMO 和 Bartlett's 的球形度检验结果**

KMO 抽样适合性检验		0.940
巴特利特球形度检验	卡方（大约）	8 640.793
	自由度	703
	显著性	0.000

8.4　实 证 分 析

为验证以上理论模型，使用 SPSS 软件，采取主成分因子提取方法，作探索性因子分析。数据按照随机原则，随机选择 321 份数据进行探索性因子分析。根据特征值大于 1 的要求，因子分析的结果提取了 5 个维度，如表 8 – 7 所示。

表 8 – 7　　　　　　　　　　　　**变量解释贡献率**

成分	特征值			总方差解的情况			转轴平方负荷量		
	总计	方差贡献率（%）	累积（%）	总计	方差贡献率（%）	累积（%）	总计	方差贡献率（%）	累积（%）
1	21.066	55.437	55.437	21.066	55.437	55.437	7.585	19.961	19.961
2	2.614	6.879	62.316	2.614	6.879	62.316	6.498	17.100	37.061
3	1.651	4.344	66.660	1.651	4.344	66.660	5.456	14.358	51.420
4	1.238	3.257	69.918	1.238	3.257	69.918	4.138	10.889	62.308
5	1.010	2.659	72.576	1.010	2.659	72.576	3.902	10.268	72.576
6	0.882	2.322	74.898						

成分	特征值			总方差解的情况			转轴平方负荷量		
	总计	方差贡献率（%）	累积（%）	总计	方差贡献率（%）	累积（%）	总计	方差贡献率（%）	累积（%）
7	0.786	2.068	76.966						
8	0.782	2.058	79.024						
9	0.681	1.791	80.815						
10	0.659	1.734	82.549						
11	0.579	1.525	84.074						
12	0.527	1.388	85.462						
13	0.512	1.347	86.808						
14	0.437	1.149	87.957						
15	0.428	1.126	89.083						
16	0.394	1.037	90.120						
17	0.361	0.950	91.070						
18	0.332	0.874	91.944						
19	0.296	0.778	92.722						
20	0.273	0.718	93.440						
21	0.254	0.669	94.109						
22	0.236	0.621	94.730						
23	0.217	0.570	95.300						
24	0.202	0.532	95.832						
25	0.189	0.498	96.330						
26	0.178	0.468	96.797						
27	0.161	0.422	97.220						
28	0.156	0.411	97.631						
29	0.143	0.375	98.006						
30	0.120	0.315	98.321						
31	0.112	0.295	98.616						

成分	特征值			总方差解的情况			转轴平方负荷量		
	总计	方差贡献率（%）	累积（%）	总计	方差贡献率（%）	累积（%）	总计	方差贡献率（%）	累积（%）
32	0.097	0.254	98.870						
33	0.092	0.242	99.112						
34	0.084	0.221	99.333						
35	0.070	0.185	99.518						
36	0.065	0.171	99.689						
37	0.061	0.161	99.850						
38	0.057	0.150	100.000						

注：提取方法：主成分分析法。

方差极大化旋转后，获得的因子载荷矩阵见表 8 - 8。根据各变量的因子得分，规范化为 5 个因子，即信用行业知识、人文法律知识、财会知识、管理知识、数据分析处理知识。

表 8 - 8　　　　　　　　　　因子载荷矩阵表

题项	成分				
	1	2	3	4	5
社会学知识对信用管理人才很重要	0.130	0.304	0.141	0.776	0.124
人文知识对信用管理人才很重要	0.243	0.137	0.263	0.773	0.177
公共管理知识对信用管理人才很重要	0.247	0.332	0.363	0.686	0.090
哲学知识对信用管理人才很重要	0.131	-0.020	0.527	0.584	0.304
公共安全知识对信用管理人才很重要	0.237	0.374	0.405	0.603	0.216
法律知识对信用管理人才很重要	0.163	0.613	0.223	0.514	0.016
写作与表达知识对信用管理人才很重要	0.054	0.393	0.507	0.328	0.286

题项	成分				
	1	2	3	4	5
外语知识对信用管理人才很重要	-0.003	0.039	0.712	0.223	0.309
计算机理论对信用管理人才很重要	0.173	0.372	0.527	0.370	0.242
经济学知识对信用管理人才很重要	0.217	0.373	0.577	0.290	0.100
会计与财务管理知识对信用管理人才很重要	0.354	0.385	0.681	0.211	0.067
金融理论知识对信用管理人才很重要	0.259	0.373	0.701	0.292	-0.006
管理学理论知识对信用管理人才很重要	0.402	0.441	0.550	0.255	0.063
保密管理知识对信用管理人才很重要	0.361	0.544	0.241	0.315	0.213
数学与统计知识对信用管理人才很重要	0.395	0.558	0.393	0.071	0.287
国际信用管理惯例、相关法律、规则对信用管理人才很重要	0.440	0.542	0.327	0.142	0.172
征信基本原理与知识对信用管理人才很重要	0.241	0.768	0.104	0.286	0.142
信用评级基本原理与方法知识对信用管理人才很重要	0.306	0.692	0.207	0.288	0.135
行业或某职能领域的知识对信用管理人才很重要	0.223	0.420	0.328	0.221	0.491
风险识别、度量知识与工具对信用管理人才很重要	0.298	0.613	0.459	0.169	0.280
信息收集与调查知识与方法对信用管理人才很重要	0.379	0.672	0.205	0.186	0.272
信息技术与软件系统知识与方法对信用管理人才很重要	0.397	0.479	0.401	0.129	0.394
大数据知识与方法对信用管理人才很重要	0.498	0.561	0.301	0.071	0.199
客户（使用者）需求分析与管理知识及方法信用管理人才很重要	0.580	0.328	0.446	0.185	0.262
经营管理理论对信用管理人才很重要	0.486	0.058	0.596	0.142	0.427
政府政策分析、设计知识与工具对信用管理人才很重要	0.560	0.417	0.298	0.090	0.304
提取信用指标，建立信用模型知识与方法对信用管理人才很重要	0.790	0.317	0.059	0.174	-0.012

续表

题项	成分				
	1	2	3	4	5
咨询服务知识与方法对信用管理人才很重要	0.789	0.119	0.358	0.133	0.149
行业准则与规范知识对信用管理人才很重要	0.796	0.223	0.154	0.138	0.205
职业道德知识对信用管理人才很重要	0.660	0.288	0.191	0.156	0.286
沟通知识与方法对信用管理人才很重要	0.600	0.212	0.285	0.158	0.439
团队建设、管理知识对信用管理人才很重要	0.690	0.244	0.086	0.295	0.385
学习能力对信用管理人才很重要	0.610	0.485	0.034	0.198	0.292
协调知识与工具对信用管理人才很重要	0.671	0.327	0.061	0.219	0.373
逻辑思维分析能力（演绎、归纳推理等）对信用管理人才很重要	0.450	0.423	0.205	0.127	0.547
压力管理知识与方法对信用管理人才很重要	0.386	0.163	0.277	0.182	0.737
创新知识与方法对信用管理人才很重要	0.391	0.361	0.099	0.291	0.660
工作经验对信用管理人才很重要	0.481	0.118	0.266	0.122	0.581

在以上维度分析基础上，需要进一步作结构性验证。对结构方程模型的检验主要由以下几个方面组成：（1）模型的拟合度：检验模型的拟合度是要检验模型能够良好地拟合数据，最常使用的是卡方检验，也可以使用其他的拟合度检验，如 RMSEA、CFI 等。（2）参数的稳定性：参数的稳定性检验是为了检验模型中参数的稳定性，也就是检验参数是否能够收敛，最常用的检验方法有小析方差比（SVB）检验和调整后的 SVB 检验。（3）残差结构：残差结构检验，即检验模型中残差项是否服从正态分布，最常用的方法是观察残差的正态 Q—Q 图和残差自相关检验。

运行 AMOS 软件，利用剩余的另一半调查数据，作结构方程验证性分析，如图 8-2 信用管理人才知识结构验证模型，顶层位信用管理人才知识机构，下面有信用领域知识、人文法律知识、财经知识、管理学知识、数据分析处理知识 5 个不可观测因子，第三级为 33 个问卷测度。

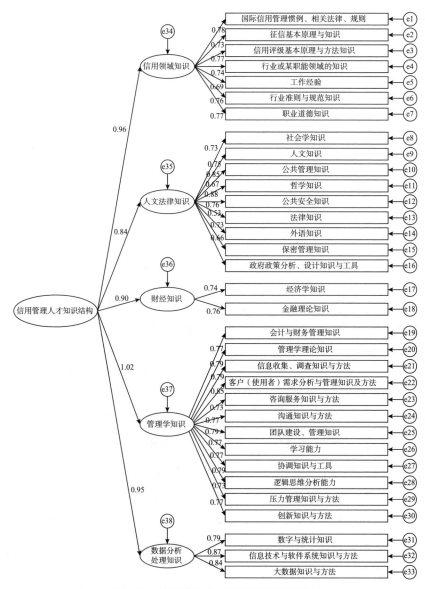

图 8 - 2　信用管理人才知识结构验证模型

模型运算主要指标见表 8 - 9 AMOS 主要指标所示。

表 8 - 9　　　　　　　　　　　　　AMOS 主要指标

适配指标	卡方自由度比	简约规范拟合指标	简约匹配度指标	残差均方和平方根	拟合良好性指标	增值适配指标	比较拟合指标
建议值	$1 < \chi^2/df < 4$	>0.5	>0.5	0.05 <	>0.6	>0.8	>0.8
模型值	3.915	0.677	0.547	0.034	0.641	0.804	0.802

　　结构方程模型的卡方值易受数据量的影响，一般数据量为 100 到 200，问卷数据量大于 200，但卡方自由度比为 3.915，满足基本要求。其他整体性指标都表明数据与模型适配合理。在模型的一般适配指标方面：

　　（1）潜在变量与其测量指标间因素负荷量不能为负值，且介于 0.5 到 0.95 之间。见表 8 - 10 AMOS 参数估计标准化参数所示。

表 8 - 10　　　　　　　　　　　　　AMOS 参数估计

路径影响	估计	标准误	临界比率	显著性水平	标签
glkj < − − xyrczsjg	1.272	0.103	12.337	***	
sjfxcl < − − xyrczsjg	1.055	0.089	11.830	***	
cj < − − xyrczsjg	1.075	0.102	10.506	***	
rwfl < − − xyrczsjg	0.953	0.096	9.897	***	
xyly < − − xyrczsjg	1.000				
Q22 < − − xyly	1.000				
Q23 < − − xyly	0.774	0.067	11.494	***	
Q24 < − − xyly	0.872	0.071	12.254	***	
Q25 < − − xyly	0.976	0.084	11.623	***	
Q44 < − − xyly	1.038	0.096	10.813	***	
Q35 < − − xyly	0.987	0.082	12.101	***	
Q36 < − − xyly	0.993	0.080	12.383	***	
Q7 < − − rwfl	1.000				
Q8 < − − rwfl	1.022	0.093	10.952	***	
Q9 < − − rwfl	1.048	0.084	12.511	***	

路径影响	估计	标准误	临界比率	显著性水平	标签
Q10 <－－－rwfl	1.126	0.116	9.694	***	
Q11 <－－－rwfl	1.129	0.087	12.912	***	
Q12 <－－－rwfl	0.834	0.076	10.996	***	
Q14 <－－－rwfl	1.008	0.132	7.639	***	
Q20 <－－－rwfl	0.944	0.088	10.664	***	
Q32 <－－－rwfl	0.752	0.079	9.490	***	
Q16 <－－－cj	1.000				
Q18 <－－－cj	1.086	0.094	11.555	***	
Q17 <－－－glkj	1.000				
Q19 <－－－glkj	0.970	0.069	14.032	***	
Q27 <－－－glkj	0.767	0.060	12.716	***	
Q30 <－－－glkj	0.961	0.068	14.030	***	
Q34 <－－－glkj	0.867	0.074	11.745	***	
Q37 <－－－glkj	0.925	0.075	12.363	***	
Q38 <－－－glkj	0.808	0.063	12.835	***	
Q39 <－－－glkj	0.802	0.064	12.447	***	
Q40 <－－－glkj	0.820	0.066	12.515	***	
Q41 <－－－glkj	0.866	0.067	12.895	***	
Q42 <－－－glkj	1.003	0.086	11.707	***	
Q43 <－－－glkj	0.795	0.063	12.532	***	
Q21 <－－－sjfxcl	1.000				
Q28 <－－－sjfxcl	1.069	0.072	14.853	***	
Q29 <－－－sjfxcl	1.019	0.072	14.078	***	

整体模型适配度指标：

（2）卡方值概率显著，是因为样本量大于200，卡方自由度比为3.915，在满意范围，表明假设模型与样本数据的契合度可以接受。

（3）渐进残差均方和平方根 RMSEA 为 0.055，位于 0.05 与 0.08 之间，非常接近 0.05，表示模型适配度较理想。

（4）适配度指数 CFI 为 0.802，大于 0.8，表明模型路径图与实际数据有良好的适配度。

根据模型验证结果的分析，所设模型基本符合所假设的模型即信用管理人才的知识结构理论模型，即信用管理人才知识体系由人文法律知识、财经知识、管理知识、信用领域专业知识、数据分析处理知识等 5 个方面的知识构成。从 5 个方面知识的关系来看，人文法律知识、财经知识、管理知识具有一定的基础性；信用领域专业知识与数据分析处理知识则侧重体现专业性；数据分析处理则体现了信用管理服务工作最新的发展需要。

第9章

推进信用管理人才知识结构
优化的政策建议

9.1　信用管理人才知识结构优化的整体设计

信用管理知识结构为信用管理人才培养提供了有效支撑。从信用管理知识结构体系来看，信用管理涉及人文、经济、金融、管理、数学与统计、法律与政策、计算机等多学科知识，具有典型的多学科交叉性。这决定了信用管理人才的培养是一项系统性的工程。如果将其视为一项系统，其培养资源、培养过程以及人才就业与发展都会影响最终结果；从投入来看，信用管理人才培养的规划、专业设置、平台、师资队伍、教育与培训经费、课程内容体系等是其重要的投入保障；教育培训途径、管理、模式等则是其过程；就业与职业发展等则是产出。从山东信用管理人才建设的重点来看，高层次人才、青年人才、专业人才是人才培养的重要内容。从人才培养途径的调研来看，见表 9 - 1。

表 9 - 1　　　　　　　您认为信用管理人才培训的有效途径

选项	小计	比例（%）
A. 高校系统的本科专业教育	144	67.61
B. 高校研究生教育	112	52.58
C. 专门的人才培养项目或计划	161	75.59
D. 在职进修班	118	55.4
E. 挂职锻炼	97	45.54
F. 外部培训机构培训项目	89	41.78
G. 考察学习	102	47.89
H. 导师制或师带徒	75	35.21
I. 项目/任务实践	110	51.64
本题有效填写人次	213	

表 9 - 1 显示，排在前四位的是"专门的培养项目或计划""高校的本科专业教育""在职进修班""高校研究生教育"。这 4 条途径的比例均超过 50%，尤其是"专门的培养项目或计划"高达 75% 以上，这说明大家已经认识到信用管理人才培养的特殊性，需要通过专门的人才培养项目，汇集智力资源（师资），针对相应的需求，进行系统的教育，才能到达目标。此外，项目/任务实践的比例也超过 50%，说明信用管理人才培养需要在实践中进行，实践具有重要作用。

从信用管理教育内容来看，按照知识的一般分类，陈述性知识通过学校教育途径较为合适；程序性知识需要结合学校与社会共同来进行；策略性知识则更多地需要实践。

综合信用管理人才培养的重点以及存在关键问题，从系统论的角度确定信用管理人才培养的整体框架，如图 9 - 1 所示。

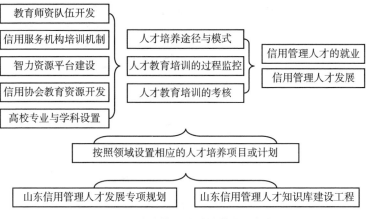

图 9 - 1　信用管理人才培养途径框架

图 9 - 1 所示，信用管理人才培养应以信用管理人才规划、知识库建设为支撑，强化产学研政协同，以高校人才培养为主阵地，强化专业与学科设置，以人才培养专项计划为主要途径，加强信用机构内部专业培训，针对不同的领域，设置不同的教育培训内容，建立立体化的教育培养与人才发展途径，实现学校教育、机构内训、社会培训的无缝衔接，提高人才培养的实效性。

9.2　建立与不断优化信用管理人才知识库

当前，信用管理人才培养的一大关键问题就是产教分离，高校专业人才培养定位不准，课程体系建设与其他专业重叠，缺乏应有的知识体系。社会举行的各类信用管理培训也存在知识体系碎片化，侧重政策讲解与操作系统演示学习等，难以有效提升从业者知识理论素养，制约其创新，难以适应社会信用体系建设高质量发展要求。如何有效衔接产、教，为信用管理人才培养目标确定，课程体系建设提供强大的有效支撑，是信用管理人才培养的基础性问题。这需要建立信用管理人才的知识库，确定信用管理工作的领域，进行科学的职位或岗位的分类，识别职位或岗位所需的知识元，有效归集并建立知识点，最终形成各领域、各职位类别对应的知识体系。知识库的开发是一项基础性工程，需要政府大力支持与协调。建议有关部门协调山东科技主管部门，设立信用管理人才知识库科技攻关专项，提供资金支持，推动此项工作开展。

信用管理人才知识库的构建需要多方协同，多个领域的共同参与，甚至需要省外机构的参与。故此，建议由学校或科研机构、信用服务业头部机构、政府主管部门联合成立信用管理人才培知识库重大科技攻关课题组，整合各方优势资源，协同攻关，进行信用管理人才知识库建设，强化对其专业与学科设置、人才培养定位、课程开发与建设等的基础性支撑，推动信用管理人才培养更加高效开展。

9.3 发挥协会的知识聚集与扩散的作用

行业协会是具有服务、咨询、沟通、监督、公正、自律、协调的社会中介组织。在知识经济时代，行业协会在避免技术垄断的作用日益突出，帮助成员（会员）成长日益成为行业协会的一大重要职能。《工业和信息化部关于充分发挥行业协会作用的指导意见》（工信部产业〔2009〕126号）指出，行业协会要加强行业发展中的重大问题研究，积极推进产业结构调整，大力提升企业素质，推动行业交流与合作等。

信用协会是信用服务主体的组织，承担推动信用服务业高质量发展，服务会员单位的职责。信用服务是高端服务，信用服务机构具有高知识密集性的特征，这也决定了信用协会应是高专业化的组织。从美国信用协会的职能发挥来看，开展培训，提高会员单位的专业化是其重要职能，见附录《研究分报告——美国信用协会的业务领域与功能》。

目前来看，信用服务业的高质量发展急需信用协会发挥知识发现、知识扩散的功能，结合信用体系建设以及信用服务工作的重大问题，开展研究，提出方案，培训会员单位，提高其专业能力。信用协会急需加强，首先，需要进一步强化其头部引领、带动作用。建议信用协会主管机构加大对其支持力度，大力支持其围绕会员单位的专业化提升进行专家汇集，培训课程开发，知识服务平台搭建，培训活动组织。其次，进一步强化省信用协会对外交流的桥梁作用，积极组织信用服务机构走出去，加大同浙江、广东、上海等先进机构的交流，进而提升自我专业化水平。再次，强化信用协会自身的能力建设，建立常态化的学习机制，提高信用协会工作人员的专业知识与能力。引领行业发展，首先就要求协会做到专业化，行业协会能力不强，就无法发挥相应的号召力，也没有影响力。最后，信用协会应紧紧抓住信用管理师认证的机遇，尽早组织力量开展课程与培训体系研发，将其做成精品项目、品牌项目，助力信用管理人才成长的项目。

此外，鉴于信用行业发展的规律，建议信用工作主管机构协调社会组织主管机构加强信用协会（促进会）设立的规范性，提高注册与审核门槛，逐步削减市县级协会，强化信用协会专业力量的提升。

9.4 基于信用管理人才知识结构的培训课程开发体系研究

信用管理工作分布的广泛性决定了各领域对知识结构中具体维度要求高低有所差异；同一类工作，也因为岗位层次不同，也会对知识的难度要求有所差异。故此，针对信用管理人才知识结构中的 5 个维度，将其中的具体知识内容进一步分为低阶、中阶、高阶三类，分别对应基层、中层与高层岗位。所谓低阶知识，主要是指不需进行太多辨析与判断的一般性概念、理论知识，对应于陈述性知识；中阶知识是指需要进行内容，懂得"如何做""用什么做"的重视，对应于程序性知识；高阶知识是否关于情感、价值以及内在经验的知识，如行业经验、信用建设视野等。

根据三类知识的特性，低阶知识的课程开发应以高校为主体，通过本科教育强化知识建立,在当前信用管理专业课程基础上进一步优化完善;相当部分低阶也可以通过助理信用管理师认证的途径开展教育提升,可以将相应的知识点或知识单元充实到助理信用管理师的认证课程之中。中阶知识中的一部分也分布在信用管理专业高年级课程之中,包括实践类课程、专业技能课等。高阶知识与工作后的体验、经验有关,相关课程通过社会化途径建立,如信用服务机构设立的内部培训课程等。

针对以上3类知识,需要建立信用管理知识库,建立知识点与职位间的关联。本课题尝试应用Protégé软件进行信用管理职位与知识点关系的建立。Protégé软件是斯坦福大学医学院生物信息研究中心基于Java语言开发的本体编辑和知识获取软件,或者说是本体开发工具,也是基于知识的编辑器。

由于知识库的建立是基础性,工作量极大。加之中国职位管理极其不规范,相应的招聘的信息数据极其不规则,需要进行数据标准化以及大量的数据清洗工作。课题组在此方面作了尝试,以信用分析师岗位为例,进行了初步探索性研究,如图9-2、图9-3所示。

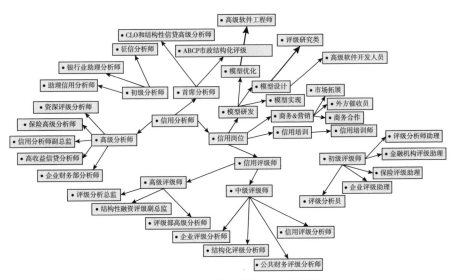

图9-2 信用管理岗位的分类样例

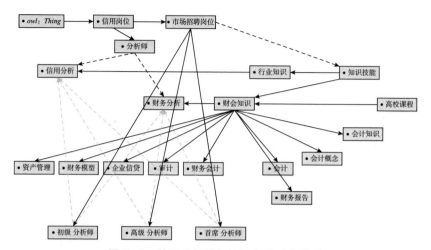

图 9 – 3　信用分析师与知识点的对应关系

第10章

我国信用管理人才需求分析

10.1 信用管理岗位设置与人才分类

信用工作具有广泛性，营利性组织与非营利性组织中都有分布。全面分析各类组织给管理岗位设置情况是做好信用管理人才分类的基础。按照组织营利性的要求，首先分为营利性组织的信用管理岗位与非营利性组织的信用管理岗位。营利性组织的信用管理岗位重要包括一般性企业信用管理岗位与信用服务商业机构信用管理岗位。这两者存在一定的差别，一般性企业信用管理岗位是服务于本组织内部经营管理需要，具有支撑业务开展的职能，属于职能岗；信用服务商业机构中的信用管理岗位是基于业务需要而设置，是直接的业务岗。非营利性组织包括了政府行政管理部门的信用业务岗，协会信用业务岗。在同一个组织内部，按照不同的分类标准有不同的岗位分类，如按照岗位所处的层级，可以分为基层岗、中层岗与高层岗；按照岗位的工作内容，分为营销岗、生产岗、技术岗、研发岗、管理岗等；按照岗位对组织的影响，可以分为核心岗、一般或通用岗等。

从当前来看，我国大型企业中一般设置风险控制部门（风控中心、风险管理部等，独立型信用管理部门设置模式），如山东土地发展集团设立有法务风控部；山东钢铁集团设有风险合规部等，其主要职能有审计、合格审核、催收等；也有的在财务部门下设风险控或者销售部门下设风控岗（财务主导型模式、销售型主导模式），一般是上规模民营企业。与国内企业不同，外资大型企业会设置专门的信用管理部门，其主要职能进行客户、业务伙伴的资信调查，其职能不局限于企业前期风险评估和事后的应收账款处理，相应的岗位设置有信用经理、信用总监其职责与要求如图 10 - 1 所示等。

风险管理总监职责与要求	
职位描述： 1. 协助总经理对项目风险信息进行收集、整理、分析； 2. 负责设计风险控制模型，搭建公司内控管理体系，撰写公司风险管理制度； 3. 梳理公司各项业务流程，对发现的风险点进行风险分析及评估； 4. 根据风险评估结果，撰写风险审查意见，提出风险控制措施； 5. 对风险管理措施的有效性进行定期风险分析及评估； 6. 对公司贷款担保业务进行风险监控及风险事件跟踪处理； 7. 负责公司的债权、债务，包括不良资产的处理； 8. 完成上级领导交代的其他任务	职位要求： 1. 本科以上学历，法律、财务管理专业，5年以上风险控制管理经验； 2. 掌握国家经济、金融法律法规和政策，具有较强的风险识别能力和风控管理能力； 3. 有较强的责任心、上进心、事业心，工作努力，积极进取； 4. 高度的工作热情，较强的团队合作能力； 5. 较强的洞察力和应变能力和执行能力； 6. 有较强的学习能力和接受新鲜事物的能力； 7. 工作期间给予同事积极正面的信息和回应； 8. 3 年以上金融机构、会计师事务所、企业咨询管理公司、房地产评估机构从业经验； 9. 有房地产行业、金融行业、典当行业或投资公司风险控制经验者优先

图 10 - 1　风险管理总监职责要求

国内商业类型的信用服务机构规模小不一，相应的岗位设置有较大差别。以山东本土征信业头部企业天元大数据信用管理有限公司（央行征信备案）为例，由于其规模较大，其部门、岗位设置较全，包括数据采集岗（采集、整理、清洗）、风控岗（风控模型研究与开发）、研发岗（标准化产品的研发，系统研发、程序开发）、营销岗（或称之为商务岗）、产品开发岗、业务推进岗等业务类岗位等。成立于 1997 年的青岛联信商务咨询有限公司是国内中外合资信用服务机构，其业务涵盖了信用卡和消费信贷逾期催告在内的金融外包服务以及国内外逾期账款管理、企业资信调查、认证服务、贷后账款管理、金融科技支持等，其岗位设置分为业务服务类、运营支持类、管理培训类、智能开发类等岗位。青岛格兰德信用管理咨询有限公司始创于 2006 年，设有企业调研员、数据工程师、产品专员、商务拓展、销售顾问等岗位。

　　进一步查询国内大型信用服务机构岗位的设置信息。课题组搜集了不同省市的大大小小 22 家资信评级公司，包括北京市的中诚信国际信用评级有限公司、大公国际资信评估有限公司、东方金诚国际信用评估有限公司等 11 家公司，广东省的中证鹏元资信评估有限公司、联洲国际信用评级有限公司、广东联合信用评级有限公司，上海市的远东资信评估有限公司、上海新世纪资信评估投资服务有限公司 2 家公司，天津市的联合信用征信股份有限公司、联合信用评级有限公司 2 家公司，浙江杭州的杭州联合资信评估咨询有限公司 1 家公司，四川的鼎诚国际信用服务有限公司 1 家公司，辽宁省的华泰信用评级有限公司 1 家公司，湖南省的湖南强贲信用管理有限公司 1 家公司。通过对这些企业官网的岗位设置信息的归纳总结，得到了当前信用服务机构岗位设立的基本框架，如图 10 – 2 所示。

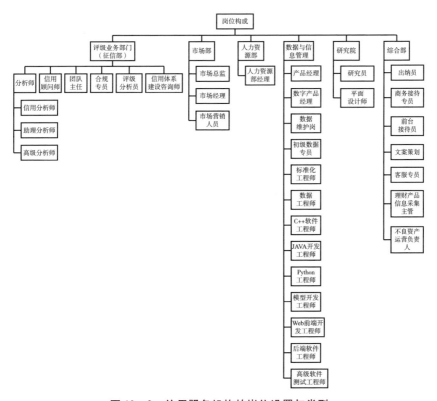

图 10 – 2　信用服务机构的岗位设置与类型

当前商业类信用机构岗位设置，大公司（如中诚信国际信用评级有限责任公司、大公国际资信评估有限公司等）岗位设置全面，信用管理、市场营销、财务管理、人力资源、计算机等岗位设计完整。规模较小的机构，则岗位设置较少，往往只包括信用分析师、市场营销岗位等。从我国信用服务机构的发展趋势来看，在趋向法制化、规范化的发展道路上，专业技术能力较低的机构生存空间越来越小，其岗位的缺失也必将影响其业务开展。故此，应当参照上规模信用服务机构的岗位设置来进行信用管理人才分类。此外，信用管理人才作为专业人才，对专业知识要求较高，尽管信用服务机构中诸如人力资源管理、财务会计、行政后勤类岗位也对信用管理有所要求，但其通用性较强，不列入本课题研究范畴。此外，业务不同的信用服务机构，岗位设置有所差别，如青岛联信商务咨询有限公司有涉外催收业务，就设置了有关国际贸易的岗位。这些独特性较强的岗位要求相应领域的专业知识，对此不再进行深入分析。

对归纳的商业信用服务机构的业务岗做进一步分析，可以归纳为四大类，研究类岗、研发类岗、技术类岗、商务与市场类岗，岗位间的基本逻辑如图 10 - 3 所示。对于以上岗位，可进一步按照专业化程度以及管理职责进行细分。

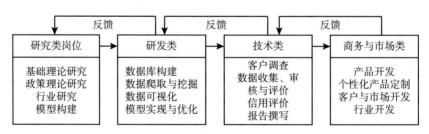

图 10 - 3　商业类信用服务机构信用管理岗位间逻辑

对于政府机构设置的信用管理岗位，称之为政务信用管理岗，尽管在岗位职责有些差别，但就目前来看，差别不大，统一称之为"政务信用管理岗"。

对于信用行业协会的岗位设置，尽管当前部分信用协会或促进会等从事信用评级工作，但与其性质与职能相违背。同时，行业协会主要是汇集智力资源，很难专设相应的研究岗。故此，结合中国实际情况，将信用协会有关信用管理岗位统一称之为"信用管理服务岗"。

10.2　基于大数据的市场信用管理人才分析

在智联招聘、Boss 直聘等招聘平台，分别以"信用管理""信控""信用分析""资信评级"为检索条件，搜索到百家企业 232 条关于信用管理岗位的招聘信息。经过对比整合，去除不同网站间重复词条以及岗位职责与信用管理无关的词条，最终得到了 95 家企业 105 条招聘信息。针对这百条招聘信息，我们重点分析了招聘方对于信用管理人才的需求规模以及对于所需人才学历以及专业的倾向。在所有的招聘信息中，各大企业对于信用管理岗位的定义主要有信用分析师、信控专员、授信管理岗、信用审核员、信用评级师、信用风险管理岗，以及相应的分析师助力岗、实习岗。其中，学历要求在高中、中专/中技占 12.4%，大专学历占 26.7%，本科学历占 35.2%，硕士研究生及以上学历占 19%，有 6.7% 的岗位未明确规定学历要求（见表 10-1）。

表 10-1　　　各大招聘网站信用管理岗位学历要求比例分布情况

学历	高中/中专	大专	本科	硕士及以上	不限
数量（人）	13	28	37	20	7
占比（%）	12.4	26.7	35.2	19.0	6.7

资料来源：智联招聘、Boss 直聘等各大招聘网站。

通过整合的数据，可以发现学历要求仅限在高中/中专的大多是助理岗、咨询岗；而学历要求在硕士研究生及以上的大多是业内知名企业，有着丰富的行业资源以及可观的发展前景，如北京的 CBC、大公国际，上海的新世纪等；大部分规模较小的企业对于信用管理人才的学历要求还是大专或者本科。

在信用管理人才的专业要求上，金融、经济、管理、财会是必不可少的，再者根据企业发展方向以及所处行业特性还会对一些专业人才有所需求，具体的专业要求情况可见表 10 - 2。在 105 条招聘信息中，有超过一半的招聘信息没有对于专业作出明确要求，但是在剩余的 50 条招聘信息中，有 46 条要求专业为财务、金融、经济、管理类，占 92%，占所有招聘信息的 43.8%；其次，对于法学、统计学、计算机大类的毕业生都有一定的需求；对于一些有着国际业务的企业，则需要一些外语专业的毕业生。同时，52.4% 的岗位招聘对专业不设要求，可能与我国信用产业发展还处于起步期有关，存在小规模信用服务机构，其相关的岗位工作专业化程度要求不高；也可能当前信用管理人才培养较为缺乏，使得信用服务机构降低专业门槛。

表 10 - 2　　　各大招聘网站信用管理岗位专业要求比例分布情况

专业要求	不限/无要求	经济类、管理类	法学	数学、统计学	计算机类	日语/商务英语
数量（人）	55	46	12	10	5	2
占比（%）	52.4	43.8	11.4	9.5	4.8	1.9

资料来源：智联招聘、Boss 直聘等各大招聘网站。

2022 年 7 月 15 日，中国人民银行征信管理局公布了一个备案法人信用评级机构名单，涵盖了大大小小的 55 家企业。通过在各企业官网或者招聘网站公布的招聘信息，我们最终筛选出来了其中 24 家企业 54 条有关信用管理岗的招聘信息。这 24 家企业在招聘时对学历的需求情况可见表 10 - 3。这部分企业代表了中国信用管理服务行业的水平，其人才招聘要求更具代表性。

表 10 – 3 部分备案企业信用管理岗位学历要求分布情况

学历要求	无要求	大专	本科	硕士研究生
数量（人）	1	2	15	36
占比（%）	1.9	3.7	27.8	66.7

资料来源：各大企业官方网站招聘公告。

可见，在央行备案的这些企业对于研究生学历的毕业生需求比较大，最低也是本科学历，几乎不会招收专科及以下学历的毕业生，与各大招聘网站搜集的信息进行对比，可以看出随着企业规模的扩大以及行业征信要求的提高，对于信用管理人才的要求也会相应提高。

在专业要求上，经管类毕业生占 88.9%，除去没有明确专业要求的 6 条招聘信息外，这些备案企业招收人才专业要求为经管类的占 100%，足以说明信用管理岗对于基本专业知识的重视程度；由于企业发展模式或发展方向等，对于计算机类、数理统计类、理工类、外国语等专业也会有所需求（见表 10 – 4）。

表 10 – 4 部分备案企业信用管理岗位专业要求比例分布情况

专业要求	经济类、管理类	计算机类	数学、统计学	英语	理工类	无要求
数量（人）	48	3	10	1	2	6
占比（%）	88.9	5.6	18.5	1.9	3.7	11.1

资料来源：各大企业官方网站招聘公告。

综合比较备案企业人才招聘要求，信用服务机构实力越强，其专业服务能力也就越强，对人才的专业性要求也就越高。这也充分验证了人才是第一资源，是信用服务机构发展的基础性、战略性支撑。

10.3 骨干企业信用管理岗位设置与人才需求

国内商业类型的信用服务机构规模小不一，相应的岗位设置有较大差别。以山东本土征信业头部企业天元大数据信用管理有限公司（央行征信备案）为例，由于其规模较大，其部门、岗位设置较全，包括数据采集岗（采集、整理、清洗）、风控岗（风控模型研究与开发）、研发岗（标准化产品的研发，系统研发、程序开发）、营销岗（或称之为商务岗）、产品开发岗、业务推进岗等业务类岗位等。成立于 1997 年的青岛联信商务咨询有限公司是国内中外合资信用服务机构，其业务涵盖了信用卡和消费信贷逾期催告在内的金融外包服务以及国内外逾期账款管理、企业资信调查、认证服务、贷后账款管理、金融科技支持等，其岗位设置分为业务服务类、运营支持类、管理培训类、智能开发类等岗位。青岛格兰德信用管理咨询有限公司始创于 2006 年，设有企业调研员、数据工程师、产品专员、商务拓展、销售顾问等岗位。

进一步查询国内大型信用服务机构岗位的设置信息。课题组搜集了不同省市的大大小小的 22 家资信评级公司，包括北京市的中诚信国际信用评级有限公司、大公国际资信评估有限公司、东方金诚国际信用评估有限公司等 11 家公司；广东省的中证鹏元资信评估有限公司、联洲国际信用评级有限公司、广东联合信用评级有限公司；上海市的远东资信评估有限公司、上海新世纪资信评估投资服务有限公司 2 家公司；天津市的联合信用征信股份有限公司、联合信用评级有限公司 2 家公司；浙江杭州的杭州联合资信评估咨询有限公司 1 家公司；四川的鼎诚国际信用服务有限公司 1 家公司；辽宁省的华泰信用评级有限公司 1 家公司；湖南省的湖南强赍信用管理有限公司 1 家公司。通过对这些企业官网的岗位设置信息的归纳总结，得到了当前信用服务机构岗位设立的基本框架，如图 10 - 1 所示。

当前商业类信用机构岗位设置，大公司（如中诚信国际信用评级有限责任公司、大公国际资信评估有限公司等）岗位设置全面，信用管理、市场营销、财务管理、人力资源、计算机等岗位设计完整。规模较小的机构，则岗位设置较少，往往只包括信用分析师、市场营销岗位等。从我国信用服务机构的发展趋势来看，在趋向法制化、规范化的发展道路上，专业技术能力较低的机构生存空间越来越小，其岗位的缺失也必将影响其业务开展。故此，应当参照上规模信用服务机构的岗位设置来进行信用管理人才分类。此外，信用管理人才作为专业人才，对专业知识要求较高，尽管信用服务机构中诸如人力资源管理、财务会计、行政后勤类岗位也对信用管理有所要求，但其通用性较强，不列入本课题研究范畴。此外，业务不同的信用服务机构，岗位设置有所差别，如青岛联信商务咨询有限公司有涉外催收业务，就设置了有关国际贸易的岗位。这些独特性较强的岗位要求相应领域的专业知识，对此不再进行深入分析。

进一步通过信用服务机构人员规模来分析其需求。以央行备案的信用级机构为例（见表 10-5），北京 11 家，浙江 8 家，广东 5 家，辽宁 4 家，上海 3 家，福建 3 家，湖北 3 家，云南 3 家，广西 2 家，海南 2 家，四川 2 家，河北 1 家，江苏 1 家，青海 1 家，湖南 1 家，天津 1 家，重庆 1 家，如表 1-8 所示。参照天眼查、企查查等企业信息平台，55 家备案信用评价中，员工规模低于 50 人的企业共计 44 家，50~99 人的机构共计 4 家，100~499 人共计 5 家，500~999 人共计 2 家，80% 的机构低于 50 人。如果以当前最大人员规模计算，即按照平均 50 人计算，55 家信用评级机构员工规模共计 2 750 人。

表 10-5　　　　　　　　　　央行备案的信用评级机构

序号	公司名称	区域	备案年份	员工规模
1	惠誉博华信用评级有限公司	北京	2020	<50 人
2	联合资信评估股份有限公司	北京	2020	500~999 人
3	标普信用评级（中国）有限公司	北京	2020	50~99 人

序号	公司名称	区域	备案年份	员工规模
4	蚂蚁信用评估有限公司	浙江	2020	<50 人
5	上海资信有限公司	上海	2020	50~99 人
6	惠众信用评级（浙江）有限公司	浙江	2020	<50 人
7	中债资信评估有限责任公司	北京	2020	100~499 人
8	安融信用评级有限公司	北京	2020	50~99 人
9	上海新世纪资信评估投资服务有限公司	上海	2020	100~499 人
10	远东资信评估有限公司	上海	2020	<50 人
11	广西鼎信信用评级有限公司	广西	2020	<50 人
12	广西信实信用评估咨询有限责任公司	广西	2020	<50 人
13	大公国际资信评估有限公司	北京	2020	100~499 人
14	北京中北联信用评估有限公司	北京	2020	<50 人
15	河北中盈信用管理有限公司	河北	2020	<50 人
16	杭州资信评估有限公司	浙江	2020	<50 人
17	杭州联合资信评估咨询有限公司	浙江	2020	<50 人
18	宁波远东资信评估有限公司	浙江	2020	—
19	宁波金融事务所有限公司	浙江	2020	<50 人
20	浙江华誉资信评估有限公司	浙江	2020	<50 人
21	大普信用评级股份有限公司	浙江	2020	<50 人
22	海南椰都立信信用服务有限公司	海南	2020	<50 人
23	青海联合信用管理有限公司	青海	2020	<50 人
24	广东恒诚信用管理有限公司	广东	2020	<50 人
25	四川大证信用评级有限公司	四川	2020	<50 人
26	福建中诚信信用评级咨询有限公司	福建	2020	<50 人
27	厦门金融咨询评信有限公司	福建	2020	<50 人
28	厦门联合信用管理有限公司	福建	2020	<50 人
29	广东加诚资信评估有限公司	广东	2020	<50 人
30	广东东方安卓信用评估有限公司	广东	2020	<50 人

续表

序号	公司名称	区域	备案年份	员工规模
31	广州南粤信用评估有限公司	广东	2020	<50 人
32	天津东方资信评估有限公司	天津	2020	<50 人
33	重庆公信达信用管理有限公司	重庆	2020	<50 人
34	湖北银企评信咨询有限公司	湖北	2020	<50 人
35	湖北金银评企业信用管理咨询有限公司	湖北	2020	<50 人
36	湖南远东资信评估咨询有限公司	湖南	2020	<50 人
37	大连汇通融鑫信用管理咨询有限公司	辽宁	2020	<50 人
38	瑞泽信用评级有限公司	辽宁	2020	<50 人
39	辽宁诚企联合信用认证有限公司	辽宁	2020	50 ~ 99 人
40	华泰信用评级有限公司	辽宁	2020	<50 人
41	中鼎资信评级服务有限公司	贵州	2020	<50 人
42	东方金诚国际信用评估有限公司	北京	2020	200 ~ 299 人
43	云南国联资信评估有限公司	云南	2020	<50 人
44	大雍信用评估事务有限公司	云南	2020	<50 人
45	昆明佑诚资信评估有限公司	云南	2020	<50 人
46	南京中贝国际信用管理咨询有限公司	江苏	2020	<50 人
47	北京银建资信评估事务所有限公司	北京	2020	<50 人
48	君维诚信用评估有限公司	北京	2020	<50 人
49	中证鹏元资信评估股份有限公司	深圳	2020	100 ~ 499 人
50	安泰信用评级有限责任公司	湖北	2020	<50 人
51	中诚信国际信用评级有限责任公司	北京	2020	700 ~ 799 人
52	成都数联铭品企业信用评估服务有限公司	四川	2021	<50 人
53	中国诚信信用管理股份有限公司	北京	2021	<50 人
54	联合信用评价有限公司	北京	2021	<50 人
55	海南绿色发展信用评级有限公司	海南	2022	—

　　截至 2022 年 8 月，在央行备案的征信机构有 136 家，而其间也竟然有 40 多家企业征信备案机构被注销，占比高达 30% 以上。从备案要求，信用评级机构备案要高于征信机构，这也导致征信机构的人员规模一般低于信用

评级机构,以新成立个人征信机构百行征信、朴道征信为例,据天眼查信息,百行征信员工规模为 100～499 人;朴道征信员工规模为 50～99 人。而地方征信机构规模普遍较小,人员规模大多在二三十人,按照平均 30 人匡算,征信机构人员规模为 4 080 人。备案征信机构、评级机构人员规模总体约为 6 830 人。更进一步,按照人员流动率,不考虑机构间的人员流动,以 20% 流动率计算,每年机构人员需求 1 366 人。从信用管理服务机构的调查来看,实际人员需求可能更低。

2022 年 6 月,山东省发改委根据《山东省信用服务机构监督管理办法(试行)》组织了山东省第一批信用服务机构备案,共计 50 家,如表 10－6 所示。

表 10－6　　　　　　　　山东省第一批信用服务机构人员规模情况

序号	公司(机构)名称	人员规模	专、兼服务机构	区域
1	中宏信用服务(山东)有限公司	<50 人	专	济南市
2	山东求实信用评级有限公司	50～99 人	专	济南市
3	山东省信用金桥中小企业发展服务有限公司	<50 人	专	济南市
4	联合信用征信股份有限公司山东分公司	<50 人	专	济南市
5	山东省标准化研究院	—	兼	济南市
6	天元大数据信用管理有限公司	50～99 人	专	济南市
7	济南市工程咨询院	—	兼	济南市
8	山东融信达信用管理有限公司	—	专	济南市
9	山东中正智诚信用管理集团有限公司	<50 人	专	济南市
10	济南国合信用研究院	—	专	济南市
11	山东资信信用评级有限公司	—	专	济南市
12	京济咨询有限公司	<50 人	兼	济南市
13	山东财科智库项目管理咨询有限公司	<50 人	兼	济南市
14	青岛国富泰咨询服务有限公司	<50 人	兼	青岛市
15	青岛城市大数据运营有限公司	<50 人	兼	青岛市
16	青岛征信服务有限公司	<50 人	专	青岛市
17	青岛格兰德信用管理咨询有限公司	50～99 人	专	青岛市

续表

序号	公司（机构）名称	人员规模	专、兼服务机构	区域
18	青岛市绿之盾征信有限公司（现更名：青岛绿盾信息管理有限公司）	—	兼	青岛市
19	淄博市信用协会	—	专	淄博市
20	淄博汇信数字经济研究院有限公司	<50 人	兼	淄博市
21	山东求实信用服务有限公司	—	专	枣庄市
22	山东智惠源环境服务有限公司	—	兼	烟台市
23	山东省固废产业协会	—	兼	烟台市
24	山东信泰信用管理有限责任公司	—	专	烟台市
25	烟台绿盾信用管理有限公司	<50 人	专	烟台市
26	元亨工程咨询集团有限公司	100～199 人	兼	烟台市
27	山东华彬信用评级有限公司	<50 人	专	烟台市
28	北京普华正信国际信用评价有限公司烟台分公司	—	专（分）	烟台市
29	山东国盛信用评估有限公司	—	专	潍坊市
30	高密绿盾信用服务有限公司	—	专	潍坊市
31	青州绿盾信用服务有限公司	<50 人	专	潍坊市
32	跃诚国际信用评价有限公司	—	专	潍坊市
33	临朐绿之盾信用服务有限公司	<50 人	专	潍坊市
34	山东政信大数据科技有限责任公司	<50 人	兼	济宁市
35	泰安国富泰信用服务有限公司	<50 人	专	泰安市
36	泰安绿盾信用服务有限公司	<50 人	专	泰安市
37	徐州金蝶软件有限公司荣成分公司（现更名：江苏新蝶数字科技有限公司荣成分公司）	—	兼	威海市
38	威海绿盾信用服务有限公司	<50 人	专	威海市
39	荣成绿盾信用服务有限公司	<50 人	专	威海市
40	威海绿洲金盾信用服务有限公司	<50 人	专	威海市
41	山东联信征信管理有限公司	<50 人	专	临沂市
42	滨州盈立信用服务有限公司	—	专	滨州市
43	建安环信（北京）信用评估有限公司	—	专（分）	北京市

续表

序号	公司（机构）名称	人员规模	专、兼服务机构	区域
44	安徽鼎诚信用评价有限公司	<50 人	专（分）	安徽省合肥市
45	北京启诚企业信用评估有限公司	—	专（分）	北京市
46	东方信联（北京）国际信用评价有限公司	<50 人	专（分）	北京市
47	三公资信评估（河北）有限公司	—	专（分）	河北省廊坊市
48	三公国际资信评估（北京）有限公司	<50 人	专（分）	北京市
49	华夏众诚（河北）信用评价有限公司［现更名：企评企业管理（河北）有限公司］	—	专（分）	河北省廊坊市
50	华夏众诚（北京）国际信用评价有限公司	<50 人	专（分）	北京市

资料来源：天眼查网站、企查查网站。

50 家机构中位于山东省内的有 42 家，其中济南市 13 家，烟台市 7 家，青岛市和潍坊市各有 5 家，威海市 4 家，淄博市和泰安市各有 2 家，枣庄市、济宁市、临沂市以及滨州市各有 1 家，如图 10-4 所示。

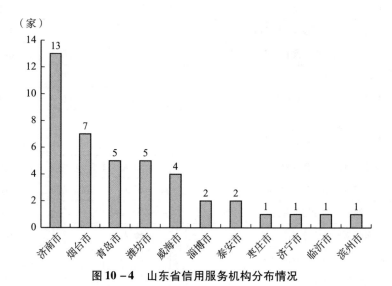

图 10-4 山东省信用服务机构分布情况

资料来源：山东省社会信用协会官网。

从山东信用机构的分布、业务性质来看，大多数信用机构人员规模较少，在 13 家兼营机构中，信用管理仅仅作为一个部门存在，人员规模更少，8~10 人是部门规模较大者；而 9 家驻鲁的分设机构，其人员规模更少，通常 3~5 人。照此计算，备案的信用服务机构人员规模约为 950 人，不足千人。

10.4　企业信用管理人才需求分析

信用管理应用广泛，企业作为市场经济的主体，商务活动的基本载体，信用风险识别与管理是其业务活动中的基本工作。2015 年的《中华人民共和国职业分类大典（2015 年版）》将信用管理师职业界定为"在企业中从事信用风险管理和征信技术工作的专业人员"，其职业内容包括有：（1）建立有效的企业信用管理体系；（2）制定企业信用制度与信用政策；（3）在交易前期，对交易对象进行信用调查与评估，确定信用额度以及放账期；（4）在交易中期，对应收账款加强管理，并采取必要的措施转移风险保障企业债权；（5）在交易后期，对发生的逾期账款进行追收；（6）运用信用管理专业技术及专业的征信数据库防范风险，开拓市场。2022 年新版的《信用管理师国家职业标准》将信用管理师职业界定为"在企业中从事信用风险管理和征信技术工作的专业人员"。从公布的信用管理师职业标准来看，信用管理人才在企业具有广阔的天地。

2022 年，山东作为信用管理师新核定后首批试验地区，由山东社会信用协会组织了第一批信用管理师职业认证考试，首批共 113 人考试，4 人未通过，合格率为 96%。本次信用管理师认证考试，为分析企业信用管理人才需求提供了现实参考，如表 10-7 所示。

表 10 – 7　　　山东省 2022 年首批信用管理师认证人员情况分析

序号	单位名称	岗位类别	单位性质	所属行业	单位数	人数
1	东营守桐建筑劳务工程有限责任公司	企业信用管理岗	民营企业	建筑业		
2	山东鲁王建工有限责任公司	管理岗	民营企业	建筑业		
3	山东同力建设项目管理有限公司	管理岗	民营企业	建筑服务业		
4		管理岗				
5		管理岗				
6		管理岗				
7	山东泰和城建发展有限公司	企业信用管理岗	国有企业	建筑业		
8		企业信用管理岗				
9	山东淄建集团有限公司	管理岗	民营企业	建筑业		
10		财务岗				
11	山东鲁中公路建设有限公司	财务岗	民营企业	建筑业		
12		管理岗				
13		管理岗				
14		高级员工				
15	山东国宏建工有限公司	企业信用管理岗	民营企业	建筑业	14	28
16	山东渔洋装饰工程有限公司	企业信用管理岗	民营企业	建筑业		
17	淄博德源建设项目管理有限公司	高级员工	民营企业	建筑业		
18	山东瀚广建设项目管理有限公司	财务岗	民营企业	建筑业		
19		管理岗				
20	山东金城建设有限公司	企业信用管理岗	民营企业	建筑业		
21		企业信用管理岗				
22		企业信用管理岗				
23		企业信用管理岗				
24	山东锐翊电力工程有限公司	财务岗	民营企业	建筑业		
25		财务岗				
26	中土物业管理集团有限公司淄博分公司	财务岗	民营企业	房地产业		
27		管理岗				
28	山东天齐置业集团股份有限公司	营销岗	民营企业	房地产、建筑		

续表

序号	单位名称	岗位类别	单位性质	所属行业	单位数	人数
29	淄博市诚信建设促进会	社团信用管理岗	社会组织	行业协会		
30		社团信用管理岗				
31	内蒙古信用促进会	社团管理岗	社会组织	行业协会		
32		社团管理岗				
33	枣庄市工业经济联合会	社团基层员工	社会组织	行业协会	5	12
34		社团管理岗				
35		社团管理岗				
36		社团基层员工				
37	淄博市信用协会	社团信用管理岗	社会团体	行业协会		
38		社团信用管理岗				
39	桓台县社会信用中心	社团信用管理岗	事业单位	行业协会		
40		专业技术岗				
41	淄博市统计综合服务中心	管理岗	事业单位	政府机关		
42	淄博市优化营商环境服务中心	社团信用管理岗	事业单位	政府机关		
43		社团信用管理岗				
44		财务岗				
45	国家税务总局淄博市税务局	政府人员	政府机关	政府机关		
46	淄博经济开发区经济发展局	政府人员	政府机关	政府机关	8	10
47	淄博市张店区住房保障事务服务中心	管理岗	事业单位	政府机关		
48	淄博市住建保障服务中心	管理岗	事业单位	政府机关		
49	淄博市住房和城乡建设局	政府人员	政府机关	政府机关		
50	东营市河口区河口街道办事处	政府人员	政府机关	政府机关		

续表

序号	单位名称	岗位类别	单位性质	所属行业	单位数	人数
51	上海海豚企业征信服务有限公司	管理岗	国有企业	软件和信息技术服务业		
52		管理岗				
53	纵联物语（淄博）数字科技有限公司	法务岗	民营企业	软件和信息技术服务业		
54	山东万群信息技术有限公司	管理岗	民营企业	软件和信息技术服务业	7	8
55	淄博鸿浩软件有限公司	管理岗	民营企业	软件和信息技术服务业		
56	山东齐贸通网络科技有限公司	营销岗	民营企业	软件和信息技术服务业		
57	中业信息技术产业研究院（山东省）有限公司	管理岗	民营企业	软件和信息技术服务业		
58	北京磁云数字科技有限公司	行政管理岗	民营企业	软件和信息技术服务业		
59	山东鲁法律师事务所	法务岗	民营企业	法律服务业		
60	淄博法之道法律咨询服务有限公司	法务岗	民营企业	法律服务业		
61	山东滴联律师事务所	行政管理岗	民营企业	法律服务业		
62		法务岗				
63		法务岗				
64	山东恒越律师事务所	管理岗	民营企业	法律服务业		
65		法务岗			9（4）	17（8）
66		法务岗				
67	山东大爱家政有限公司	管理岗	民营企业	其他服务业		
68		财务岗				
69	淄博国富泰企业管理有限责任公司	基层员工	民营企业	商务服务业		
70		基层员工				
71		管理岗				
72	山东九强集团有限公司	企业信用管理岗	民营企业	商务服务业		
73	沂源县金牌企业管理咨询有限公司	基层员工	民营企业	其他服务业		
74		基层员工				
75	淄博亚财信息咨询有限公司	管理岗	民营企业	其他服务业		

续表

序号	单位名称	岗位类别	单位性质	所属行业	单位数	人数
76	山东新华制药股份有限公司	法务岗	国有上市企业	医药制造业		
77		企业信用管理岗				
78		法务岗				
79		财务岗				
80	瑞阳制药股份有限公司	管理岗	民营企业	医药制造业	7	28
81		基层员工				
82		基层员工				
83		基层员工				
84		基层员工				
85		管理岗				
86		基层员工				
87		基层员工				
88		基层员工				
89		基层员工				
90		基层员工				
91		基层员工				
92		基层员工				
93		基层员工				
94		基层员工				
95	齐鲁伊士曼精细化工有限公司	财务岗	中外合资	化工业		
96	淄博齐茂催化剂有限公司	财务岗	民营企业	化工业		
97	山东瑞泰新材料科技有限公司	财务岗	民营企业	化工业		
98		财务岗				
99	淄博包钢灵芝稀土高科技股份有限公司	财务岗	民营企业	化工业		
100		财务岗				
101		财务岗				
102		财务岗				
103	淄博隆邦化工有限公司	管理岗	民营企业	化工业		

续表

序号	单位名称	岗位类别	单位性质	所属行业	单位数	人数
104	山东华普特电机有限公司	管理岗	民营企业	制造业		
105	歌尔股份有限公司	企业信用管理岗	民营上市企业	电子制造业	4	5
106		企业信用管理岗				
107	潍坊特钢集团有限公司	基层员工	民营企业	钢铁		
108	淄博萨丽特包装制品有限公司	管理岗	民营企业	制造业		
109	"中国人寿财产保险股份有限公司淄博市中心支公司"	管理岗	国有企业	保险业	1	1
110	国网山东省电力公司淄博供电公司	财务岗	国有企业	电力供应业	1	1
111	山东华业无纺布有限公司	财务岗	民营企业	纺织业	1	1
112	高青宏泰交通集团有限公司	管理岗	国有企业	交通运输业	1	1
113		管理岗				
总计					57	113

从本次参加信用管理师认证的情况来看，共涉及 11 个行业，57 家单位，每个单位约 1.98 人参与，主要集中在建筑与房地产行业，占比 24.87%；其次是医药化工业，占比也为 24.87%。考虑淄博是化工行业大市的原因，正常情况下，医药化工业应比建筑与房地产行业低一些。

如表 10-7 所示，113 名学员主要来自政府机关、社会团体、国有企业及民营企业 4 类。其中，来自政府机关的有 4 人，占 3.5%；来自社会团体的有 18 人，占 15.9%；来自国有企业的有 11 人，占 9.7%；来自国有企业的有 80 人，占 70.8%（见表 10-8）。

表 10－8　　　　　　　　　　信用管理师学员来源单位性质分析

单位性质	政府机关	社会团队	国有企业	民营企业
数量（人）	4	18	11	80
占比（%）	3.5	15.9	9.7	70.8

此外，113 名学员也来自各个企业的不同岗位，有高层管理者，也有基层员工，主要涉及了财务岗、管理岗、法务岗、信用管理岗、营销岗、专业技术岗、基层或高级员工以及政府机关岗位。其中财务岗有 19 人，占 16.8%；管理岗 36 人，占 31.9%；法务岗 9 人，占 8%；信用管理岗 20 人，占 17.7%；营销岗 2 人，占 1.8%；专业技术岗 1 人，占 0.9%；基层或高级员工 22 人，占 19.5%；政府人员 4 人，占 3.5%（见表 10 – 9）。

表 10－9　　　　　　　　　　信用管理师学员岗位分类情况

岗位类别	管理岗	基层或高级员工	信用管理岗	财务岗	法务岗	政府人员	营销岗	专业技术岗
数量（人）	36	22	20	19	9	4	2	1
占比（%）	31.9	19.5	17.7	16.8	8	3.5	1.8	0.9

进一步从各地区信用管理人才实际需求情况来看，企业设置信用管理岗位受政府牵引作用比较大，如江苏制定了《江苏省企业信用管理贯标和示范创建工作实施办法》《关于实施信用管理百企示范万企贯标工程的意见》，实施信用管理"百企示范、万企贯标"工程，大大提高了企业对信用认知与重视程度。按照企业贯标要求，规模以上企业通常要设置信用管理岗并要求 2 人具备信用管理师资质。如果按照江苏省实施的贯标工程，那么，仅仅贯标企业信用管理人才需求就高达 2 万人。参照此标准，广东、江苏、山东、浙江等经济发达地区信用管理人才需求将达到 8 万～10 万人，其余省级地区按减半计算，共计也将达到 30 万人，全国总计需求约为 40 万人。

　　进一步分析信用管理师的报考来源，岗位来源具有多样化，而设立专职信用管理岗位企业较少，即使是建筑行业，也很少企业设置信用管理专岗。如果不进行适当的引导，企业往往由财务管理人员、企管人员，乃至市场营销管理人员兼任，信用管理人才的实际需求将大大降低。如果政府加以引导，科学设置企业信用管理岗的职责，将合规、社会责任、信用修复、企业增信等内容增加其中，将企业信用转化为信用资本，企业信用管理专岗设置将可能成为现实，相应的信用管理人才需求也将大大增加。

10.5　社会信用体系建设引致的其他领域信用管理人才需求

　　我国社会信用体系建设不同于西方国家，其不仅仅涉及金融领域，而是具有广泛性，相当部分内容与金融无关。这也形成了现实中的金融与其他领域两条线的发展模式。而中国社会信用体系建设发展的特殊性也引致了相应的人才需求，尤其是在政府行政管理、公共服务等领域。

　　当前，我国正处于经济社会全面转型的关键时期，对照国家高质量发展新格局的战略要求以及相关的政策制度要求，社会信用体系是建立全国统一大市场的基础与重要保障，信用管理更将深入、更全面地介入公共管理、社会治理，相应的信用监管、信用法律、信用经济等人才需求较为强烈。但在实际中，受制于编制等原因，这一领域的现实需求被隐性化了，在数量规模上很难有提升，在人才质量提升方面，需求强烈。这也充分反映到行政管理机构的信用管理部门设置上。以某省为例，在38个省直属行政管理部门中，仅有省发改委与省市场监督管理局单独设立了信用管理部门，而省发改委的信用管理处在机构调整中还将合并，如表10－10所示。

表 10 – 10　　　　　某省行政管理机构的信用管理部门设置

序号	省政府部门名称	是否设置单独部门	是否含有职能	设置信用管理职能部门	岗位设置与人员
1	省发展和改革委员会	是	是	信用处	5
2	省教育厅	否	是	政策法规处（行政许可处）	兼
3	省科学技术厅	否	是	政策法规与创新体系建设处	兼
4	省工业和信息化厅	否	是	融资促进处	兼
5	省民族宗教事务委员会	否	否	无	无
6	省公安厅	否	否	无	无
7	省民政厅	否	否	无	无
8	省司法厅	否	否	无	无
9	省人力资源和社会保障厅	否	有	无	兼（财规处）
10	省自然资源厅	否	否	无	
11	省生态环境厅	否	是	法规与标准处	1
12	省住房和城乡建设厅	否	是	建筑市场监管处	1
13	省交通运输厅	否	是	法规处（挂行政许可处牌子）	
14	省水利厅	否	是	水利工程建设处	1（外调）
15	省农业农村厅	否	是	无	1
16	省商务厅	否	是	市场秩序处	
17	省文化和旅游厅	否	是	市场管理处	
18	省卫生健康委员会	否	否	无	
19	省退役军人事务厅	否	否	无	
20	省应急管理厅	否	是	调查和评估统计处	兼
21	省审计厅	否	否	无	
22	省人民政府外事办公室	否	否	无	
23	省人民政府国有资产监督管理委员会	否	否	无	
24	省市场监督管理局	是	是	信用监督管理处	3
25	省广播电视局	否	否	无	
26	省体育局	否	否	无	

序号	省政府部门名称	是否设置单独部门	是否含有职能	设置信用管理职能部门	岗位设置与人员
27	省统计局	否	是	统计执法监督局	
28	省医疗保障局	否	否	无	
29	省机关事务管理局	否	否	无	
30	省人民防空办公室	否	否	无	
31	省地方金融监督管理局	否	否	无	
32	省大数据局	否	否	无	
33	省能源局	否	否	无	
34	省粮食和物资储备局	否	否	无	
35	省监狱管理局	否	否	无	
36	省海洋局	否	否	无	
37	省畜牧兽医局	否	否	无	
38	省药品监督管理局	否	否	无	

资料来源：官网与调查。

省级层面信用管理部门设置的缺失，反映到市、县层面，信用管理部门、岗位的设置进一步弱化，如某市发改委信用处仅有 3 个编制，到县级就不在专设部门与岗位，而是与其他岗位合并，进行兼任。同时，政府行政管理人员具有高度的稳定性，流动性的缺乏进一步导致了人员需求的弱化。故此，尽管政府行政管理职能部门信用人才需求较为迫切，但现实需求被隐性化了且未来也不太可能大幅增长。

信用管理教育与科研机构的人员需求具有高层次性。这部分人才需求受学科、专业设置的影响。从当前来看，信用管理专业规模近年来非但没有扩大，反而呈现缩减趋势；学科发展与中国社会信用体系实际结合不够，发展也较为缓慢，加之相应平台的缺乏等，导致信用管理高层次人才需求较低，甚至部分以信用管理为研究方向的人才转行等。这从当前国内开设信用管理专业的高校也能反映出来，以国内唯一设立信用管理学院的广东金融学院为例，其信用管理学院共 30 人，专任教师 24 人。在专任 24 名教师中，具体研究方向如表 10 - 11 所示。

表 10 - 11　　　　广东金融学院信用管理专业专任教师研究方向

序号	教师	职称	学历	研究方向
1	唐明琴	教授	硕士	区域社会信用体系建设
2	史福厚	教授	博士	金融学与信用管理
3	成蓉晖	教授	本科	财务会计、企业信用管理
4	王金平	教授	本科	宏观经济管理
5	唐龙海	副教授	博士	资产评估、信用管理
6	颜海明	副教授	博士	金融风险、公司金融、信用管理
7	叶湘榕	副教授	硕士	消费者信用管理、互联网金融
8	夏芳	副教授	博士	公司理财与资产定价
9	蔡赛男	副教授	硕士	信用管理、区域经济
10	何南	副教授	硕士	宏观经济、信用理论与金融机构信用风险管理
11	韩迪	副教授	博士	移动互联网、大数据
12	陈志明	副教授	博士	信用风险控制、供应链管理、智能算法优化
13	孙凌芸	讲师	博士	金融市场与金融风险
14	张玲	讲师	博士	资产评估、创新管理、创业与投资
15	郭维	讲师	博士	国际金融
16	周建红	讲师	博士	模型平均，组合预测
17	梅春	讲师	博士	信用风险、薪酬激励、企业创新
18	廖芸	讲师	博士	金融风险，大数据与机器学习
19	丁肖丽	讲师	博士	行为金融，资本市场与公司治理
20	李艺迪	讲师	硕士	企业价值评估、企业社会责任
21	王晓菲	讲师	硕士	区域经济、房地产市场信用管理
22	陈若星	讲师	硕士	会计学与信用管理
23	解晓晴		博士	战略管理、公司治理与信用管理

资料来源：根据其官方网站数据整理。

表 10 – 11 显示，当前高校与科研机构中的大部分高层次信用管理人才来源于金融与财会两大的学科方向，信用管理多在这两个学科基础上延伸而形成。山东财经大学设立信用管理专业时也是如此，其师资力量也多是从金融学、投资管理学等专业抽调。这也表明了该领域高层次人才的缺乏。同样，信用风险管理与法律防控专业也面临相似问题，其师资多来源于法学专业，相应的专业性高层次人才也较为缺乏。

10.6 信用管理人才需求的特征分析

中国社会信用体系建设的特殊性决定了人才需求的特殊性。总体来看，行政管理与公共服务领域信用管理人才需求具有隐性性，量的需求少，但质的需求高，对学历有较高要求；信用服务行业或信用管理机构人才需求专业要求不明显，以经济管理类专业为主，较为重视专业背景，但总体规模并不大；一般企业信用管理人才需求与行业相关性较高，潜在需求较为旺盛，但对信用管理专业要求不高，存在较强的替代性；高校、科研机构、社会组织（行业协会）信用管理人才需求规模较低，专业要求多为大类，学历层次要求高。综合以上信用管理人才需求分析，我国信用管理人才需求具有如下特征。

一是信用管理人才需求的广泛性。我国社会信用体系建设涉及范围广，无论是政府还是企业，社会团体、民办非营利性组织等，都需要相应的信用管理人才。

二是信用管理人才需求具有隐性性。尽管很多组织认识到信用管理工作的重要性，但往往将信用管理的工作职能嵌入到其他诸如财务管理、内部控制、行政管理，甚至是行政后勤等工作中，将其单列设置为岗位的较少，这也导致信用管理人才需求实际上是潜在的。对于政府部门而言，多数部门并没有相应的人员任用权力，受制于编制的制约，尽管有较为强烈的需求，但实际上并不能产生真正的需求。

　　三是信用管理人才需求的可替代性较强。尽管信用管理工作是专业化程度较高的工作,但人们对其专业性的认识还不够,在实际招聘中往往不强调其专业性,而是在经济管理等相关专业中招募。故此,信用管理人才需求具有一定的可替代性,这也大大限制了学校信用管理人才的培养。

　　四是信用管理人才需求对经验的重视程度较高。从信用管理人才市场需求信息来看,对专业要求并不是十分严格且较为多样化,但对工作经验要求却较高。这也说明信用管理工作是一项以应用为导向的实践性工作。

　　我国信用管理人才需求的特殊性决定了人才培养的特殊性,学校信用管理专业应紧密结合信用服务产业发展需要,做好产教融合,才能规避人才需求可替代性、隐性的不利影响。

第11章

信用管理人才供给分析

11.1 信用管理人才培养的渠道、模式、资源投入分析

人才培养的渠道主要有学校培养、在职培训、岗位轮换、研修班、人才梯队计划等。高校作为人才培养的主要阵地，也是信用管理人才培养的稳定渠道，是信用服务机构以及一般企业信用管理人才供给的主要力量。对此，2014年国务院发布的《社会信用体系建设规划纲要（2014—2020）》，中共中央办公厅、国务院办公厅印发的《关于推进社会信用体系建设高质量发展促进形成新发展格局的意见》以及各省发布的社会信用体系建设等均对信用学科与人才培养提出了相应的要求，近期中国共产党吉林省委办公厅、吉林省人民政府办公厅印发的《关于推进社会信用体系建设高质量发展促进形成新发展格局的若干举措》更是指出："重构信用管理专业卓越人才培养新模式，完善信用管理专业高质量核心课程；加强卓越人才培养条件建设，构建协同育人实践模式。"

政府行政管理领域的信用管理人才主要是通过在职学习（培训）以及参观交流等渠道。从调研来看，政府发改系统一般举办1~2次系统内的信

用管理业务培训；其他政府部门通常并不设信用管理业务培训，通常列在整个部门业务培训中，有的是一天课程、有的是半天课程，通常政策讲解为主。同时，业务操作系统学习也是政府行政管理领域信用管理人才提升的一个重要渠道，一般由系统开发单位组织或者通过新老交替过程中的交接来完成。总的来看，由于受培训经费的限制，如农业农村厅、水利厅等单位，相应的信用管理培训组织较为困难，培训内容也多为常规性的政策讲解，系统性培训缺乏，对社会信用体系高质量发展的支撑有限。

公共服务领域的信用管理人才培养渠道主要是由继续教育、岗位学习等。继续教育渠道是通过学校的在职学习获得信用管理理论知识的提升，但由于当前信用专业学科、专业设置以及人才培养项目的缺乏，公共服务领域的信用管理人员很难通过学校这个渠道进行提升。技术人员继续教育平台是国家为促进技术人员在职提升而建设的学习平台，也是公共服务单位信用管理人员提升的有效途径。但由于当前人力资源和社会保障部门发布的技术职称系列中并无"信用管理师"这个系列，继续教育平台上也就缺乏相应的课程，导致这个渠道发挥有限。

信用管理服务机构对人才培养较为重视，其主要渠道是内部培训。调研显示，上规模的信用管理服务机构一般都有相应的内部培训机制，将培训与员工职业发展规划结合，有效地调动了员工参与培训，提升自我的积极性。同时，信用评级、信用资信服务以及催收等信用服务以"项目"为载体的运作，也成为信用管理人才培养一个重要渠道。调研显示，外资信用服务机构较为注重信用管理人才培养，相应的机制较为完善。

科研机构信用管理人才培养一般依托学科与科研平台。从信用管理学科设置来看，除中国人民大学、上海财经大学设有博士研究生方向外，其余高校均无相应层次学科设置。从这一点讲，我国信用管理高层次人才培养渠道较窄。同时，我国信用管理学科多设置在金融学、应用学学科之下，其本质是高层次金融人才的培养。而对于宏观信用管理人才培养缺乏相应的学科方向，很少在公共管理、行政管理等学科下设置。

从社会化培养渠道来看，信用管理师培训还主要侧重企业信用管理内容，缺乏针对行政管理、公共管理领域信用管理人才培训的内容，还无法有效满足行政管理、公共管理领域信用管理人才"质"的方面要求。

进一步结合信用管理人才的培养规律来看，尽管因领域不同，信用管理人才所需具备的知识、能力结构有差异，但其人才形成的内在也有共同之处。从实践来看，无论是信用管理机构的信用管理人才，还是企业信用管理人才，或是政府与公共服务机构信用管理人才，对实践经验都要求较高。这也形成了信用管理人才培养的两条基本路径：（1）信用管理人才 = 相关专业基础 + 实践经验；（2）信用管理人才 = 信用管理实践经验 + 专业理论学习。总的来看，当前信用管理人才培养渠道、模式与投入同信用管理需求种类、层次水平适配度仍然较低，见表 11 – 1 所示。

表 11 – 1 　　　　　　　信用管理人才需求与培养渠道的适配度分析

信用管理人才领域	数量规模需求	人才层次需求	质量需求	现有培养模式	现有培养渠道	人才需求与培养适配度
信用管理机构人才	较低	本科以上	执业资格	专业培养，多专业性	学校 + 信用服务机构	较高
企业信用管理人才	较高	不定	较高（复合型）	兼岗	社会化培养 + 企业	较低
政府与公共管理信用管理人才	隐性（有但受限）	本科及以上	较高（复合型）	讲座与培训	系统内培训 + 自学 + 工作交接	较低
高校与科研机构信用管理人才	降低	高（研究型人才）	专业性	学科培训	学校学科、科研平台	较低
协会与社会组织信用管理人才	降低	不定	较高	自主	来源多样性	较低

从当前实践来看，信用管理需要具有相当的实践经验。这也决定了现有信用管理人才需要重视产教融合。当然，针对从业者，开设较高层次的人才

培养渠道，如 MPA 或者进修班，也是可行的办法。

11.2　高校学科、专业设置与信用管理人才培养分析

从当前有关信用管理专业设置来看，基本分为金融（应用经济）与法律两大方向。

11.2.1　信用管理专业设置与信用管理人才培养

2002 年，信用管理专业作为目录外被批准由中国人民大学、上海财经大学试办；2012 年，信用管理专业被正式列入《普通高等学校本科专业目录》，作为金融学专业类（或应用经济学）下的本科专业，授予经济学或管理学学士学位。2014 年，教育部支持成立了中国信用教育联盟；2018 年，教育部又发布《金融学专业类教学质量国家标准》，对信用管理等专业的培养目标、培养规格、课程体系、教学规范、师资队伍、教学条件、质量保障等提出明确规定，强化了信用管理人才培养要求。截至目前，通过历史数据以及现在招生信息检索，曾设置过信用管理专业的院校共有 29 所，如表 11 – 2 所示。

表 11 – 2　　　　　　国内开设信用管理专业的院校情况

序号	院校名称	设置学院	招生年份	备注说明
1	中国人民大学	财政金融学院	2002	信用管理
2	上海财经大学	金融学院	2002	2021 年按照金融学、金融学（银行与国际金融）、保险学（保险精算）招生，无信用管理，博硕点中有信用给管理方向
3	吉林大学	商学院应用金融系	2003	信用管理

序号	院校名称	设置学院	招生年份	备注说明
4	上海立信会计金融学院	金融学院	2005	2005 年、2006 年,上海立信会计学院和上海金融学院先后设立信用管理专业;信用管理在大类招生下进行二次分流
5	上海第二工业大学	经济管理学院	2005	
6	天津财经大学	金融学院	2007	大类招生
7	南京审计大学	金融学院	2007	大类招生(综合改革)
8	浙江财经大学	金融学院	2007	专设信用管理系
9	山东财经大学	金融学院	2008	信用管理专业取消
10	广东金融学院	信用管理学院	2010	专设信用管理学院,是国际注册信贷分析师培训基地、人民银行广州分行征信教育与人才培养基地
11	天津商业大学	经济学院	2010	中诚信集团进行校企联合培养
12	上海师范大学	商学院	2010	侧重信用数据库技术
13	重庆工商大学融智学院	金融学院	2010	独立学院(民办),现为重庆财经学院信用管理(大类招生)
14	兰州财经大学	金融学院	2010	
15	兰州工商学院	财政金融学院	2012	由兰州财经大学陇桥学院转制(民办)
16	哈尔滨金融学院	金融系	2012	
17	湖北经济学院	不详	2012	金融大类招生并已停招
18	北京理工大学珠海学院	会计与金融学院	2013	建有大数据信用研究所
19	天津职业技术师范大学	经济与管理学院	2013	
20	南京财经大学	金融学院	2014	大类招生,已停招
21	河南财经政法大学	统计与大数据学院	2014	授管理学学位
22	西安外国语大学	经济金融学院	2014	全球风险管理(Financial Risk Manager,FRM)认证资格培训基地

序号	院校名称	设置学院	招生年份	备注说明
23	郑州经贸学院	经济学院	2015	前身为中原工学院信息商务学院
24	西南财经大学	金融学院	2016	设有信用管理系
25	贵州师范学院	商学院	2016	设信用管理系，贵州省诚信文化研究中心、中国人民银行诚信文化宣传教育基地
26	太原师范学院	经济学院	2017	经济学专业（信用方向）
27	天津轻工职业技术学院	经济管理学院	不详	
28	合肥财经职业学院	不详	2018	民办高等职业院校，已停招
29	安徽商贸职业技术学院	财务金融系	不详	高等职业院校

　　注：以上信息通过检索 2021 年招生简章或招生信息，通过检索招生专业目录，未发现首都经济贸易大学设有信用管理专业。

　　表 11－2 显示，我国信用管理专业的设置院校多为经济类院校，占比达 68.9%，其次是师范类院校，综合类院校较少，只有吉林大学。从院校的层次来看，中国人民大学、上海财经大学、西南财经大学、吉林大学属于第一梯队，占比为 13.8%；上海立信会计金融学院、山东财经大学、浙江财经大学、天津财经大学、南京审计大学、广东金融学院、北京理工大学珠海学院等属于第二梯队，占比 24.1%；上海第二工业大学、兰州财经大学、兰州工商学院、哈尔滨金融学院、天津商业大学、上海师范大学、贵州师范学院、太原师范学院、河南财经政法大学、西安外国语大学、湖北经济学院等属于第三梯队，占比 38%；重庆财经学院、郑州经贸学院、天津轻工职业技术师范大学、合肥财经职业学院、兰州工商学院、安徽商贸职业技术学院、天津职业技术师范大学等，占比 24.1%。

　　从设置信用管理专业高校的区域分布来看，上海 4 家，天津 4 家，广东 2 家，江苏 2 家，河南 2 家，安徽 2 家，甘肃 2 家，北京 1 家，吉林 1 家，

信用管理人才知识结构及培养研究

黑龙江 1 家，山东 1 家，四川 1 家，浙江 1 家，重庆 1 家，山西 1 家，湖北 1 家，陕西 1 家，贵州 1 家，共包括 18 个省与直辖市，占全国之比达到 53%，即 50% 多的省或直辖市现或曾设有信用管理专业。结合设立信用管理专业高校的层次来看，上海、江苏、广东等地高校层次较高，甘肃、安徽、天津等地高校层级较低。这也与我国各地信用体系建设水平基本相符。进一步结合当前实际招生的情况来看，山东、湖北两省高校已经停招，仅有 16 个省与直辖市的高校设有信用管理专业，占比不足 50%。

从专业设置与招生时间来看，2012 年前设立信用管理专业的高校共 14 所，2012 年后（含 2012 年）设立的高校有 15 所。结合设立高校的层次来看，2012 年前设立的高校多为第一、第二梯队，其在全国以及所在区域都具有较大的影响力；2012 年后设立的高校则多为第三、第四梯队，一些民办与高职院校也开始设立该专业，高校的整体层次有所下降。

从专业现状来看，建设期间，共有 5 所高校停办了信用管理专业，分别是上海财经大学、山东财经大学、南京财经大学、湖北经济学院、合肥财经职业学院，涉及第一、第二、第三、第四梯队中的高校；大类招生的高校有 3 所；其余正常招生。

参考当前信用管理专业招生规模，一般为 2 个班，每个班 40 人，每校人均 80 人，共 24 所学校，共计招生 1 920 人。同时，从以上我国信用管理专业设置以及发展现状来看，其设置与建设存在如下几个方面的问题：

一是信用管理专业尚未得到高校的充分认可，整体办学层次不高，数量规模不大。从当前设置信用管理专业的高校来看，属于双一流或者过去的"985"、"211"高校的较少，仅有中国人民大学、上海财经大学、吉林大学、西南财经大学、北京理工大学，去除停办的上海财经大学，仅有 4 所高校，占双一流高校之比（137 所）不到 3%；占"985"、"211"高校之比（151）为 2.6%；占 29 所设置信用管理专业高校之比为 13.6%；软科 2021 年排名前 10 的财经类高校仅有西南财经大学还正在举办该专业。

对于一个新兴专业而言，其设立与建设发展本身就是不断得到社会认可的过程。头部高校拥有较好的师资，也拥有质量较高的就业网络，是扩大专

180

业影响力，加快社会认可的有效途径。信用管理专业建设中头部高校的缺乏，不仅影响了该专业的人才培养，还影响了专业社会影响力的提高以及专业建设资源的投入等。

二是社会影响力较小，专业认知模糊。我国社会信用体系建设时间较短，社会对信用体系建设整体了解不够全面、深入，人们的信用意识也较低。具体到信用管理专业，社会对其更是缺乏了解。对信用管理专业认知的模糊不仅是学生、家长，甚至包括教师以及用人单位等。作为新兴专业，由于招生时间较短，毕业生的数量较少，"人对人"式的专业介绍或宣传受到很大限制。同时，鉴于我国高校，尤其是公办类高校专业意识较低，多数仅仅依靠学校网站以及招生简章进行专业介绍，也导致学生与家长缺乏深入、全面了解信用管理专业的渠道。学生与家长对该专业存在"干什么的""能干什么"等疑惑，远不如金融学、金融工程等专业了解全面。同样，由于专业设立时间较短，社会用人单位对该专业也缺乏全面、深入的了解。这也导致该专业毕业生数量少，成功者少，知名人士少，其社会口碑自然也不会太高。

三是学生与社会对信用管理专业的整体评价不高。尽管国家开展社会信用体系建设，将信用管理列为国家经济体制改革与社会治理发展急需的新兴、重点学科（国务院 2014 年第 21 号文），但人才培养与社会需求的适配度以及就业质量并没有达到人们的预期，专业整体评价不高。通过知乎检索对信用管理专业的评价，其中出现较多的评价就是"边缘专业""小众专业""冷门专业""非常坑专业""新专业""一般"等。同时，由于信用管理专业定位不清晰及在实际教学中与金融学、金融工程、金融科技专业存在较大的重合等原因，部门信用管理专业的教师以及举办单位也对信用管理专业评价不高，认为该专业可有可无或者前途不明等。

四是专业的边缘性以及整体呈现萎缩趋势。信用管理专业自 2002 年设立以来，每年平均新增设立高校 1.5 所左右，新增高校的数量规模较少。但与此同时，停招的高校，尤其是第一、第二梯队的高校却在增加，而新增高校大多为第三、第四梯队。这充分说明信用管理专业边缘化的趋势在加剧，专业在萎缩。如果这种趋势延续下去，信用管理专业将有可能陷入"办学质量下降—就业质量下降—生源质量下降—招生困难—专业停办或消减"的恶性循环。

五是学科与专业设置支撑我国社会信用体系高质量发展不够。我国社会信用体系建设的特有属性决定了信用管理人才培养的特殊性与广泛性。但由于信用管理专业是舶来品，受西方尤其是美国专业设置影响，我国大部分开设信用管理专业的高校都把该专业放在金融学院里，这个比例大概有 65%；还有部分放在经济学院；两者综合大约在 85% 以上。

11.2.2 信用风险管理与法律防控专业的设置及人才培养

我国社会信用体系作为社会治理的重要构成，尤其是满足政府以及公共管理服务的需要，这也决定了所需人才的知识、能力结构与西方存在较大差异。为适应作为社会治理的社会信用体系建设人才需要，部分高校进行了人才培养的探索。调研显示，在信用管理学科建设上，2018 年 3 月，湘潭大学率先申请"信用风险管理与法律防控"专业作为法学类特设本科专业获得教育部批准，专业代码 030104T，其后又开展了学科建设。山东大学威海分校法学院也曾设有信用风险管理与法律防控专业（030104T），但近年来已不再设立，没有见到相应的招生信息。此外，广东金融学院作为全国唯一设置信用管理学院的高校，设有信用管理、资产评估及信用风险管理与法律防控三个专业，建有广东社会信用管理协同创新中心，其中信用管理人才主要面向金融监管部门、金融机构风险管理部门、征信评级等信用信息服务机构、企业风险管理部门、金融科技数据分析部门；信用风险管理与法律防控专业主要面向金融机构、信用服务机构、法律部门、工商企业、事业单位、各级政府部门等。据不完全调查，当前共有 8 所高校曾设有本科专业或学科，其中设有博士研究生点的有 2 家，湘潭大学设有信用管理硕士学位点与信用法学博士研究生学位点，如表 11－3 所示。

表 11 - 3　　　　　　　信用风险管理与法律防控专业开设学校情况

开设院校	开设年份	所属学院	核心课程
宿迁学院	2020	商学院	习近平法治思想概论、民法总论、刑法总论、宪法学、行政法、法理学、刑事诉讼法、民事诉讼法、风险管理原理、信用管理学
河南财政金融学院	2020	法学院	法理学、宪法学、法律风险数据分析、信用风险管理与法律防控导学、大数据征信实务、民法、刑法、行政法与行政诉讼法、民事诉讼法、刑事诉讼法、信用信息法、信用风险管理、信用尽职调查、信用风险法律分析仿真实训、企业法、合同法、法律职业伦理、国际法、金融法、财税法等
湘潭大学	2018	信用风险管理学院	不良资产处置理论与实务、西方法律思想史、法律电影与美国法律文化、商法学、海商法
广东金融学院		信用管理学院	宪法、民法Ⅰ、民法Ⅱ、民事诉讼法、经济法、合同法、社会信用法、经济学原理、管理学、会计学、金融学、统计学原理、财务分析、信用评级、金融风险管理、信用管理学等
安顺学院	2022	政法学院	信用风险管理原理、社会信用法、法理学、宪法学、中国法律史、刑法、民法、刑事诉讼法、民事诉讼法、行政法与行政诉讼法、法律职业伦理、商法学、金融法学
广州商学院	2021	法学院	法律学、宪法、民法、商法、经济法、民事诉讼法、刑法、刑事诉讼法、信用风险管理学、贷款管理学、不良资产处置学
福建技术师范学院	2021	文化传媒与法律学院	民法、商法、民事诉讼法、社会信用法、金融法理论与实务、信息管理概论

表 11 - 3 显示，信用风险管理与法律防控专业设置具有如下特征。

（1）开设学校少，人才培养规模较小，尤其是高层次信用管理人才培养更少。相对于全国 3 012 所高校数量而言，设立信用风险管理与法律防控专业仅有 8 所（还有 1 所学校停招），占比仅为 0.26%，数量极少。具体的学校，作为特色专业或交叉学科，其招生数量也较少，多为一个班的招生规模，多则两个班。具体到信用管理高层次人才培养，其数量规模更小。

（2）开设时间普遍较短，相应的人才培养内容与模式还需要进一步完善。湘潭大学是我国最早设立此专业和学科的学校，截至目前，也仅仅不到4年的时间；其余的则大多在2020年后，成立不到2年时间，还未有毕业生。成立时间短，其课程内容与培养模式等还没有经过用人单位检验，其课程体系建设还处于起步期，相应的师资力量等也都较为薄弱。

（3）依托法学、金融学科与信用管理进行交叉，但其师资与课程内容仍侧重于法学或金融学。"信用风险管理与法律防控专业"属于交叉专业、学科，作为新兴专业与学科，多依托现有法律、金融学专业。这也导致其培养目标面向公共管理，但其课程体系仍侧重于法律、金融学。这不仅体现在课程体系上，还体现在师资队伍上。

（4）培养模式延续传统模式，与社会治理发展需要联系不够紧密。原有借调重组的师资队伍，延续的课程体系，都导致了该专业或学科在人才培养模式上多延续既有做法，缺乏针对社会治理领域信用管理人才知识结构的研究，课程缺乏创新，培养模式陈旧。社会治理领域的信用体系建设具有中国特色，其知识结构与人才培养有其自身规律性，需要深入对接社会治理发展需求，才能创新人才培养模式，培养高质量的信用管理人才。

11.3 信用管理人才社会培养渠道（资格认证）及作用发挥分析

信用管理师职业认证建立了信用管理人才社会化培养渠道，大大拓展了信用管理人才的来源。2007年7月22日，国家职业技能鉴定中心首次举行信用管理师试验性鉴定考试，首批80人，70人成绩合格。其中，21人通过助理信用管理师级别考试，通过率为91%；49人通过信用管理师级别考试，通过率为78%。截至2020年信用管理师国家职业资格鉴定工作暂停之时，国内外已有万余名人员参加了考培。

总的来看，信用管理师职业认证大大促进我国信用管理人才的培养，但也存在如下几个方面的问题。

（1）存在信用管理师认证质量保证的问题。当前的信用管理师认证属于水平性认证，而非准入性认证。水平性认证的严肃性远不及准入性认证，存在"放水"现象。信用管理师认证也是如此。如何强化信用管理师认证的质量，使得"信用管理师"真正成为一块金字招牌，既是信用管理师认证面临的课题，也是信用管理人才社会化培养需要解决的课题。

（2）信用管理师认证内容侧重于企业信用管理，涉及社会领域、行业的内容较少。当前，中国并没有国家层次的信用协会，信用管理师认证工作是由中国市场学会信用工作委员会主导的。而中国市场学会的职能较为侧重市场流通、市场营销等领域。这也决定了当前信用管理师认证内容侧重于企业市场信用，而公共管理与服务领域的信用知识很少涉及；对行业信用管理知识也较少涉及。故此，信用管理师认证人才培养渠道很难满足公共管理领域、行业管理领域的人才需求。

（3）在认证模式上仍侧重于"笔试"，对信用管理人才所需的应用型、实践性培养的促进作用有限。从当前信用管理师认证来看，采取"笔试"模式。这种考核模式对理论知识考核较为有效。而信用管理人才是较高层次的应用型人才，更需要考核其分析问题、解决问题的能力。

其他信用管理知识传播渠道方面，中国源点信用也是个较好的平台。源点信用是以实现信用知识资源传播共享与增值利用为目标的信息化建设平台，整合行业最新资讯、政策文件、专家研究等内容为信用从业者、专家、学生提供信用知识查询服务。从源点信用平台的内容设置来看，包括资讯、专栏、产经等一级栏目，其中资讯主要是政策、行业、地方等有关信用建设的经验等；专栏包括学者研究、行业洞见、政策解读、信用百科 4 个栏目。平台上的学者研究栏目汇集国内外有关信用的较具影响力的研究成果，为信用管理研究者、从业者提供了一个很好的交流平台。

2014 年，为普及信用理念、传播信用知识、研究信用规律、培养信用人才，大公国际信用评级集团、北京大学、中国人民大学、天津财经大学联合 20 所高等院校发起成立"信用教育联盟"。信用联盟的主要任务包括：

研究信用经济社会发展规律，形成体现这一规律的思想理论体系；研究人类信用与评级的实践成果，构建应用型信用知识体系，原创信用评级系列教材；面向全球发展培养"信用学者"，建立一支有志于进行信用思想理论和信用知识体系创新研究的学者队伍；创新信用教育模式，集合国内外优势教育资源，在短期内形成全球释放效应的信用知识传播效果。信用教育联盟2015年在上海第二工业大学召开了"首届信用教育联盟论坛暨第三届全国信用管理学科专业发展研讨会"，天津财经大学、广东金融学院、重庆工商大学融智学院、上海立信会计学院、上海金融学院、上海师范大学相关领导及专业负责人围绕"加强信用管理学科专业建设，实现本校信用管理特色人才培养"主题进行探讨，有效了促进我国信用管理学科建设发展。2022年，北京大学经济学院、北京大学中国信用研究中心和全国信用教育联盟（筹）（57所高校）及全国20多家行业组织共同主办了"2022中国信用4.16高峰论坛"。论坛以"中国式现代化与社会信用体系建设新征程"为主题，开展高层次交流，也推动了信用管理人才的培养。

11.4　行业协会信用管理人才培养分析

从国外信用管理人才培养实践来看，信用管理或信用服务业协会发挥着重要作用。我国信用服务业起步较晚，行业协会建设实践更晚，导致协会力量整体较弱。以山东为例，山东省信用协会成立时间较短，16地市信用协会成立更短（仅仅4家成立，且人员较少，多为兼职），人力、物力有限，专业化程度不高，尽管也组织了相应的培训活动，但效果不明显，尤其是在知识体系更新，培训课程创新以及产、教、学、研衔接贯通方面，与浙江、江苏等地协会相比，在作用发挥上还有一定的差距，距离社会信用体系高质量发展需求差距更大。同时，由于行业协会凝聚力、向心力不强，也导致信用服务机构参与培养的意愿不强。

从国内信用协会开展人才培养来看，上海、浙江等地信用协会发挥了较好的作用。浙江省信用协会 2008 年成立，属于成立较早的省级行业协会。自成立以后，浙江省信用协会在信用标准化建设、信用服务市场培育、信用研究等领域开展了大量的工作，形成了多种渠道培养人才。一是开展各类专题培训活动培养信用管理人才。借助协会广泛性、综合性、专业性的特点，联合相关专业机构和企服平台，围绕信用服务和企业服务等内容，以专题化、定制化等形式提供各类培训服务，提高信用管理人才的专业能力、服务能力。二是通过开展课题研究，培训高层次信用人才。协会联合部分高校和会员单位开展信用合规方面的理论研究；联合协会标准化委员会开展信用标准化方面的理论研究；联合上城区绿色价值投资研究中心、部分信用机构开展绿色信用企业评价方面的理论研究，通过这些研究活动，大大提高了信用管理人才的理论素养，培养了高层次信用人才。此外，浙江省信用协会建设了信用服务行业人才库，完善人才库的培训认证和信息共享制度，大大提高了信用管理人才层次。同时，浙江省信用协会还开展信用服务高级人才研修计划，结合当下信用发展趋势，在政策分析、理论研究、信息技术行业生态等领域，通过集中授课、专题辅导、专家讲座、调研交流等模式开展研修培训，大大提升信用服务行业中高级管理人才的整体素质能力。

上海市信用服务行业协会成立于 2005 年 6 月，为上海市从事信用服务的企业及其他经济组织自愿组成的跨部门、跨所有制的非营利行业性社会团体法人。在信用人才培养方面，上海市信用服务行业协会进行了卓有成效的活动，尤其是通过举办论坛，有效促进了信用管理人才培养。2019 年，首届长三角信用论坛·上海峰会在上海举行，论坛长三角地区三省一市信用（行业）协会联席会议发起，上海市信用服务行业协会、上海市合同信用促进会、上海市企业信用互助协会、新华信用、中国金融信息中心、上海金融业联合会联合主办，来自长三角地区三省一市信用建设主管部门、信用领域行业协会、信用服务机构、大型企业等代表以及高校及科研院所的专家学者，共计近 500 人出席活动，现场还举行了"长三角信用人才产教研融合培养联盟"共建仪式及上海信用服务业产教研基地合作共建仪式，有效促进了信用管理人才的交流与培养。2021 年，信用高峰论坛又在苏州相城举行，近 200 名来自全国各地的信用专家、学者、机构代表汇聚一堂，开展交流并共同提升。

深圳市信用促进会成立于 2020 年 1 月。成立后，促进会发展迅速，围绕深圳市社会信用体系建设，与壹财经·零壹智库、中国科技体制改革研究会数字经济研究小组、全联并购公会信用管理专业委员会联合主办了"第一届中国信用经济发展峰会暨 2021 第三届数字信用与风控年会"，参与者包括政府、学术界、金融界、技术界专家和企业高管等，有效促进了信用管理与服务的产、政、教、研的交流。2023 年，促进会又参与了"第二届中国信用经济发展峰会暨零壹智库年度峰会"，围绕数字经济、信用经济等方向进行了研讨，促进了信用经济知识体系的发展。同时，深圳市信用促进会还设立了信用经济工作委员会，开展深圳信用经济试验区创建经验总结，推动用经济所需的标准、技术、产品和平台体系建设，大大促进了信用管理与服务知识体系。

天津市信用协会成立于 2018 年，近年来在信用管理知识传播、人才培养方面也取得了较大成效，承办了中国信用服务行业发展大会，推动了信用管理与服务领域的深层次交流。同时，天津市信用协会也是全国首家拥有"信用管理师"职业技能等级认定资质的行业协会类社会培训评价组织，可根据市场和就业需要，面向社会开展"信用管理师"职业技能等级认定服务，这也将加快推动天津信用服务专业人才的培养。

11.5 我国信用管理人才培养特征分析

我国社会信用体系建设时间较短，但在党和政府的大力推动下，我国信用管理人才培养体系已经初步形成。

一是以高校为基础的信用管理人才培养体系初步形成。高校是人才培养的主阵地。尽管当前我国高校信用管理人才培养遇到发展的低谷时期，但信用管理专业已经设立，基本的人才培养格局已经形成。这也将为我国信用管理人才培养提供强有力的支撑。

二是信用管理人才培养的多渠道格局初步形成，各类组织协同发挥作用，共同促进信用管理人才培养。目前，在信用管理人才培养上，我国已经形成了高校、协会、社团等多元化培养渠道，组建了信用教育联盟。

三是政、产、教协同平台已经初步搭建。无论是信用教育联盟的组建，还是高层次信用论坛以及某些高校信用管理专业建设，一般都由政府、信用管理与服务机构、高校、科研机构的共同参与。

四是信用管理专业与学科已经建立，为信用管理人才培养奠定了坚实的基础。信用管理专业、学科从无到有，进入国家教育系列，为信用管理人才规模化培养奠定了基础。尽管当前信用管理专业呈现萎缩趋势，但只要具备专业设置基础，我国信用管理人才培养就具备最基础的支撑。

当然，由于我国信用管理体系建设时间短，其人才培养还存在专业、学科基础上，人才培养的层次、体系还不够成熟等问题，但随着我国信用体系建设的不断发展，人才建设也将不断提高，人才培养的数量、质量也将获得较大提升。

第12章

我国信用管理人才供需
适配度及问题分析

12.1 信用管理人才培养政策规划适配度分析

人才资源是第一资源，是社会信用体系高质量发展的支撑与保障。对于信用管理人才培养而言，各级政府的重视程度则直接影响教育培养投入。进入新时代，各地区对社会信用体系建设发展开展了总体规划工作。这也是对社会信用体系建设"十四五"期间的总体布局，反映了工作建设重点。通过检索省级区域社会信用体系建设"十四五"规划，共检索出15省份社会信用体系建设"十四五"规划（浙江、江苏、山东、河南、天津、黑龙江、辽宁、内蒙古、陕西、贵州、吉林、陕西、湖南、重庆、海南），而北京、上海、河北、云南、山西、甘肃、新疆、西藏、湖南、四川、广东、广西、江西、安徽、宁夏、青海、福建则没有出台规划等。对检索出的社会信用体系"十四五"规划按照"信用人才"进行内容检索，检索内容结果如表12-1所示。

表 12 - 1　　各省市"社会信用体系十四五规划"有关人才培养内容

地区	社会信用体系建设"十四五"规划有关人才培养内容
黑龙江省	加强信用管理学科专业建设。支持鼓励省内有关高等院校加强信用管理学科专业建设，开展社会信用体系建设研究；支持鼓励有条件的高校设置信用管理专业或开设相关课程，在研究生培养中开设信用管理研究方向，培育信用专业人才。 加强信用管理职业培训教育。支持鼓励相关社会组织和信用服务机构开展信用管理职业培训教育，提升信用行业从业人员、信用管理人员的职业素养和专业水平，夯实社会信用体系建设人力资源基础。 加快信用专家队伍建设。汇聚省内外研究机构、高校、信用服务机构、政府部门、企事业单位中各类与信用领域相关人才，建立信用专家队伍，开展信用理论和实践等方面研究，加强学术交流研讨，为社会信用体系建设提供智力支持
辽宁省	设立信用体系建设专家库。积极引进国内外信用管理高端人才，聚集一批国内外信用工作专门人才，组建核心专家智库，发挥信用高端人才的带领作用，构建智力支撑体系。 创新和完善专业人才培养机制。建立一支高素质的信用建设专门队伍，加强信用人才的交流和选拔。 鼓励有条件的高校设置信用学科或开设信用课程，并将诚信教育纳入中小学和高等院校学生思想品德教育，构建覆盖高校信用管理专业、信用服务机构和政府部门等多层次、多主体的信用人才培养体系。 鼓励高等院校、科研机构、企业开展政用产学研合作，建设集教学培训、研发孵化于一体的信用产业发展模式，促进人才培养、技术创新、产业发展的深度融合。 强化政府部门信用管理业务人员教育、培训和跨地区交流，提升职业素养和专业水平。 推动信用服务机构与科研机构、高校、企业共同搭建信用领域专家交流平台，建立信用研究中心，开展信用专项研究、重大问题研究及基础性理论研究，为社会信用体系建设提供智力支持。 积极引入信用管理人才。突破信用产品科技赋能关键技术、带动信用应用跨领域发展的高级复合型人才，提升打造高质量信用建设专业队伍
贵州省	积极引导有条件的高校和科研机构开展信用理论、信用管理、信用技术、信用标准等方面研究。 鼓励高校进一步增加信用管理专业相关课程设置，加强专业人才队伍能力建设，健全信用管理职业培训与专业考评制度，提升职业素养和专业水平。 加强信用理论研究和实践，创新诚信教育形式，促进信用经验交流。加强对基层和一线监管人员的信用理论和实践工作指导培训。 将信用建设和信用管理纳入公务员培训课程体系，通过举办信用管理专题讲座等形式，不断增强政府领导及相关工作人员、各行业领域相关从业人员的信用理论和管理水平。 建立完善信用专家和人才信息库，引导信用从业人员、信用管理人员参加信用管理师职业培训，支持企业和社会培训机构开展职业技能等级评价，鼓励信用从业人员、信用管理人员取得信用管理师职业技能等级证书，2025 年达到 2 000 名

地区	社会信用体系建设"十四五"规划有关人才培养内容
内蒙古自治区	实施信用人才培育计划：支持有条件的高等院校、职业学校设立信用管理专业或开设相关课程，培育信用专业人才。落实国家职业教育规划，组织开展信用管理职业培训，推广国家信用管理师职业资格认证，提升信用从业人员能力。搭建信用领域学术交流平台，广泛联系组织区内外研究机构、高等院校、信用服务机构、企业和社会各界专家，加强社会信用体系建设学术交流和研讨，壮大自治区信用专家队伍
天津市	充分调动高校、科研机构、专家智库和信用服务机构的引领作用，支持有条件的高校和科研机构开展信用理论、信用管理、信用技术、信用标准等方面研究。加强信用管理学科建设，鼓励高校进一步增加信用管理专业相关课程设置，提高师生在社会信用体系建设、信用风险管理、企业信用管理等领域的专业素养。建立健全信用管理职业培训与专业考评制度，积极开展信用管理资质人才的培养和相关资格培训认定

在 31 个省级行政区（不含港澳台地区）的社会信用体系建设"十四五"规划中，仅有 5 个省级行政区专设章节阐述信用管理人才建设，占比仅为 16.1%。当然，在其他省级行政区信用知识宣传中涉及信用知识传播，如江苏省社会信用体系"十四五"规划在"加强信用知识教育"中提到"将诚信教育列为领导干部和公务员任职培训学习的重要内容""开设信用知识专栏和空中课堂"；陕西省社会信用体系"十四五"规划提出"加强对基层和一线监管人员的信用理论和实践工作指导培训""将信用建设和信用管理纳入公务员培训课程体系"等。规划上信用管理人才培养的内容缺失导致了现实中资源投入的不足，以山东为例，在培训经费紧张的情况下，多数政府机构难以开展相应的专业培训。

信用管理人才培养内容在社会信用体系"十四五"规划的缺失与人才的重要性并不匹配。此外，从既有的有关内容来看，信用管理人才培养涉及范围较广，跨多个部门，如教育、发改委、科技等部门。对于信用管理人才培养需要多方机构协同的系统工程而言，更需要规划这样的顶层设计才可能促进其落实。基于此，有关信用管理人才培养的制度与规划与信用管理人才的重要性并不适配。

12.2 信用管理人才与信用体系建设高质量发展的适配度分析

2017 年，中国共产党第十九次全国代表大会首次提出高质量发展的新表述，表明中国经济由高速增长阶段转向高质量发展阶段。在党的二十大上，习近平总书记指出，要加快构建新发展格局，着力推动高质量发展，强调"高质量发展是全面建设社会主义现代化国家的首要任务"。

加快构建新发展格局，是推动高质量发展的战略基点。构建新发展格局的关键在于经济循环的畅通无阻，最本质的特征是实现高水平的自立自强。首先，要破除制约经济循环的制度障碍，推动生产要素循环流转和生产、分配、流通、消费各环节有机衔接；其次，要加快培育完整内需体系，加强需求侧管理，建设强大国内市场；再次，要坚持深化供给侧结构性改革，以创新驱动、高质量供给引领和创造新需求，提升供给体系的韧性和对国内需求的适配性；最后，强化国内大循环的主导作用，实现国内国际双循环互促共进。因此，建设全国统一大市场是构建新发展格局的基础支撑和内在要求，也是建设制造强国、质量强国的内在要求。

建设全国统一大市场则需要进一步丰富市场监管领域制度供给，需要构建与成熟市场经济监管要求相适应的制度安排和政策供给，优化市场环境；需要进一步打造、优化市场化、法治化、国际化营商环境。同时，在高质量发展中，创新处于核心地位，是各项发展战略的重要支撑，必须完善科技创新体系，激发全社会创新创业活力，才能全面提升创新驱动发展水平。这就要求监管机制建设一方面要"放"，另一方面要"管"，再一方面是"服"。"放"是尊重市场，最大限度地减少政府对市场的干预，全面对接国际标准规则，打造一流的市场化、法制化、国际化营商环境；"管"是建立更为公平、科学的市场规则，应管必管，加强对创新的保护，促进优胜劣汰；"服"则是提供更高质量的服务，促进市场交易的自由化便利化。总结山东高质量发展对新型监管机制建设的总体要求，可以进一步概括为："精准""精益""高效"。"精准"是对针对监管事项进行精确识别，监管方法、手段更为精准；"精益"是少而精，是抓住关键点，提高监管的效率和效能；"高效"是指监管与服务的效率与效能。这也决定了山东省新型监管机制建设的方向为法制化监管、智能化监管与信用监管。更进一步，新型监管机制建设对社会信用建设提出了相应的要求，"高效"迫切需要客观、全面的社会信用作为支撑。信用一方面是新型监管机制的重要支撑，另一方面信用信息自身就是一种信号机制，发挥着甄别功能。从高质量发展来看，要求信用体系要逐步实现全覆盖，建立统一的信用体系标准与共享大数据库平台，形成良好的守信、用信氛围与环境。

中国进入高质量发展，也预示着我国社会信用体系建设要进入高质量发展阶段。所谓高质量发展，其核心在于效率、效能、可持续、和谐、创新与活力、安全、绿色。具体到社会信用体系建设而言，就是发挥社会信用体系对社会高质量发展的支撑作用（效能）；就是要进一步提高社会信用体系建设的投入产出比；就是要提高增加社会信用体系各参与主体，各构成要素间的协调、协同；就是要不断创新社会信用体系建设模式、建设内容；就是要形成社会信用体系建设的共建、共治、共享，使其具有源源不断的动力；就是要发挥社会信用体系在现代社会治理能力建设的基础性支撑作用。

在社会信用体系建设进入全域性深度发展之际，各省通过社会信用体系"十四五"发展规划，强调了社会信用体系建设的重点。《山东省"十四五"社会信用体系建设规划》也明确提出了两大支撑与九项重大任务。两项基础支撑是"完善社会信用法规制度体系""信用信息平台一体化建设"。九项重大任务分别是：健全法规标准体系，提升法治化规范化水平；强化归集共享服务，发挥信用信息平台效能，构建全省同标准、多层级、全覆盖的一体化信用信息归集、数据治理、应用服务和业务管理体系；突出协同联动治理，完善信用联合奖惩机制；推动信用广泛应用，构建信用新型监管体系；规范发展信用服务，积极培育信用服务市场；加强政务诚信建设，进一步提升政府公信力；推进个人诚信建设，建立全民共同参与机制；完善信用信息监管，保护信用主体合法权益；大力弘扬诚信文化，打响"诚信山东"品牌。

人才是高质量发展的重要支撑，也是高质量发展的最大变量。中国高质量发展需要社会信用体系建设高质量发展作支撑，社会信用体系的高质量发展需要人才作支撑。对照高质量发展要求，现有信用管理人才建设还不能有效支撑其发展，其引领、支撑作用还没有充分体现。

（1）信用管理人才规模不足以支撑社会信用体系建设高质量发展，不足以支撑社会信用体系建设在高质量发展中基础性作用的发挥。当前社会信用体系建设呈现两大态势：一是全域化，即社会各个领域；二是深度发展，即在平台建设基础上，更规范，更深入到"用"，更一体，更协同。这两点都需要相当的专业信用管理人才作为支撑，才能得以顺利推进。而当前山东信用管理人才的培养规模、人才存量都不能支撑。在人才培养规模上，缺乏本科层次人才培养，人才供给难以为继，也缺乏专业的师资队伍。在人才存量，政务类信用管理人才存在缺口，市、县级政府信用管理部门人员编制少，人员少，没有力量支撑信用体系建设的全域、深入建设，有的县市甚至无专职岗位，将其与其他职能合并，或者由其他岗位兼任。这也导致很多领域的信用管理工作还处于起步阶段。

（2）高层次人才缺乏，导致对社会信用体系建设高质量发展缺乏引领与支撑作用。所谓高层次人才，泛指各个领域中层次比较高的优秀人才，或处于专业前沿并且在国内外相关领域具有较高影响的人才。高层次人才素质高、能力强、贡献大、影响广，具有特别旺盛的创造力，具有创新意识、创新能力、合作能力、敬业精神。综合高层次人才标准和条件分析，以标志性成果为导向，强调获得的省级、国家级奖项，信用管理领域人才符合者极少。高层次人才的缺乏，一是无法为社会信用体系建设提供方向与规划建设的引领。而方向与规划引领作用的缺乏，可能导致社会信用体系建设滞后于社会经济发展，在建设上墨守成规，亦步亦趋。二是缺乏对政府、社会的影响力，导致社会信用体系建设得不到高度重视，满足于"完成任务"。高层次人才为省委组织部直接联系人员，其建言有相当的社会影响力，也能够影响到高层决策，推动相关建议或决策的有效落实。三是高层次人才的缺乏导致无法有效支撑信用管理领域人才队伍的形成与发展。一个领域人才队伍的发展往往是由顶尖以及高层次人才带动形成的。高层次人才能够在平台建设，资源聚集等方面起到很大作用，进而围绕资源要素汇集于发展人才要素，形成与壮大人才队伍。

（3）信用管理领域创新性与研究型人才缺乏不足以支撑社会信用体系建设高质量发展。人才对社会信用体系建设的支撑作用体现在智力支撑与创新支撑方面。社会信用体系是高知识密集型领域，需要具有较高的智力资源作为支撑。由于信用管理专业与学科建设的薄弱，缺乏必要的平台与载体，导致研究型人才的缺乏。此类人才的缺乏，导致很难有效针对社会信用体系建设的重大课题开展深入、系统研究，自然难以为其建设提供理论支撑，也难以为有关单位提供有关社会信用体系建设内在发展规律的借鉴支撑，进而影响决策的科学性。同时，研究型人才的缺乏，也导致社会信用体系建设缺乏研究氛围，间接导致其缺乏创新氛围。

信用管理创新人才的缺乏也是当前该领域的一大问题。我国社会信用体系建设具有较强的特色，有关信用的概念、信用服务等内涵也不同于西方国家，这决定了中国社会信用体系建设之路必须走创新之路。创新之路必然需要创新人才作为支撑。社会信用体系建设的一大重点任务就是要扩大应用，而应用场景的开发就是创新，需要创新人才的支撑。社会信用体系建设是一项系统工程，需要纵向、横向的一体化建设，这同样需要模式创新、制度创新，同样需要创新人才。

（4）青年人才的缺乏不足以支撑社会信用体系持续健康发展。青年人才是未来发展的有效支撑，也是一个行业、一个地区未来发展的希望。当前，信用管理青年人才的不足充分体现在任职年限结构上，缺乏足够的新生力量，必然导致信用管理工作缺乏创新。同时，青年人才的缺乏也反映出信用管理人才梯队建设存在较大问题，如果没有青年人才，就形成不了人才"金字塔"，也就无法生成高层次人才、顶尖人才。

（5）专业人才的缺乏无法有效满足社会信用体系建设专业化的发展需要。社会信用体系建设高度专业化的工作，需要具备专业理论知识的人员作为支撑。必须认识到中国社会信用体系建设与西方国家信用体系间的重大差别；必须认识到公共信用管理与金融信用管理间的区别，才能有效建立起一支强大的，适合中国的信用管理人才队伍。这是当前国内信用管理专业人才培养的一大缺失，也致使人才培养缺乏精准的定位，导致无论课程体系设置，还是培养模式的"四不像"。

12.3　信用管理人才供需总体适配度

人才供需适配体现在三个方面：其一是供需数量的适配；其二是人才结构的适配；其三是人才供需层次的适配。综合信用管理人才供需总体状况，其总体供需匹配度为：低层次、低水平、低质量的信用管理人才供需适配。

（1）低层次、低水平、低质量适配反映在人才供需数量上。从信用管理人才的供需来看，无论是信用服务领域，还是公共管理领域，或是一般企业领域，都没有出现信用管理人才的需求缺口。其原因在于信用服务业整体水平较低，规模小，头部机构少，对信用管理人才的专业化要求不高，金融（科技金融、互联网金融）、财务管理、工商管理等专业皆能满足其需求；公共管理领域的信用管理人才属于潜在需求，也缺乏用人自主权，受制于编制限制，基本不涉及供需适配问题；企业尚无明确的信用管理人才需求，信用管理工作多是由财务、市场营销、行政管理人员兼任，供需匹配也处于较低层次与较低水平。

（2）低层次、低质量适配反映在信用管理人才结构上。按照人才结构，可以分为潜在人才、初级人才、高级人才与高精尖人才。尽管财务管理、金融、公共管理等专业可以为社会信用体系建设提供大量的潜在人才，但其受专业限制，信用管理理论知识较为薄弱。潜在人才的不足制约着初级人才的质量，就会出现数量有余，质量欠佳的问题。高级人才、高精尖人才则是信用管理人才极为薄弱的领域，制约着社会信用体系建设的高质量发展。信用管理人才结构低水平适配还反映在当前专业结构的低水平适配，相当部分的信用服务机构对专业没有限制，严重削弱了信用管理服务的专业化，制约着信用服务业的持续、健康发展。

（3）低水平适配反映在信用管理人才培养与社会信用体系建设发展上。尽管当前信用城市示范建设取得了较好成绩，但在行业信用体系建设、企业信用体系建设以及社会信用场景开发等方面还存在较大不足，大部分地区与广东、浙江、江苏等地区相比，还有较大差距。社会信用体系建设整体发展的较低水平与信用管理人才的低层次是适配的。这也是当前我国社会信用体系建设面临的最大问题。

12.4　信用管理人才培养存在的问题

目前，山东省发改委信用处、省社会信用中心以及政府职能部门立足自身职能，通过教育培训、从业资格认定等措施，总体上推动了信用管理从业人员队伍的能力提升。但对照社会信用体系高质量发展及服务新发展格局的要求，山东信用管理人才培养在建设规划、整体布局、人才培养生态、人才规模与结构等方面还存在明显不足，服务与支撑社会信用体系高质量发展的水平有待提高。

（1）山东高校信用管理专业设置空白，学科建设落后于先进省市，专业人才培养渠道缺失。我国于 2002 年在中国人民大学、上海财经大学开设信用管理本科专业。目前，全国共有 25 所高校设置信用管理专业，其中本科层次 22 所，高职层次 3 所。在信用管理学科建设上，共有 8 所高校设有硕士研究生点，2 所高校设有博士研究生点，其中湘潭大学设有信用管理硕士学位点与信用法学博士研究生学位点。山东财经大学于 2008 年开设信用管理本科专业，但在 2016 年停止招生。至此，山东高校本专科均没有设置信用管理专业。失去了本科人才培养的"根"，山东信用管理学科建设与研究生专业学位教育也就难以为继，既有的研究生培养与信用管理研究完全取决于导师的兴趣，无法持续保障高层次信用管理人才的培养与学科的健康发展。

　　尽管山东高校资源丰富，开设金融学的高校也较多，但设置信用管理专业的高校极少，见表 12 - 2。山东财经大学是省内唯一曾设置信用管理专业的高校，2012 年开始设立信用管理专业，2018 年停招，共培养了 6 届学生。通过访谈，停招的原因在于就业不好，深层次原因在于专业人才培养的问题，其突出表现在：人才培养目标不清晰，专业归属不清晰，有的归属在金融学院，有的归属在管理学院，即使归属在管理学院下，也很难满足社会信用管理体系中公共信用管理人才培养的需要。另外一个重要原因信用管理专业师资的缺乏，以山东财经大学为例，信用管理专业师资相当匮乏，相当部分师资由保险学、金融学专业的师资专岗，相当部分老师属于被动调至信用管理专业，教学质量也较难保证。

表 12 - 2　　　　　　　　　　　山东省高校信用管理专业设置

高校	二级学院	相关专业	备注
山东大学	商学院 经济学院	金融学 金融学、保险学、金融工程	
山东大学威海分校	金融学院	金融学（保险）	
中国海洋大学	经济学院	金融学	
中国石油大学	经济管理学院	金融学	
山东师范大学	经济学院	金融学、金融与期货	
山东财经大学	金融学院	金融学、金融工程、投资学、金融科技	增设信用管理
山东工商学院	金融学院	金融学、保险学、金融工程、金融科技	
青岛大学	经济学院	金融学、金融工程、保险学	
济南大学	商学院	金融学、投资学	
山东科技大学	经济管理学院	金融学、投资学	
青岛科技大学	经济管理学院	无	
山东理工大学	经济学院	金融学	
齐鲁工业大学	金融学院	金融学、投资学	

（2）信用管理学科布局规划缺乏基于中国社会信用体系建设实践需要，学科建设的创新性、紧迫性、方向性不够。我国信用管理教育主要借鉴西方信用管理专业设置，大多（70%以上）设置在金融学或应用经济学之下，少部分设置在工商管理学科下。而社会信用体系建设则主要源于我国的体制与机制，服务于我国的社会治理与经济发展模式。这也决定了我国的信用管理体系建设与应用是跨领域、跨行业、跨学科、跨部门的。我国信用管理专业与学科建设应以国家战略发展方向为目标，以满足社会具体的人才需求为己任。这也导致信用管理人才培养在具有专业性的同时，要更具基础性、通识性与复合型。这也需要针对不同领域信用管理人才制订针对性设置培养方案，需要更高阶、更宽口径、更全面的规划布局，才能满足社会信用体系建设高质量发展的人才培养需求。而从当前来看，山东对信用管理科学布局的系统思考还不深入，学科建设紧扣国家战略发展的意识不够，设立相应学科的紧迫性不强、主动性不高。

（3）公共信用体系建设领域在职培训缺乏系统性、层次性，长效机制没有建立，对创新能力培养的支撑不够。我国社会信用体系建设是自上而下驱动，相关政府部门的意识、能力是推动社会信用体系高质量发展的"火车头"。当前，尽管政府各职能部门都立足自身职能开展了一些信用管理方面的业务培训，但培训内容多以政策解读为主，培训方式主要是专家讲座、经验介绍、信用管理系统平台使用讲解等，缺乏社会信用体系建设系统性培训内容，知其然而不知其所以然，社会信用体系创新发展能力不足，与广东、江苏、浙江等地区存在一定的差距。此外，公共信用体系领域缺乏相应的专业人才培养专项计划；省市继续教育平台缺少系统性的社会信用体系建设课程；专业技术系列中缺乏相应的专业设置，也使得相关人员缺乏学习的主动性，继续教育渠道很难发挥作用。

（4）行业协会人才作用发挥不充分，信用管理服务机构参与不够。信用管理是知识密集型职业，知识更新速度较快，与市场主体活动联系紧密。这也决定了行业协会在信用管理人才培养中发挥着较大作用，如成立于1986 年的美国信用管理协会（NACM）为会员提供教育培训、专业认证以及出版专业书籍等，及时进行知识更新与发展信用管理知识体系，还在达特茅斯学院开设了信用和财务管理研究生院等，成为信用管理人才培养主要渠道。

（5）政府牵引力不强，社会对信用管理人才重视不够，需求不足，缺乏人才培养的土壤。近年来，山东高度重视社会信用管理体系建设，尤其是对"模范信用城市"建设，在淄博、烟台、潍坊、威海四市也开展企业信用管理试点工作，评选了一批"企业信用管理典型企业"。但相对于江苏的推进措施与激励力度，山东仍存在对企业信用建设重视不够，激励措施缺乏，没有针对企业形成重视信用管理人才，设置信用管理岗位的激励力、牵引力，进而导致信用管理人才的企业需求不足。此外，在政府及其下属事业单位信用管理岗位人员招考条件中，也很少将信用管理专业列入其中，甚至信用管理专业学生无法报考相应招考岗位。这也使得信用管理人才缺乏良好的社会需求、职业环境，导致信用管理专业、学科建设没有吸引力。

（6）山东信用服务行业发展缓慢，头部机构缺乏，信用管理人才需求少，薪资待遇不足以吸引高水平人才。山东信用服务业起步较早，但却没有很好地发展起来，信用服务企业少，实力弱，薪资福利偏低，人才需求少，也无法吸纳青年人才与高层次人才。人才显性需求不足也成了山东高校不设置该专业甚至裁减该专业的主要原因。而专业以及学科的裁减又使得近年来信用管理青年人才转化专业方向，使得信用管理青年人才缺乏，不足以支撑山东社会信用体系持续健康发展，也导致人才专业培养与信用服务业未来发展不相适配。

（7）高级别的信用管理研究与产学研平台缺乏，高层次人才汇集与交流缺乏渠道。高层次信用管理人才在社会信用体系创新发展、人才培养带动等方面作用巨大。而较高级别的平台则是汇集与培养高层次人才的主要途径。同广东、江苏、浙江的社会信用研究与产学研平台建设对比，山东还存在较大差距，尚未建立省级层面的平台，高校与科研机构的意愿也较低。

社会信用体系是社会主义市场经济的基础性制度安排，是国家治理体系和治理能力现代化的重要内容，也是山东"走在前、开新局"的有效支撑。

这也要求山东必须高度重视各领域信用管理人才的培养，强化统筹与规划，多方协同，优化信用管理人才生态，以高水平人才队伍支撑社会信用体系高质量建设，更好地服务于新发展格局。

总的来看，受多种因素影响，无论是信用人才培养，还是高层次人才的作用发挥，都不能满足社会信用体系建设高质量发展的要求，急需通过高层次平台建设，汇集智力资源、人才资源，为山东社会信用体系建设高质量发展提供强有力的支撑。

党的十八大以来，党中央作出人才是实现民族振兴、赢得国际竞争主动的战略资源的重大判断，作出全方位培养、引进、使用人才的重大部署。习近平总书记多次强调人才的重要性，指出"发展是第一要务，人才是第一资源，创新是第一动力"、"硬实力、软实力，归根到底要靠人才实力"、"国家发展靠人才，民族振兴靠人才"等。山东省社会信用体系建设、信用服务业、信用管理工作的高质量发展同样必须以人才作为支撑。信用管理人才专业化建设的本质就是其知识机构的专业化。

强化信用管理人才专业化建设是我国社会高质量发展的要求。现代市场经济是信用经济。信用的存在大大提高了交易效率，也使得市场主体更多撬动资源。据有关资料显示，在欧美国家企业间的信用支付方式已占到80%以上，现金交易方式已越来越少。即使在个人支付活动中，信用付款方式也已逐渐占据了主导地位。而我国近年来的信用交易大大降低，对山东钢铁集团等国有企业的调查显示，大部分国有企业都采取现款交易；对于部分民营企业的调查同样显示，相当部分民营企业也采取现款交易。相当部门企业宁愿放弃大量订单和客户，也不肯采取客户提出的任何信用结算方式。这显然有悖高质量发展的要求。提高信用交易，就必须大力建设信用环境，提高企业信用管理水平，实现优胜劣汰。高质量的信用环境建设必须由大量的信用管理专业人才作支撑。

强化信用管理专业人才培养是我国社会信用体系建设高质量发展的必然要求。我国社会信用体系建设纵深化、全域化发展，法制化发展需要大量的信用管理专业人员。

　　市场主体降低风险为信用管理人才培养提供了大量的市场需求。据专业机构统计分析，在发达市场经济中，企业间的逾期应收账款发生额约占贸易总额的 0.25%~0.5%，而我国这一比率高达 5% 以上。近年来，我国进出口企业在海外无法正常追回的逾期账款在 100 亿美元以上，而且拖欠账款数额有逐年上升的趋势。[①] 信用风险和账款拖欠，也使许多中小企业的经济效益被严重侵蚀，甚至使企业连简单的生产活动都难以为继。更为严重的是，许多企业早已成为惊弓之鸟，采取非现金交易而不为的做法。这一方面反映了我国企业间信用关系出现问题；另一方面也反映了企业自身风险控制能力的不足和信用管理水平的低下。即使面对信誉可靠的客户，也无从判断，将大量的市场机会拒之门外。显然，中国企业这种传统落后的结算方式和信用管理水平，已远远不能适应国内外市场竞争的需要。企业迫切需要专业的信用管理人员进行信用管理体系建设。

---

① 国务院新闻办公室官网。

第13章

国内外信用管理人才培养的经验

13.1 国内信用管理人才培养典型
案例分析与经验借鉴

我国社会信用体系的特殊性决定了信用管理人才培养的特殊性。在信用管理人才培养上，广东金融学院与湘潭大学进行了探索，创新了人才培养模式，也为山东信用管理人才培养提供了借鉴。

湘潭大学位于湖南省湘潭市，是毛泽东同志亲自倡办的综合性全国重点大学、国家"双一流"建设高校，是湖南省人民政府与教育部、国家国防科技工业局共建高校，教育部与湖南省重点共建的综合性大学。在2017年3月，教育部等五部委下发了《关于深化高等教育领域简政放权放管结合优化服务改革的若干意见》。湘潭大学根据《意见》的要求，积极对接社会产业和行业的需要，创新高等教育办学新模式、人才培养新模式和社会资源捐赠新模式，设置经济社会发展急需的新专业，于2017年5月1日成立了全国第一家信用风险管理学院，专门从事信用法研究和教学工作。2017年5月，其校友谭曼担任董事长的长沙永雄股权投资管理有限公司与湘潭大学签署协议，承诺五年内投入不低于1亿元人民币，用于建设全国首家信用风险管理学院。

2018 年 9 月，信用风险管理学院招收全国第一批"信用风险管理与法律防控"专业本科生（专业代码为 030104T），并借助于湘潭大学法学一级学科法律硕士学位授权点的雄厚基础，尝试性地开创全日制法律专业硕士信用法务方向。2020 年，学院又在湘潭大学法学一级学科硕士学位授权点和博士学位授权点增设信用法学二级硕士、博士学位点，率先构建了一套涵盖本、硕、博的完整信用法治实务与研究人才培养体系。

2020 年 5 月，湘潭大学成立法学学部，构建以法学院为主体，知识产权学院、信用风险管理学院为两翼的"一体两翼"办学模式。学部拥有法学、知识产权 2 个国家一流本科专业以及信用风险与法律防控 1 个法学特色专业。

学院信用风险管理与法律防控专业已毕业第一届学生，共 75 名本科生，毕业率达 100%。目前，学院共有本科生 272 名、已招收信用法学博士研究生 5 名、全日制信用法学硕士研究生 5 名、全日制法律专业硕士研究生 58 名。在 2022 年软科中国大学专业排名中，湘潭大学"信用风险管理与法律防控"专业获评 A + 且名列全国第一。

总结湘潭大学信用管理人才培养经验，具体如下：

（1）注重产政教的融合。湘潭大学信用风险管理学院第一任院长为长沙永雄股权投资管理有限公司董事长。这有效保证了信用管理人才培养中的产教融合。在办学过程中，学院坚持加强与产业、行业的联合，根据实践需要开发信用风险管理与法律防控系列教材，引进、培养好中国第一批信用风险管理与法律防控专业师资。加强与人大、政府及主管部门的合作，积极申报信用体系建设中的重大理论课题，开展智库工作，推动基础性信用法律法规和标准体系建设。

（2）面向社会需求，创新驱动。湘潭大学开创了信用法治人才培养的先河，挖掘人才需求，面向国家机关承担社会信用体系建设任务的机构或部门中的信用监管岗位，面向企事业单位、社会团体中的信用管理岗位，面向征信、信用评估、不良资产处置、债务催收、信用修复等信用服务行业，培养具有宽广知识视野、扎实法学基础、既懂法律又懂信用管理和信息技术的专门法律职业人才。

（3）发挥既有专业优势，资源共享，打造完整的人才培养链。湘潭大学信用风险管理学院的成立是基于所拥有的法学专业优势。成立学部后，统筹法学院、知识产权学院、信用风险管理学院三个学院资源，实现了三个本科专业，共享法学一级学科硕士点、博士点、博士后科研工作站等高端学科学位点平台，有效融合了湘潭大学综合办学优势。

（4）注重复合型人才培养，实现双学位制。就"信用风险管理与法律防控"本科专业而言，学院参照知识产权专业（030102T）的双学位培养模式，学生在校期间以"信用风险管理与法律防控"专业为第一专业，学习法学和信用学、风险管理等专业知识，以"金融学"专业为辅修专业，毕业时获得"信用风险管理与法律防控"法学学士学位证和经济学学士学位证，毕业后可以参加国家司法统一考试，在本科阶段培养复合型人才。

（5）注重课程体系建设，尤其是校本课程开发。该专业采取"主修法学＋辅修金融学""法学基础＋信用法特色""法律＋信息技术＋数据分析"的培养模式，除必修法学基础课外，还开设有社会信用法概论、信用信息法、金融法、企业破产法等特色信用法律课程。在学院建设过程中，学院自主编写了理论与实践相结合的"信用风险管理系列丛书"等教材。

（6）注重师资的交叉。从该学院的师资队伍来源来看，以法学专业师资为主，辅以金融学专业师资，还辅以产业教师。通过多专业师资队伍的交叉，满足复合型人才培养的需要。

13.2　信用监督官培养案例与经验

信用监督官教育培训考试网（http：//xinjianguan.com/）建立了较为系统的知识体系与课程体系。该网站由信监官国际教育科技发展（北京）有限公司负责运行维护。作为一种职业，该培训网站将信用监督官界定为：从事信用法律服务和信用监督岗位工作，并对守信与失信行为进行客观地记录、传播、维权的专业信用法治人员。按照技能等级划分，信监官分为首席信用监督官、信用监督官、助理信用监督官三个技能等级。从网站展示信息来看，信监官的职责或岗位工作内容包括 73 项，涵盖了信用管理认证体系、信用管理标准体系、信用管理标准体系、信用安全管理体系、产品安全信用认证管理体系、信用评级管理及信用评级体系等的建立；信用法律风险防范整体解决方案、信用法律风险评估解决方案、信用法律风险管理解决方案、法律风险控制系统解决方案、数据信用合规整体解决方案以及劳动纠纷、仲裁、诉讼信用法律风险解决方案等的设计；应收账款加强信用法律风险管理、逾期账款信用催收、客户信任度提升、政府信用监管与社会信用监督风险防范等。对应岗位工作内容，信监官需要具备的能力有观察、分析、判断、表达、沟通、决策、独立等。围绕信监官的培养与认证，信监官教育培训考试网构建了包括法律基础知识、信用法律法规、社会信用产品、信用管理控制、信用风险知识以及信用追溯技术等 14 个领域的课程体系，见表 13 - 1。

表 13 - 1　　　　　　　　　　信用监督官课程内容

课程编号	课程模块	课程内容
A01	首席信用监督官公共基础模块	1 首席信用监督官岗位知识与技能 1.1 公民道德与伦理 1.2 职业道德与法律 1.3 日常生活的法律常识 1.4 政治与法治（选修） 2 助理信监官实务技巧
A02	助理信用监督官专业课程模块	1 法律基础 2 信用法规 3 标准技术 4 信用管理 5 信用追溯 6 信用直播 7 信用征信 8 信用评价 9 信用认证 10 信用报告 11 企业管理（选）

资料来源：http://xinjianguan.com/。

信监官教育培训认证考试分为理论知识考试和专业技能考核，考试采取闭卷笔试形式，百分制，成绩皆达 60 分及以上者为合格。其中理论知识考试为 90 分钟，专业技能考试时间为 120 分钟。在教育培训推广方面，主要是通过项目合作模式进行推广。从信监官培训实践来看，尽管其在山西有过教育培训报道，但总体上并没有推广开来。从其既有信息来看，信监官的教育培训有如下启示。

一是工商企业存在大量的信用管理人才需求。工商企业是市场经济的主体，是社会信用体系建设的重要组成。企业信用管理体系建设不仅信用管理岗位设置的事情，而应是组织各类岗位，尤其是管理类岗位所应具有的普遍性工作内容。相应的信用管理人才培养也不应仅局限在信用管理专设岗位上，而应开展大范围的人才培养。故此，信监官的认证范围很广，涉及法律、内部控制、人力资源管理、客户管理、企业形象与品牌等方面。

二是信用管理人才培养的知识复合型，或者信用管理人才的复合型。企业风险来源于多个方面，尤其是随着中国法制化进程加快，法律知识成为信用管理人才培养的重要内容。同时，信用管理不仅需要相应的信用信息追溯、征集、评价等理论知识与技术，对企业管理知识、财务知识以及客户管理等知识的要求也越来越高。信用管理人才的复合型特征越来越明显，其知识复合型也越来越高。这也决定了信用管理专业是较为典型的交叉学科。

三是信用管理人才属于高层次人才，而非一般性技能型人才。信用管理是利用财务知识、会计知识、管理知识、法律知识等，进行风险识别与防范，开展信用增值活动等，这也需要更为专业的知识才能实现。因此，信用管理人才是高层次人才，是智力或知识工作者。

四是信用管理工作内容宽泛性为信用管理人才培养提出了一定的挑战。信用管理工作广泛分布在企业各类岗位之中，使之设立信用管理岗位丧失了紧迫性。加之企业一般都设置审计、内控等岗位，则进一步压缩了信用管理岗位设置的空间，使得尽管企业认识到信用管理的重要性，但并不一定设置相应的岗位，信用管理人才培养也就丧失了基本的载体。

13.3　国外信用管理人才需求与培养

13.3.1　国外信用管理人才需求分析

按照信用主体不同，信用可以分为金融部门信用和非金融部门信用，其中非金融部门信用可以分为公共部门信用和私人部门信用，私人部门信用包括非金融企业信用和个人信用。相应地，信用管理可以分为金融信用管理、公共信用管理、企业信用管理和个人信用管理。此外，社会信用信息管理与服务也是信用管理的重要内容。

国外信用管理人才需求（简称"人才需求"）可以分为窄口径、中口径和宽口径三种。窄口径的人才需求是信用信息管理与服务机构对专业人员的需求，中口径上则包括金融机构对信用管理人员的需求。公共机构和企业也需要对信用进行管理，相应的公共机构、企业管理人员的需求纳入人才需求的宽口径范畴；为个人信用管理提供咨询和规划服务可由金融机构或其他专业机构、个人提供相关内容，此类人才需求可归入中口径人才需求，其他个人信用管理服务提供者（如个人律师、会计师）则一般不纳入人才需求。

在国外，有专门的信息管理与服务企业和机构（信用信息中介），如征信公司、评级公司等，它们经营与销售信用信息，为金融部门、企业、政府和个人提供服务。

征信公司对个人、企业和其他部门信用信息进行收集、整理、加工和更新维护，经营信用信息数据库，通过向客户提供各个层次和深度的调查对象的信用报告来提供服务。在西方国家，称拥有消费者个人信用数据库的信用管理公司为信用局（Credit Bureau），目前世界上排名前列的信用局是英国的益百利（Experian）、美国的艾可飞（Equifax）和环联（Trans Union）。而且企业信用数据则由专门数据库搜集管理，世界上最大的两家企业评级数据库是邓白氏公司的"世界数据库"（World Base）和欧盟的"欧洲大门"（Eurogate）。

评级公司则提供专业化的信用评价。它们运用定量分析和定性分析相结合的方法，建立信用分析模型与指标体系，对信用主体的信用能力与信用水平作出综合评价，并用特定的等级符号标定其信用等级。世界上最大的三家评级公司是穆迪投资者服务公司（Moody's Investors Service）、标准普尔公司（Standard&Poor's，简称 S&P）和惠誉公司（Fitch Ratings）。穆迪公司员工规模如表 13 -2 所示。

表 13 -2 穆迪公司员工规模

项目	员工（人）	办事处与分支机构（个）	城市分布（座）
数量	13 000 +	133	93

资料来源：穆迪公司官网，https：//careers. moodys. com/。

穆迪员工高达万余人，各重要是高级雇员总数达 1 500 余人，高级雇员中则有 680 人为专业评估分析师。

标准普尔公司员工规模如表 13 -3 所示。

表 13 -3 标准普尔公司员工规模

项目	员工（人）	遍布全球的办事处（个）	国家分布（座）
数量	5 000 +	18 个办事处 7 个分支机构	19

资料来源：标普官网，https：//www. spglobal. com/en/careers/overview/。

标准普尔员工总体规模低于穆迪，员工总数不及穆迪的 50%，但其分析师队伍则高达 1 250 人，与穆迪高级雇员数量规模相当。惠誉公司则在全球设有 40 多个分支机构，拥有 1 100 多名分析师，其分析师队伍与穆迪、标准普尔数量相当。

这三家评级公司各有侧重，穆迪侧重于机构融资方面，标准普尔侧重于企业评级方面，而惠誉则更侧重于金融机构的评级。这些机构和企业的从业人员构成了信用管理人才的一部分，这些机构和企业的人才需求构成了国外信用管理人才需求的一部分。

金融机构信用管理可分为银行信用管理和非银行信用管理。其中银行信用管理包含银行对非金融企业、个人进行授信、征信等活动的管理。银行授信指的是银行贷款（企业贷款、个人贷款）、租赁等，还包括银行开立信用证、担保、贷款承诺、保理等业务；征信指的是银行对客户进行打分评级、信用记录等（不同于评级公司，银行有自己的内部评价体系）。银行有自己专门的授信、征信部门（如贷款业务部），都需要专门的人才加入其中。

非银行金融机构有和银行类似的信用业务，如向客户提供融资、保理、担保，也有不同于银行授信、征信的业务，例如，商账追收（国外有专门的商账追收公司与协会，其中商账追收专业协会比较有特色）、信用与保证保险（由保险公司提供，用于客户增信）。此外，还有信用违约互换这种基于信用活动的金融衍生工具，银行和非银行金融机构都会参与其交易。这些机构和业务都对信用管理人才提供了需求。

公共机构信用管理和企业信用管理是公共机构管理和企业管理的重要组成部分，这些管理活动可以由政府管理人员和企业管理人员兼职进行，也可由专业人员专职进行。这些专职人员需求则构成了广义上的信用管理人才需求。

国外信用管理人才需求有如下特点：第一，需求部门多，这是与国外信用经济发达、体系完善相联系的；第二，对人才的综合要求高，国外经济部门对信用服务需求种类繁多，涵盖信用服务的各个环节，因此要求信用管理人才掌握多种知识与技能；第三，需求量比较平稳，国外信用体系已发展到一定阶段，新的信用服务出现的机会不多，这就导致国外信用管理人才需求增长不会有爆发式增长。此外，信用管理人才的高素质要求使得其供给有限，这在一定程度抑制了需求。

而与之相对比，国内的信用管理人才需求则集中于信用信息中介需求（各种征信和评级机构的需求），金融机构和企业对信用管理人才需求不大（或者说没有认识到这方面的需求），而随着历年来国内信用体系的建设，对信用人才的需求增长较快。同时，国内信用服务机构员工体量与美国三大信用服务机构员工体量根本无法相提并论，仅穆迪公司的员工总数比所有央行备案的信用服务机构员工总数还要多。这也说明，信用服务业的发展是信用管理人才培养的基本载体和基础。

穆迪投资者服务公司、标准普尔公司和惠誉公司是世界上最大的三家评级公司，可称之为国外重点信用管理机构和典型企业，对其岗位设置与人才需求进行分析，有助于我们了解国外信用管理人才需求的整体情况。

截至 2022 年 10 月 17 日，穆迪官方网站披露在招岗位有 603 个，主要分为机构服务类、信用分析与研究类、工程及技术类、ESG 分析数据与研究、产品开发类、销售与市场推广类、培训以及研究生、实习生。惠誉官网招聘岗位有 420 个，主要包括管理岗、客户服务岗、信用分析与研究岗、数据与分析岗、金融岗位、人力资源岗、信息技术岗、法律与合规岗、市场营销与传播岗、项目管理岗、评级岗、销售岗以及实习生岗位。而标准普尔官方招聘岗位数量则有 600 人（截至 2022 年 10 月 13 日）。综合来看，三家评级公司的人员需求约占其员工总数的 5% ~ 10%。就具体岗位设置和岗位职责而言，以标准普尔为例，如表 13 - 4 所示。

表 13 - 4　　　　　　　标准普尔评级部人才招聘岗位设置

岗位级别	岗位名称
经理、总监、副总监、部门主管	经理、金融机构总监、信用分析师副总监—运输部门、CMBS 结构性融资评级副总监、企业评级副总监、大中华区基础设施评级副总监、中国商品部总监、美国公共财政副总监、评级分析副总监（房地产行业）基础设施和公用事业评级副总监、副董事—结构性融资评级、美国结构性金融非传统资产支持证券高级董事、分析经理 IFR/项目融资副总监、评级分析副总监（FI 和 NBFI）、美国结构性金融非传统资产支持证券高级董事、分析经理、基础设施评级总监、部门主管—结构性融资—非传统团队

岗位级别	岗位名称
评级分析师	ABCP 市政结构化评级分析师、评级分析师—企业评级、评级分析师—商业和消费者服务、美国公共财政评级分析师、评级分析师—结构性金融评级 ABS、评级分析师—主权和国际公共金融团队、评级分析师—高等教育、普通评级分析师（无具体行业划分）、信用分析师
助理、研究助理和助手	研究助理—可持续金融 EMEA、助理—企业评级、助理—美国企业评级—资本货物、助理—结构性融资、助理—北美能源基础设施评级、助理—美国公共财政—高等教育和不以营利为目的的机构、助理—美国公共财政、地方政府评级、助理—信用分析（企业）、助理—保险评级、助理—医疗保健、助理—金融机构评级、助理—美国公共财政，地方政府评级东部地区、研究助理（无具体行业划分）、研究助理—可持续金融、研究助理—加拿大银行、主权和国际公共财政团队、助理—企业评级—商业服务、研究助手
实习生	电信和技术评级实习生

注：总监级、副总监级人员是评级委员会成员、可能拥有投票权，或是团队领导，可牵头开展专项项目；分析师级则负责汇总数据和信息以提交给评级委员会，并可参加评级委员会会议；助理级负责日常工作，包括且不限于分析数据、起草相关文件、与客户交流互动、参与评级委员会会议并向委员会介绍相关情况等。

从表 13－4 岗位设置中可以看出，标准普尔信用评级服务对象涵盖了各种信用主体，金融机构信用、公共机构、非金融企业和个人。表 13－4 岗位设置比例大致如图 13－1 所示。

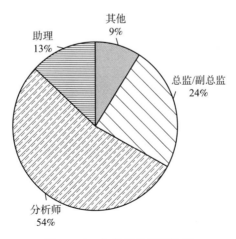

图 13－1　各级岗位设置比例

从上图可以看出，分析师是信用评级机构人员的中坚，在岗位设置中占据了54%的比例。在岗位要求上，对总监级、副总监级人员，标准普尔要求有丰富的工作经验［例如，经理要求有"在大型商业银行、投资银行、投资机构/资产管理公司、评级机构或审计公司（四大）具有至少10年的公司和/或项目融资经验"］、良好的人际关系、沟通能力、时间管理技能、团队合作能力和领导能力等。评级师人员则要求有一定的工作经验（二年或五年以上，惠誉则要求评级人员有三到七年的工作经验），扎实的财务报表分析技能和会计知识、较强的人际交往能力和沟通能力、团队协作能力等，此外往往强调需要掌握 Excel、PowerPoint 等办公软件，有 SQL 或 Access 等数据分析经验。助理级人员要求则大致与评级师人员相同。就标准普尔公司岗位要求的知识与职业能力而言，与3.2信用分析师十分接近。

此外，值得补充的一点就是信用评级公司对招聘人员学历、专业的要求，无论是惠誉还是穆迪，都要求分析师有本科或者研究生学历，而在专业上，并不要求应聘人员一定是信用管理专业，一般是相关专业或相关研究方向即可。如惠誉招聘企业评级分析师要求应聘者是金融，商业、会计或定量学科等相关专业。

综合国外知名信用服务机构的人才招聘与岗位设置情况，其整体专业化程度较高，对学历要求高，专业要求相近专业，但十分注重工作经验。

13.3.2 国外高校信用管理人才培养专业、学科设置与模式分析

国外高校（以英美为例）在信用管理人才培养上有如下特点：

（1）专门的信用管理专业开设不多，学生人数有限。在美国，信用管理专业一般由商学院开设高年级或研究生课程，强调信用管理的研究生教育。美国开设信用管理专业的正规大学较少，使用在职培训的方式比较普遍。英国信用管理学院（Institute of Credit Management，简称 ICM）是欧洲最大的信用管理专业教育学院，已有70余年的历史，开设了基础知识课程和专业知识课程，获得了英国考试资格和监督办公室的认可，培养了大批信

用管理专业人才。同时，该学院积极开展信用管理实践，如牵头设计快速支付代码模式，有效促进了政府部门和供应商之间的交付管理。这也使得 ICM 不但能够优化课程体系，并通过提供大量的在职培训和继续教育课程，促进信用管理人才的知识更新。英国利兹联大学（University of Leeds）的商学院也设有信用管理研究中心，其人才培养层次为两年制硕士研究生。

英美这种信用管理人才供给模式是与其需求状况相适应的，因为英美的信息中介（评级公司）更强调员工的工作经验和能力，其从业人员往往是商学院毕业后从事其他相关财经工作，然后再供职于信用机构，并不刻意强调其本科信用管理专业背景。

（2）培养方案或课程设置符合信用管理人员的职业能力要求。美国要求学生完成的主干课程集中于财务会计、市场营销、国际贸易、企业管理、财务管理、微观经济学、管理经济学、商业统计、商法、计算机编程、档案管理等。在完成这些课程后，学生经过 2~3 年的企业工作实践，可以根据自己发展方向，完成信用管理硕士专业课程。而这些课程的设置可以和第七章表 7-10 中信用岗位知识要求相呼应。

（3）学院教育与在职、自学教育相结合。美国全国信用管理协会（National Association of Credit Management，简称 NACM），成立于 1896 年，是美国的信用全行业性协会和信用管理机构。该协会采用会员制，目前有 1.6 万名会员。其主要从事信用拓展业务，为会员提供信用报告和定期公布信用管理者指数（Credit Manager's Index，CMI，用于衡量美国经济的整体信用状况）。此外，美国全国信用管理协会承担了行业自律、信用管理服务、信息共享、信用宣传以及教育培训和交流等众多职能。其中教育培训包括为从业人员提供各种专业教育，举办从业人员执照的培训和考试等。

NACM 开设信用管理学习中心，有 NACM 教育部设计信用管理学习计划方案，提供网上课程培训以及证书考试自学课程，除提供信用、会计和财务管理基础教育课程外，还包括商业信用原则（Business Credit Principles）、高级信用政策（Advanced Credit Policy）、评价企业信用政策（Evaluation Enterprise Credit Policy)、信用的法律环境（Legal Environment of Credit）、谈判实践（Negotiation Practice）、商法（Business Law）、信用法（Credit Law）等信用管理专业课程。

此外，美国全国信用管理协会（NACM）还与学院结合，在达特茅斯学院开设了信用和财务管理研究生院（NACM Graduate School of Credit and Financial Management），开设信用管理研究生课程。

13.4　国外信用管理人才职业认证项目与继续教育项目分析

国外信用管理人才职业认证与继续教育项目十分成熟完善。以美国为例，美国全国信用管理协会（NACM）证书考试一共包含6类，分别是信用业务助理（CBA）、信用认证和风险分析师（CCRA）、信贷业务研究员（CBF）、信用认证执行官（CCE）、国际信用认证专业人士（CICP）、国际信用认证执行官（ICCE）。

其中，信用业务助理（CBA）应该掌握以下3门课程：基础财务会计、财务报表分析（1）、商业信用原则。CBA没有最低工作经验要求，可通过大学学习、当地NACM附属协会自学或通过国家赞助计划学习指定课程。但是基础财务会计的课程应在财务报表分析课程之前完成。

信用认证和风险分析师（CCRA）要求精通财务报表分析以及信用风险的评估。CCRA必修的3门课程分别是：基础财务会计、财务报表分析（1）、财务报表分析（2）：信用和风险评估。在大学中学习、学习NACM的在线课程或学习NACM总部或当地附属协会赞助的课程即可完成CCRA对于基础财务会计和财务报表分析（1）的要求。但与CBA要求相同，基础财务会计的课程应在财务报表分析课程之前完成。财务报表分析（2）：信用和风险评估则必须通过NACM国家总部提供的证书课程。

信贷业务研究员（CBF）必须已经通过CBA考试，即先要获得信用业务助理的资格，信贷业务研究员（CBF）要求具有商业和信用法方面的能力，掌握如下知识：商务法和信用法。商业法课程应在信用法课程之前完成。CBF 的知识课程要求可以通过参加大学课程，或学习 NACM 的在线商法和信用法课程、NACM 信用学习中心的课程以及当地 NACM 附属协会赞助的高级信用管理计划（ACAP）完成，每门课程达到"C"及以上才能完成课程要求。

信用认证执行官（CCE）必须通过严格的 4 小时考试，考试内容包含会计、金融、国内和国际信用概念、管理和法律领域的知识。

国际信用认证专业人士（CICP）授予那些成功完成国际信用与风险管理（ICRM）在线课程和期末考试的信用专业人士。CICP 表明获得者已经掌握了广泛的全球信用管理概念。

国际信用认证执行官（ICCE）比国际信用认证专业人士（CICP）更高级，其获得者可能在国际信用和风险市场产生重要影响。ICCE 候选人和持有人是那些有兴趣参与全球信用工作并高度重视继续教育的人。在申请 ICCE 之前，候选人必须获得 CICP，必须参加并通过国际信用和风险管理在线课程。CICP 持有者必须在两年内获得 20 分（10 次教育和 10 次参与）才能达到 ICCE 水平。

国外职业认证项目设置层次分明、层层递进，信用业务助理（CBA）、信用认证和风险分析师（CCRA）属于初级信用管理从业人员；信贷业务研究员（CBF）、信用认证执行官（CCE）属于中级信用管理从业人员，而国际信用认证专业人士（CICP）、国际信用认证执行官（ICCE）属于高层次的信用管理从业人员。这与信用机构相关岗位设置与层级相呼应。

除了信用专业协会提供职业认证和继续教育服务之外，企业也会提供相关的服务。惠誉集团旗下有惠誉学习［Fitch Learning，与惠誉公司（Fitch Ratings）同属惠誉集团］，其专门提供专职专业知识培训及一系列证书培训。课程领域包括企业信用分析，银行分析，保险公司分析，金融机构风险管理，环境、社会、文化权利，企业融资，结构性融资与证券化，建模，非银行金融机构，资本市场与投资以及专业技能 11 个模块。

13.5 国外信用管理协会衔接人才供需机制分析

国外信用管理协会提供人才职业认证与继续教育的内容上节已经述及，下面以 FCIB（国际金融、信用及商业协会）提供的专业资质认证项目为例阐述国外信用管理协会如何衔接人才供需。FCIB（国际金融、信用及商业协会）成立于 1919 年，隶属于 1896 年成立的美国全国信用协会（NACM），会员包括 Microsoft、Apple、3M、Du Pont、Shell、SONY、GE、DHL 等。并与国际执业管理认证中心（International Profession Administration and Certification Association，简称 IPAC）进行了强强联合。

FCIB 的注册国际信用专业资质认证项目是专为在国际信用管理领域内具有专业知识的人士所设计，包括了认证标准和培训方式。FCIB 通过对那些在国际信用和贸易金融领域具有专长和资历的管理者进行专业培训并经国际执业管理认证中心（IPAC）审核认证，达到支持和扶持信用管理领域整体发展的目的。FCIB 的专业资质认证标准是国际信用管理领域表彰和认可信用管理专长的一个标志。

FCIB 也针对相应的专业认证开设相应的课程，其课程多为在线形式。其中国际信用与风险管理在线课程（ICRM）是国际信用认证专业人士（CICP）和国际信用认证执行官（ICCE）的必修课程。该课程旨在就全球信用和风险管理的复杂性对入门级专业人士和高级管理人员进行教育，内容包括：国际信用管理理念，客户流程、财务报表分析，风险管理、信用控制、银行和货币风险、全球支付机制和方法、信用证、担保和债券、指标和基准测试、合规与法律等。

FCIB 和 NACM 都采用会员制，会员及时向协会反馈信息，协会及时根据人才市场的变化调整相关培养内容，针对信用行业环境制定出恰当的培训计划，不断为该行业输送高质量人才，这样就能更好地满足其会员人才需求的数量、种类，更容易实现人才供需平衡。

其次，信用管理人才供需往往出现结构性矛盾——总体供大于求而高端人才供不应求，FCIB 向入门级专业人士提供相关课程，有助于他们提升自身；向高级管理人员提供相关课程，有助于他们技能拓展。

最后，FCIB 为国际信用管理人才提供了一个信息交流的平台和网络。其成员可以互相交流想法、知识和流程，这有助于供需双方相互寻找和了解。

13.6 国外信用管理人才产教融合机制

前文以国际三大评级公司为例阐述了信用管理企业的人才需求，以信用管理职业教育为例介绍了信用管理人才的供给；无论是标普还是穆迪、惠誉，作为国外骨干的信用管理企业，在衔接人才供需和产教融合方面都采取了 CBE 模式（Competency Based Education，简称 CBE）模式。

CBE 模式即"能力本位教育"模式，其以岗位能力为基础，动员业界广泛参与，培养适应社会和行业企业需求、理论知识充足、综合素质较高的人才。

国外骨干企业通过相关协会、职业指导中心与学校和学生进行协商，设立相关合作岗位并提出要求。这些岗位对工作经验要求较低，适合在校生或毕业生。如标普实习生岗位不要求有工作经验，有些助理岗位只要求有 1 ~ 2 年的工作经验。在校学生或毕业生在实习或入职一段时间后，企业可对其进行考核并向相关机构提交考核报告。通过实习和工作，学生既可以累积经验以求正式入职、升职，也可选择继续深造，如攻读 MBA。骨干企业通过相关协会反馈其需求，进一步推动产教合作。

同时，骨干企业的人才需求有行业标杆作用，其在招聘中对学生学历、专业、技能、专业认证的规定可以对人才培养起到指向作用，这不仅可以推动学院教育也可以推动在职教育。例如，骨干企业可以在岗位招聘中设置条件，获得相应证书的人员可优先得到聘用，这就推动信用管理人员参加相应的职业教育与职业资格认定考试的积极性。

综上所述，国外信用管理人才供需和培养具有如下特点：

（1）人才需求重综合，人才供给重职训。国外对信用管理人才并不要求其必须有信用管理专业的背景，而是希望在金融、财会等专业背景下具有全方位、综合的知识体系和一定的工作经验。相应地，对信用管理人才的培养任务交给了行业协会和企业提供的职业教育和专业资格认证。

（2）人才培养模式以学为主，以教为辅，以职业能力作为培养目标和评价标准。国外信用管理资格考试注重考核综合运用所学知识解决实际问题的能力就体现了这一点。

（3）培养渠道宽，不局限于学校。专业协会、信用企业和学校都参与其中，培养的应用性和实用性较强。有志于从事信用管理的学生可以选择在学校学习金融、财会和商业等专业，然后进入信用管理企业进行实践，随后再接受专业协会和企业提供的在职教育、在线自学教育，考取相应资格证书，从而达到行业对信用管理人才的要求。

我国的信用管理人才培养主要以学校相关专业为主，在职教育培训和自学教育比较薄弱，相应的职业资格认证亦不完备。2023 年以来，国内信用管理行业发展很快，国内的信用管理人才需求旺盛，远超过国外。国外人才培养模式和渠道可以对我们提供一定的借鉴和启示，今后可以加强相关领域的建设，更好地满足国内信用管理人才的需求。

第14章

信用管理人才培养生态构建

14.1　信用管理人才培养生态

　　人才培养是一项系统工程。信用管理人才专业性很强，尤其需要特定领域的专业知识，才能有效识别风险，建立信用管理体系，这需要学校、行业协会、科研机构、工商企业共同参与。同时，信用管理作为新兴职业，其应用场景关系到人才需求，进而关系到人才培养。生态系统理论为人才培养提供了新的视角，相当部分研究者将生态理论引入到人才培养研究之中，提出了人才生态的概念。对于人才生态的构成，当前仍存在一定的分歧。这主要因为人才具有高度能动性、创造性、价值创造的多源点性，各组成部分的共生、互生、再生关系更加复杂。这也导致人才生态系统具有高度复杂性、平衡性或稳定性、开放性、结构性以及最小当量特征等。

　　生态系统是由英国生态学家坦斯利在 1935 年提出的，是由"生态""系统"两个词组成。"生态"是指生物与生物之间或者生物与环境之间的相互关系；"系统"是指由一些相互关联、相互作用的变量或成分所构成的一个功能整体。一般而言，在一定的地域内，生物与环境形成的统一整体称之为生态系统。在自然生态系统中，由非生物成分和生物成分两部分构成，其中非生物成分包括有光、空气、水、土壤等，它们为生物提供了能力、营养和生存空间；生物成分包括全部的生物，按其获得营养和能力方式的不同，生物成分划分为生产者、消费者、分解者。生产者主要是指绿色植物，其利用光能，通过光合作用把无机物制造成有有机物，并将光能转变为化学能贮存在有机物中；消费者包括各种动物，其生存都直接或间接依赖绿色植物制造出来的有机物。分解者主要是指各类细菌，将动植物遗体等含有的有机物分解为简单的无机物，归还到无机环境中。在生态系统内，各种生物之间由于食物关系而形成的一种联系，称之为食物链。而生态系统中各种事务链彼此交织在一起，往往会形成复杂的食物网。食物链和食物网是生态系统的营养结构，也是生态系统的能量流动和物质循环的渠道。在自然生态系统中，能量沿着食物链进行输入、传递、散失，进行能量流动。在能量的流动过程中，只有 10%～20% 的能量流入下一个营养级，故而大多数食物链只有 3～4 个营养级。在生态系统中，某个成分的变化，往往会引起其他成分发生相应的改变，甚至引起整体生态系统的变化，故而生态系统并非一成不变，而是始终处于动态平衡之中。生态系统的调节能力取决于其自身的结构特点，其生物种类越多，营养结构越复杂，自我调节能力越大。

将自然生态理论应用到人才工作之中，就形成了人才生态系统。对于人才生态系统的定义与构成，尚未形成统一的明确定义。沈邦仪（2003）较早指出人才生态系统是人才生命系统与环境生态系统交互作用而构成的有机复合系统。[①] 颜爱民（2006）认为人力资源生态系统就是各种类型的人力资源与周围的自然、社会环境共同组成的物质—能量—信息系统，并指出由于人的自然、社会双重性决定了人力资源生态系统包含着人与自然环境、人与社会环境两大类的物质能量信息交流，其中社会环境包括有文化、制度、经济因素[②]；顾然、商华（2007），按照生态系统理论微系统、中系统、外系统和宏系统的划分，将人才生态系统划分为外系统（物质环境、制度环境、

---

① 沈邦仪. 关于人才生态学的几个基本概念 [J]. 人才开发，2003 (12)：22-23.

② 颜爱民. 人力资源生态系统刍论 [J]. 中南大学学报（社会科学版），2006 (2).

自然环境、经济环境、生活环境）、宏环境（人才发展环境、人才保障环境、人才市场环境）、中系统（人际环境、文化环境）、微系统（员工素质、领导者特质）。① 周方涛（2012）认为科技创业人才与创业相关环境的相互作用构成了区域科技创业人才生态系统，是科技创业人才与创业相关环境相互作用的复合人工系统，并通过实证分析指出经济市场环境对科技创业人才生态系统的路径系数为 0.144，创业支撑环境的路径系数为 0.581，社会文化环境的路径系数为 0.475，生活服务环境的路径系数为 0.035。② 曾建丽、刘兵、梁林（2017）将科技人才生态系统的构成要素分为科技人才要素和非科技人才要素，具有开放性、合作性、竞争性等生态价值特征。③ 戴福祥等（2021）认为人才生态系统是在特定区域和时间内，组织内各类人才、组织及人才市场环境之间所组成的关系系统；高技能人才生态系统是一个多主体、多要素、多层次交织的复合型系统，并通过质性研究，归纳了高技能人才生态系统主体（高职院校、企业、政府、培训机构、服务机构）、系统环境（政策环境、经济环境、社会文化环境、科学技术环境），构成要素间的关系有"政策环境→高职院校""政策环境→企业""经济环境→企业""社会文化环境→政府"等。④

人才生态环境是人才生态学研究的热点（陈建俞、沈慧青，2009）。⑤ 对于人才生态环境的构成，多是针对具体的人才群体。王顺（2004）认为城市人才环境包括有人才市场环境（人才中介从业人数、人才流动指数、回归留学生指数等）、经济环境（人均 GDP、经济增长率、职工工资指数）、文化环境（价值取向指数、创新指数、创新范围）、社会环境（社会保险覆

① 顾然，商华. 基于生态系统理论的人才生态环境评价指标体系构建［J］. 中国人口·资源与环境，2017，27（S1）.
② 周方涛. 区域科技创业人才生态系统构建及 SEM 分析［J］. 中国科技论坛，2012（12）.
③ 曾建丽，刘兵，梁林. 科技人才生态系统的构建研究——以中关村科技园为例［J］. 技术经济与管理研究，2017（11）.
④ 戴福祥. 高技能人才生态系统要素间的相互关系及其模型构建——以湖北省为例［J］. 武汉理工大学学报：社会科学版，2021（2）.
⑤ 陈建俞，沈慧青. 中国人才生态学研究现状及发展趋势［J］. 科技导报，2019，37（10）.

盖率、社会安全指数、社会教育指数、行政机构办事效率等)、生活环境
(住房指数、房价指数、文化设施指数、医疗设施指数等) 和自然环境 (地
理位置、空气质量指数、水源质量指数、城市绿化指数)。[1] 周方涛 (2013)
针对区域科技创业人才生态系统包括主体要素、服务与支撑要素、环境要
素,其中服务与支撑要素包括有技术创新体系 (大学、科研机构数量、科
研人员状况、科技孵化器建设、研发经费比重)、政策支持体系 (创业扶持
政策、地方财政创业专项投入等)、中介服务体系 (咨询服务机构、公共技
术服务平台、科技成果交易市场)、投融资体系;环境要素有经济环境 (人
均 GDP、科技产业比重、人均财政收入、就业水平)、社会文化环境 (创新
文化氛围、法律服务支持力度);自然环境 (地域优势、基础设施水平、自
然条件、人居环境)。[2] 刘瑞波、边志强 (2014) 提出科技人才的生态环境
包括有科技发展环境 (人均 GDP、工业总产值、人均可支配收入、城镇平
均工资、科技研发投入等)、科技自身环境 (高新技术产业总产值、高新技
术企业个数、有研发活动单位数、科技企业孵化器数等)、开放系统环境
(进出口总额、外商直接投资额、外商企业数量)、保障和谐环境 (医疗卫
生支出、教育支出、高等学校数、图书馆等文教场所数) 以及生存空间环
境 (人均道路面积、人均公园绿地面积、建成区绿化覆盖率等)。[3] 张波
(2017) 构建的才生态环境评估维度有经济环境 (人均 GDP、GDP 增长率、
高新技术产值占工业总产值比重、全员劳动生产率、外商投资企业投资额、
人均地方财政收入、第三产业占 GDP 比重)、科技环境 (人均研发经费、政
府支出教育支出所占比重、高新企业数、专利申请授权数、技术市场成交额
等)、生活环境 (恩格尔系数、商品房平均价格、人均城市道路面积、城市
用水普及率、每万人医疗机构床位数等)、社会环境 (每万人在校大学生

---

[1]　王顺. 我国城市人才环境综合评价指标体系研究 [J]. 中国软科学,2004 (3).

[2]　周方涛. 基于 AHP - DEA 方法的区域科技创业人才生态系统评价研究 [J]. 管理工程学报,
2013,27 (1).

[3]　刘瑞波,边志强. 科技人才社会生态环境评价体系研究 [J]. 中国人口·资源与环境,
2014,24 (7).

数、普通高等学校数、社会保险覆盖率、职工平均年工资等）、自然环境（人均公园绿化面积、工业固体废物综合利用率、生活垃圾无害化处理率等）、人才市场环境（每万名求职者职业介绍机构数、每万名职工人才市场登记求职人次等）。① 针对海洋人才的生态环境，张�、高紫琪（2019）指出其包括经济环境（人均 GDP、城镇居民人均可支配收入、就业人员平均工资等）、产业环境（生产总值、产业增加值、一二三产业比重）、科研与教育环境（科研机构数量、科技课题数、高等院校）、生活环境、外联环境。② 针对科技人才的生态环境，庄建辉、陈建俞（2020）认为包括经济基础、居住生活、文化特征和人才政策，其中人才政策的作用最大。③ 汪群等（2021）认为东道国人才生态环境包括经济发展环境、生活环境、人才政策环境、文化环境，其对人才根植意愿作用发挥从大到小依次为经济发展环境、文化环境、生活环境、人才政策环境。④ 李作学、张蒙（2022）从科技人才聚集的角度，提出了科技人才的生态环境包括有经济发展、科技创新、文化教育、宜居环境和公共服务等五大类环境，其中文化教育是影响科技人才集聚的必要条件，有 4 条提升科技人才集聚的有效路径，即科技创新主导型、科技创新主导下的宜居文教驱动型、文化教育和公共服务主导下的经济科创驱动型、公共服务主导下的文教驱动型。⑤

对于人才生态的演化规律，缴旭、豆鹏、寇远涛（2019）指出人才生态系统的自组织需要具备的条件是全方位开放性、远离平衡态、非线性相互作用；针对科技人员生态系统自组织的诱因可以分为微涨落与巨涨落，其中

---

① 张波. 国家自主创新示范区人才生态环境比较研究——以上海张江、北京中关村与武汉东湖为例 [J]. 科学发展，2017（7）.

② 张榫桦，高紫琪. 产业结构视阈下海洋人才生态环境现状与发展能力研究 [J]. 中国海洋大学学报（社会科学版），2019（2）.

③ 庄建辉，陈建俞. 科技人才生态环境现状及其对人才居留意愿的影响——以上海市为例 [J]. 科技导报，2020，38（10）.

④ 汪群，梁秋璐，张勤. 东道国人才生态环境对人才根植意愿的影响——人才成长预期的中介效应 [J]. 科技管理研究，2021，41（21）.

⑤ 李作学，张蒙. 什么样的宏观生态环境影响科技人才集聚——基于中国内地 31 个省份的模糊集定性比较分析 [J]. 科技进步与对策，2022，39（10）.

巨涨落导致人才生态系统向更高层级平衡态发展，相关因素有机构改革、人才引育政策、重大科研平台等；人才生态系统自组织演化的动力有竞争推力（生态位竞争）、制动力（社会、产业等生态容量）、需求拉力、内部动力等。[①] 方磊、舒卫英（2020）认为区域人才生态的进化机理与自然生态进化机理相似，人才与所处环境通过双向互动的方式实现经济增长、知识增值、人才涌现的目标，其进化是内部因素通过开放、远离平衡、非线性放大、涨落四个机制相互更迭相互交替推动外部因素决定的过程。[②] 程西慧、李晓华（2022）运用三螺旋理论（大学、产业、政府），从"政产学融合"的角度提出构建创新人才培养生态链，政府应主导制度创新链建设；产业应增强技术创新链支持；高校发挥知识创新链建设作用等。[③]

从有关人才生态的研究来看，人才生态与自然生态有共同之处，但由于人具有高度能动性，人才生态又具有一些特殊之处。依据自然生态的基本原理，人才生态也应按照非生物部分与生物部分划分为环境要素（对应非生物部分）与主体要素（对应生物部分），其概念可以界定为：在特定的区域以及时空内，人才与其所处环境相互作用（包括人才之间、环境要素之间的相互作用）所形成的有机复合体。在这个有机体复合体内，各组成部分形成了较为典型的共生、互生、再生关系，共生是指组成部分相互依存，互生是指组成部分之间相互提供能量，再生是通过相互作用，实现价值增值，促进系统的发展。与自然生态类似，人才生态具有如下特征。

一是人才生态的复杂性。自然生态具有典型的复杂性，人才生态更具复杂性，主要体现在人才所处环境的复杂性、人才构成的复杂性以及环境要素交互的复杂性、人才之间交互的复杂性等。人才生态的高复杂性以及组成要素的多样性也使得人才生态更加稳定，打破平衡态较为困难。

---

① 缴旭，豆鹏，寇远涛，鲜国建，赵瑞雪. 科技人才生态系统自组织演化机制——条件、诱因、动力和过程［J］. 北京教育学院学报，2019，33（5）.

② 方磊，舒卫英. 区域人才生态系统的内涵及进化机制研究［J］. 宁波经济（三江论坛），2020（3）.

③ 程西慧、李晓华. 基于三螺旋理论的创新人才培养生态链构建研究［J］. 河北科技大学学报（社会科学版），2022，22（1）.

二是人才生态的平衡性或稳定性。自然生态系统中的种群（种类、大小）是相对稳定的，人才生态系统同样具有稳定性，尤其是人才需要较长时间才能形成。

三是人才生态的开放性特征。对于任何一个生态系统而言，要想维持运行，就必须吸收能量，降低熵增的影响。人才生态也是如此，其必须保持开放性，通过能力的交换等，吸收更多能量，进而维持其运行，保证其可持续性。

四是人才生态的结构性或层级性。在人才生态中，人才需要环境要素呈现适配性，不同层次人才之间也具有相应的结构性。在人才生态的运行过程中，系统结构能够不断调整，追求生态系统的最优化，也实现了系统的稳定性。

五是最小当量特征。自然生态系统中的生物具有生存所需的最小能量值，即按照群体在系统中所能够选择的地位和角色的最大域。对于人才生态而言，同样存在一个环境最小当量（阈值），如同人们所确定的最低保障工资一样，达不到这一标准，就使得生态系统不够稳定。

六是人才生态的动态性。作为开放的系统，人才生态构成要素的变化也会导致整个系统的发展变化。特别是人才具有高度的能动性、创造性，能够主动改变所处的环境，也能够改变人才既有的结构，进而导致整个生态系统（人才种群的数量分布等）的改变。

14.2 信用管理人才培养的参与主体

从人才培养的角度来看，高校是人才培养的重要阵地。我国信用管理专业人才的培养主体是各大高校及教育培训机构，其中国内开展信用管理专业的高校是培养信用管理人才的主要途径。我国信用管理专业的设置时间较晚，多设置在经济学一级学科（020306T）或管理学科下。近年来，随着社会信用体系建设的不断深入，尤其是政府信用管理建设对法律知识要求的提高，个别高校（湘潭大学）在法学下设信用风险管理与法律防控专业

（030104T）。以教育大省山东为例，截至2022年底，其共有153所高等院校，本科高校数量位居全国第二，但开设信用管理专业的高校较少，与其总体数量规模不成比例，也与社会信用体系建设以及山东省经济大省地位不相匹配。山东财经大学是山东省首批设立信用管理专业的高校，但由于种种原因，该校在2018年取消该专业招生。从山东财经大学信用管理专业人才培养来看，存在着人才培养定位不明确，与相关专业有较大的重叠；专业课程体系多沿用西方课程体系，缺乏针对中国信用管理实践的课程开发；师资力量较为缺乏，专业教师多是由保险学、金融学等专业转岗而来。这些问题在其他高校信用管理人才培养中同样存在，专业归属不清、课程体系缺乏针对性开发、人才培养供需错配等问题制约着中国高校信用管理专业的发展。

各大开设信用管理专业的高校主要是对信用管理人才的理论知识的培养，对于信用管理人才实践能力的培养还要依靠各个对于信用管理人才有需求的单位，例如政府机关、事业单位、征信机构、信用评级机构以及信用服务业协会等，在信用管理人才发挥其才能的同时，现实状况与理论知识之间的差距也可以促使信用管理人才提升其实践能力。我国对于信用管理人才的培养一直处于"边走边学边看"的阶段，在信用管理人才发挥作用时，对其进行的实践教育也是其培养的一个主要方式。

信用管理人才培养的方式除了各大开设信用管理专业的高校进行的专业教育以外，还有职业资格培训与专业讲座两种类型。政府部门以及相关协会为了培养信用管理人才经常举办以"诚信""信用"为主题的会议、论坛与讲座。例如，比较知名的有"第一届中国市场信用论坛""首届建立国家信用管理体系论坛""全国社会信用体系建设论坛""中国信誉论坛"和"中国国际信用和风险管理大会"等。我国对于信用管理设立的职业资格主要是"信用管理师"职业资格。"信用管理师"是国家劳动和社会保障部于2005年增加的新职业。我国《信用管理师国家职业标准》中，将信用管理师定义为："在企业中从事信用风险管理和征信技术工作的从业人员。"信用管理师是知识型高技能人才，属于国家第二大类职业，设置有助理信用管理师（国家职业资格三级）、信用管理师（国家职业资格二级）、高级信用管理师（国家职业资格一级）三个级别。

　　以上三种方式的信用管理人才培训主要是对信用管理人才的理论知识的培养。信用管理人才是较为典型的应用型人才，在注重其理论知识培养的同时，还要注重其实践能力的培养。从实践能力的特性和培养实践来看，"干中学"是较为有效的模式和途径，也是将理论知识和实践有效结合的途径。这也就需要发挥信用管理人才需求方的人才培养功能，积极开展产学协同育人，为高校信用管理人才培养提供实践渠道和机会。同时，征信机构、信用评级机构、政府信用管理部门等还应高度重视信用管理人员的在职继续教育，通过建立学习社区等渠道，促进信用管理人才实践能力提升。

　　目前，我国信用管理人才的教育和培训机构已经出现并迅速发展，这为加快建立我国社会信用体系，促进信用管理事业的发展，培养信用管理专业技术人才奠定了良好的基础。

14.3　信用管理人才培养的影响因素识别与分析

　　我国对于人才培养影响因素的研究较多，截至 2022 年 10 月，通过"人才培养影响因素"主题词搜索出 444 篇文献，而对于"信用人才培养影响因素"的检索仅有一篇符合要求的文献，可见对于信用管理人才的培养还未受到广泛关注。国内对于人才培养因素的研究始于 1998 年谢斌、姚利民关于人才培养质量影响因素的探讨。学者对于人才培养质量影响因素的划分更趋向于以学生本身为界线划分的内部影响因素、外部影响因素，也有学者将二者综合起来研究，影响因素众多。

　　从整体来看，信用管理人才培养涉及宏观环境，中观环境以及微观环境等多方面因素。从宏观环境来看，影响信用管理人才培养的因素主要有政策环境、经济环境、社会环境、生活环境等几个方面。我国社会信用管理体系建设发展不同于西方，其发展源于中国的体制和机制，源于中国社会治理与经济发展模式的需要。同样，无论是信用管理专业设置，还是相应学科设置，都离不开政府的支持。政府的政策支持还体现在为信用管理人才提供了广阔的场景，进而产生信用管理人才需求，促进信用管理人才的培养。对于一个具体区域而言，其政府对信用管理体系建设的重视程度直接影响人才培养，如广东、浙江、江苏等地较为重视社会信用体系建设，其信用管理人才培养开展也较好，人才队伍也在不断壮大。

经济环境反映一个地区的经济发展水平。研究发现，经济发达地区对信用的重视程度要高于经济发展落后地区，且经济发达地区更有能力为信用管理人才的培养提供更好的物质与资源保障，为信用管理人才的培养提供支持，例如为高校信用管理专业学生建立活动实践教室或提供实践机会等。同时，市场经济本身就是信用经济，故而经济体制，尤其是市场经济体制的发展将直接催生大量的信用管理人才需求，如我国进行营商环境优化就直接促进了信用体系建设。一般而言，经济环境可以由人均 GDP、居民消费水平、城镇就业人员平均工资等几个方面体现。

社会环境是指社会整体对于信用的重视程度，具体可由人均受教育年限、教育支出、高等学校数量等几个指标体现。生活环境反映地区生活便利程度，它包括共有环境中生活舒适程度和交通便利情况，也包括个性环境中的资讯获得情况。良好的生存空间环境有助于吸引和留住信用管理人才，从而为信用管理人才的培养提供有力保障。生活环境指标包括人均拥有道路面积、每万人拥有公共交通车辆、人均公园绿地面积、建成区绿化覆盖率等。

微观环境主要是高校的人才培养，主要是指各大高校的培养内容、培养制度、教师素养、学生素养及校园环境等几个方面。首先是培养内容，培养内容指的是为了实现培养目标，制定的培养制度、选择的教育内容、形式及其进程的总和，主要可以分为专业设置以及课程体系设置。较多学者是在人才培养模式构成要素的研究中提出培养内容或者是内容要素这一说法的，陈洪玲和文汉等学者指出培养内容，或者说内容要素主要包括了专业设置和课程设置。人才培养工作通过专业的设置和课程设置进行知识和技能的传递，对人才培养起着直接的影响，因此专业及课程设置是影响信用管理人才培养的一个比较重要的因素。由于信用管理人才自身的特殊性和综合性，比如其需要掌握的理论知识繁多、复杂、跨学科并且需要掌握一些应用性技能，对于信用管理专业学生的培养，各大高校也有所不同，因此无论是专业划分或是课程设置都是影响信用管理人才培养质量的重要因素。例如部分学校将信用管理专业采用"校企合作"办学的方式。这种方式一来是可以让学生了解到信用管理专业究竟是做什么的，二来可以让学生在进入工作岗位前就接触到企业，了解到社会需求，让学生能够掌握真正的技术，这也是其走向社会、走向工作岗位的核心能力。

其次是培养制度，培养制度是对人才培养的相关规定以及相关的实施要求，是确保人才培养实施过程符合标准的基本条件，对于人才培养具有导向作用，培养制度主要包含教学管理制度、教学实践制度及考核制度等。完善的培养制度对信用管理人才的培养具有保障性和辅助性支持的作用。教学管理制度指的是在教学思想、管理理论、学习理论指导下，包括对教学纪律、教学过程的管理。教学管理制度是维护教学工作正常运行的保障性制度，也是人才培养质量的保证，完善的教学管理制度更有利于教学活动的稳定性开展。

再次，教师素养及学生素养也是影响信用管理人才培养的一个重要因素。教师作为培养内容执行者，教学活动的实施主体，对信用管理人才的培养影响是极大的。教师素质包括教师的教学观念、业务素质、道德修养、教学能力等与教师实施教学活动有关的特性特质，由于信用管理专业的综合性和复杂性，因此信用管理专业教师也应具备综合知识，再加上我国对于信用管理人才的培养也一直处于"边走边看边试"的模式。信用经济发展变化之快也要求信用管理教师具备与时俱进的能力，素质越高的教师越能给信用管理学生带来最前沿的知识，从而对信用管理人才的培养产生影响。在信用管理人才培养的过程中，学生既是主体又是客体，教师教授内容的吸收转化与理解都与学生的个人素质有紧密联系。人才成长的因素包括内部因素，发挥主观能动性，并且具备成才的智力条件。学生素养包括学生学习态度、学习能力和个人道德素质。学生发挥主观能动性，自我领教、自我学习、自我探索、自我钻研以及自我发展的方式方法在当前的人才培养模式中也得到了极大重视，我国已有很多高校实行学生"自由选题、自由创造、自主探究"

的"研究型"教学形式，从而突出学生在学习中发挥的才能，和对教育教学的反馈。学生具有强烈的学习态度，具有较深厚的知识体系，并且能够独立管理自己的学习任务更能够提升自己在学习过程中要求掌握的知识和技能。

最后，校园环境也是影响信用管理人才培养的一个重要因素。校园环境属于教学过程中的隐形课程，校园环境主要包含校园文化、校园活动以及物质条件。学术环境对于人才培养起着重要的作用，积极向上的学习风气，深厚的学术底蕴能够对学生起着潜移默化的影响。实践表明，如中国人民大学开展的各项信用管理活动也提升了信用管理专业人才的学习热情和思考能力。用管理专业人才培养现状也表明，各院校积极建设实践基地、实训场所和实验设备，广东金融学院研发了消费者信用操作软件用于教学，提升了该专业人才的操作技能和工作适应力，能够较好地满足工作需要。良好的物质条件为信用管理专业人才提供充足的良好的教学条件，能够丰富学生获取知识和技能的途径，提升其学习的热情。

14.4　信用管理人才生态系统理论模型构建

对于人才链这一概念学术界并未给予具体明确的定义，人才链是一个比较宽泛的概念，它通常是指特定产业发展需要的各个环节的一系列技术技能人才的规格。在横向上，它包含一个产业不同环节、不同方面的技术技能人才；在纵向上，它包含适应产业发展所需的不同层次的技术技能人才。因此，根据以上对于人才链的定义，在横向上，信用管理人才链是指信用管理行业不同方面的人才，可以将其分为企业信用管理人才、政府信用管理人才、事业单位信用管理人才。横向信用管理人才链中不同单位的信用管理人才负责不同类型的信用管理工作内容，或是信用评级，或是信用咨询等。在纵向上，根据信用管理人才的层次可以将其分为初级信用管理人才、中级信用管理人才、高级信用管理人才。纵向人才链中根据信用管理人才的层次不同将其划分为初级、中级、高级信用管理人才，我国《信用管理师国家职业标准》中，将信用管理师分为三个等级分别是：助理信用管理师（国家职业资格三级）、信用管理师（国家职业资格二级）、高级信用管理师（国家职业资格一级）三个级别，以此标准对信用管理人才层次进行划分，助理信用管理师对应初级信用管理人才、信用管理师对应中级信用管理人才、高级信用管理师对应高级信用管理人才。

群落实际上是一种生物现象或生态学现象，它是指一定空间内各个生物种群的集合。而种群是指在一定时间内占据特定空间的同一物种的集合。但是群落并不是由任意物种随意组合形成，生活在同一群落中的各个物种是通过长期历史发展和自然选择而保存下来的。通过对人才的地理分布进行总结，可以发现与自然界其他生物相同，人才也存在人才群落现象。人才群落就是指在特定空间内人才集聚所形成的一种现象。人才群落的划分存在多个标准，从人才分布的地理位置看，有东部人才群落、西部人才群落、江苏人才群落、山东人才群落等；从人才种类来看，有高科技产业人才群落、传统产业人才群落、信用管理人才群落等。由于这种划分是相对的，因此当划分标准改变，某一人才群落可能又归属于其他类别。而且随着人才的流动，社会的发展和产业结构的变化，人才群落也处于演变过程中。信用管理人才群落就是指在一定空间内所有类型或所有层次信用管理人才种群的集合。根据区域进行划分，各个省市的信用管理人才就是多个信用管理人才群落，例如山东省信用管理人才群落、浙江省信用管理人才群落。从内部看，山东省信用管理人才群落又可以根据层次不同划分为初级信用管理人才群落、中级信用管理人才群落、高级信用管理人才群落。

结合当前研究与人才工作实践，首先，人才所处的环境必须能够满足其最小生态位要求，即能够满足其生活所需；其次，人才需要一个培育与发展过程，人口规模与教育质量显然是人才生态的基础构成要素；人才作为具有较高创造性，对自身能力的发展有较高需求，需要匹配相应的环境要素，才能实现生态的稳定；生态系统内种群之间存在竞争关系，而不同的生态系统更是存在竞争关系，一个区域的人才竞争措施会影响自身人才数量、结构与种类。因此，可以人才需要的环境要素分为四大类：一是生存类要素；二是孕育类要素；三是发展类要素；四是竞争类要素。生存类要素是基础，一个地方的自然资源禀赋（如土地、水资源等）、气候、公共设施等决定了人所需的能量供给等；孕育类要素是人才产生的重要因素，一个区域的生育文化、教育设施等决定了人口规模数量与人才质量；发展类要素主要包括产业、企业、科技平台等要素。竞争类要素主要包括各类待遇要素、人力资源服务机构以及政策类等。

结合信用管理人才的特征，从四类环境要素分别提取信用管理人才生态因子，见表14-1。

表14-1 人才生态中的环境要素

环境分类	具体构成	对应现有维度	信用管理人才生态因子提取
生存类环境因素	土地禀赋	自然资源	
	矿产资源	自然资源	
	水资源	自然资源	
	公共服务与设施	生活环境	√
	房价	生活环境	
	气候	自然资源	
孕育类环境因素	人口（大学生）基数	社会环境	√
	生育文化	社会环境	
	教育程度	社会环境	√
	高等教育机构	社会环境	√
	科研机构、平台与新型研发机构等	科技环境	√
发展类环境要素	经济发展水平	经济环境	√
	骨干企业数（行业发展水平）	经济环境	√
	区位条件	社会文化环境	√
	产业结构	经济环境	
	科技水平	科技环境	
	区域活力	社会环境	√

环境分类	具体构成	对应现有维度	信用管理人才生态因子提取
竞争类环境要素	财政收入	经济环境	
	人文	社会文化环境	
	人才支持政策	政治环境	√
	区域发展支持政策	政治环境	√
	区域功能设计	政治环境	
	人力资源中介头部机构	经济环境	
	人均工资率	经济环境	√
	区域开放性	经济环境	

随着社会发展，尤其是技术发展，区域资源禀赋也在不断发生变化，如在技术比较低下时，沿海资源尽管有丰富的海洋资源，但却得不到有效利用，导致区域资源禀赋并不高；而随着技术发展，海洋资源得到了有效利用，其资源禀赋自然也就得到了提升。同样，由于人的能动性，尤其是通过制度创新、技术创新改变区域资源禀赋、区位功能，如美国拉斯维加斯是被荒凉的沙漠和半沙漠地带包围的山谷地区，是沙漠中的城市，降雨少，夏季炎热，冬季寒冷多风沙，并不适宜人类生活，但内华达州 1931 年通过赌博合法的议案赋予其赌城的功能地位，进而导致相应的产业迅速发展起来，成为当今的娱乐之都、旅游之都，其周边沙漠也由此得到开发，成为康养资源。相对于自然生态而言，人才生态受人文环境影响更大，如山东广大地区受儒家"父母在，不远游""不孝有三，无后为大"思想影响，返乡就业意愿与生育意愿较高等。以上人才生态环境要素并非单一地影响人才的孕育、成长与发展、流动，而是综合交织影响，并且这些要素之间也会相互影响，进而对人才产生更为复杂的作用。同时，这些因素间的相互作用也使得人才生态更为复杂，如随着人才收入而提高可能会影响文化习俗，导致生育意愿降低但教育质量提升等。

　　图 14 - 1 显示了经过抽样或概括的人才生态理论模型。从价值创造与流动的方向来看，第一线的人才进行物质产品或服务生产，相当于自然生态系统的生产者，而管理者、领导者相当于一级、二级消费者，所有者进行分红，相当于最终消费者。同时，部分价值通过税费形式流向国家税务与财政部门，这些部门中的人才相当于分解者。与自然生态不同的是，人才生态中的消费者也是生产者，其产出物为制度、机制等知识或智力产品。在知识经济时代，这些产品或服务所带来价值可能远远大于物质产品。这在现实中表现为高端人才的社会经济带动作用。此外，由于所处生态位不同，人才生态系统中会形成不同的人才种群。人才种群的划分可以依据人才所在平台来进行划分，如企业人才群落、高校人才群落、党政机关人才群落等。按照人才在价值创造与传递中的位置，可以分为一线技能人才群落、管理人才群落、领导人才群落等。由于所处的领域不同，各个群落之间既有竞争关系，也有合作关系，但都要满足最小能量定律。

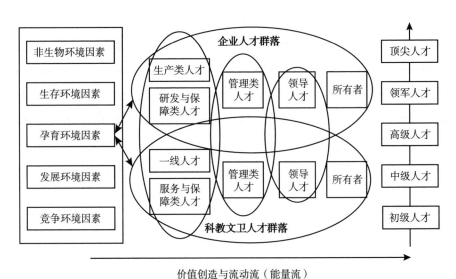

价值创造与流动流（能量流）

图 14 - 1　人才生态构成的理论模型

14.5　信用管理人才生态培育

信用管理人才生态涉及的宏观环境因素、中观环境因素、微观环境因素。从我国信用管理体系建设的自上而下驱动来看，信用管理人才生态建设应发挥政府的牵引作用。因此，我国信用管理人才生态系统建设，很有必要发挥政府的牵引作用。政策的牵引作用通过政策来实现。如前所述，尽管政府对信用体系建设重视程度较高，但对信用管理人才建设的重视程度还有待提高，其突出的表现就是缺乏相应的信用管理人才建设规划，缺乏系统性的信用管理人才培养支持政策。因此，培育信用管理人才生态首先应优化政策环境。

（1）建立信用管理人才培养的专项规划，以规划保障信用管理人才培养的可持续性。由于信用管理人才培养缺乏相应的专项规划或者子规划，导致了系统性人才培养存在一定的障碍。从我国当前信用管理人才发展的障碍来看，暂时性的政策很难保障其持续性建设，尤其是在高校信用管理人才培养中，由于缺乏长期的规划导致信用管理专业时而被调整。

（2）针对不同类别的信用管理人才建立更为精准的支持政策。从我国信用体系建设实践来看，推动其高质量发展，必须针对不同种类的信用管理人才，分别建立相应的政策，如针对信用管理服务人才、公共信用管理人才等，建立相应的政策，推动各类信用管理人才的培养。

（3）制定信用管理人才职称评审、专业技能认证的政策，推动信用管理人才的专业化发展。当前的职称评审没有信用管理专业系列，高校大多将其纳入经济学、金融学或者管理学系列之中，这也导致高校以及科研机构的信用管理专业人员很难安心信用管理专业工作，制约其深度技能的发展。此外，由于我国信用管理专业技能认证一度暂定，新的信用管理专业技能认证还处于启动试点，也需要强有力的政策支持，支持其认证体系建设。

（4）制定推动信用管理人才链与产业链融合发展的支持政策。信用管理专业本身是应用型专业，其人才培养必须走产教、科教融合之路。实践证明，将人才链与产业链融合也是人才培养的有效途径。从我国信用管理人才培养现状来看，产教分离是制约人才培养的一大瓶颈，应围绕产教融合平台、科教融合平台，出台相应的支持政策，引导与推动信用管理人才培养产教融合、科教融合。

在中观环境上，以及产业组织"S-C-P"分析范式，即行业的市场结构影响市场竞争行为，进而影响市场绩效。所谓市场结构，是对市场内竞争程度及价格形成等产生战略性影响的市场组织特征。决定市场结构因素主要是市场集中程度、产品差别化程度和进入壁垒高低；市场行为是指企业充分考虑市场供求条件和其他企业的关系基础，所采取各种决策行为，如定价策略，产品与广告策略，研发和排挤竞争对手的行为等；市场绩效是指在一定市场结构和市场行为条件下市场运行的最终经济效果，其评价指标如资源配置效率、利率水平、消费规模等。

我国信用服务行业发展始于20世纪末期，伴随我国经济体制改革，计划经济向市场经济过渡发展而来。从我国信用服务行业的发展来看，是典型的政府或政策推动的发展模式。在政府的强有力推动下，自上而下逐步实施。随着我国市场经济体制的不断优化、完善，我国信用服务行业也逐步走向市场化，外资信用服务机构开始参与国内市场。但由于我国信用服务行业起步较晚，相应的规则不够完善，导致发展中存在无序竞争、低价竞争，致使整个行业在一段时间内陷入了恶性循环。整体上看，我国信用服务行业还处在发展初期，行业内机构的整体综合实力较弱，与国外信用服务机构相比竞争力较弱，人才承载力整体较弱。培育信用管理人员生态，必须优化信用服务行业结构，促进其高质量，提高其人才承载力。

（1）大力培育骨干综合性信用服务机构，实施"综合+专业"的市场信用服务主体格局。信用服务行业是一个较为特殊的行业，是典型的知识服务型行业。这也导致行业内结构数量太多不利于形成自律，数量规模太少又容易形成寡头垄断，难以自律。从当前信用服务行业整体发展来看，本土骨干服务机构的缺乏不利于行业自律建设。因此，从信用服务行业良性发展来看，一是要形成较为合理的信用服务机构数量规模，既能够容易达成共识，也能够避免形成垄断；二是通过壮大发展本土评级机构，有利于在行业自律建设中发挥骨干作用。从当前发展来看，仅仅依靠信用服务机构自身发展，很难在短时间内进行行业优化升级，政府很有必要发挥支持作用，培育与壮大骨干型服务机构。

（2）提高信用服务行业的准入门槛。进入门槛是影响行业结构的重要因素，门槛越高，行业越难进入，行业内竞争者数量就少。近年来，中国人民银行对征信机构、信用评级机构实行备案制，在一定程度上提高了行业的进入门槛。行业门槛太低，造成了行业机构"鱼龙混杂"以及"劣币驱逐良币"，致使整个行业恶性循环，导致整个行业绩效下滑，缺乏足够的资源进行发展，也无法为信用管理人才提供较高的薪资福利。因此，在中国人民银行既有备案制基础上，进一步推动各地开展信用服务机构备案制，提高信用服务行业的进入门槛。

提高信用服务行业的门槛，应结合信用服务的行业特征，可以从人员规模、人员稳定、资金规模以及注册资金实缴制等方面切实提高从业门槛。信用服务行业是知识密集型、智力密集型、高度专业化的行业，一定数量的人员规模，尤其是专业技术人员的规模与比例是保证信用服务工作质量的基础。在信用服务机构准入门槛设置中，应避免"一间房子，三五个人"就开展信用服务的情况，应设置合理的人员规模。在人员专业性门槛设置上，结合当前信用服务机构人员情况，可从专业与学历两个方面设置合理的门槛。在学历方面，应保证本科以上员工的占一定的比例（综合性机构应在80%以上；专业性机构应在60%以上）；专业要求上必须应保证相关专业，综合性服务机构应对职业资格获得有相应的要求，应在30%以上。在资金要求上，可以适当提高注册资本金的额度并要求实缴制，这也是国家信用服务机构管理的趋势，通过注册资本金的提高与实缴制来提高信用服务机构保持经营的稳定性、人员的稳定性等。

（3）引导信用服务行业资源整合，壮大信用服务机构规模实力。尽管征信、评信、用信存在一定区别，但三种也存在必然的联系，尤其是当前越来越重视大数据技术在评信中的应用以及对信用评级动态性要求越来越高，征信、评信间的联系越来越紧密。从业务链条上看，三者也会形成自然的延伸。对于山东本土信用评级机构而言，存在市场规模限制的问题，通过延伸业务链条，拓展市场发展空间也是较好的选择。同时，通过三者的整合，促进业务融合，也有利于信用服务机构在信息化建设，应用大数据技术等奠定基础，提高其专业技术实力与竞争力，进而产生人才需求。

第 15 章

信用管理人才培养模式及高质量发展建议

15.1 信用管理人才培养的总体思路与原则

信用管理人才培养涉及因素多，是一项宏大的系统工程。从信用管理人才培养生态系统理论模型出发，综合信用管理人才生态位的分析，依据信用管理人才培养实践，遵循信用管理人才培养的内在规律，信用管理人才培养的总体思路为：

立足于高质量发展与中国现代治理能力建设，带动与支撑社会信用体系高质量建设，面向社会发展重大需要，高层次，高起点，强化产政学研联合与多学科交叉，发挥政府带动作用，整合资源，依托大平台，多渠道培养信用管理人才。

（1）信用管理人才培养应立足高质量发展与中国现代治理能力建设的原则。我国社会信用体系建设是自上而下驱动的，这决定了社会信用体系建设对我国社会经济发展的特殊作用，既是现代市场经济的基础，也是社会现代治理体系的重要构成。由此延伸，信用管理人才培养应从国家战略大局出发，高起点做好人才培养规划。

（2）信用管理人才培养应面向社会需求，满足社会需求的原则。信用管理人才属于高层次应用型人才。信用管理专业与学科都属于新兴专业、学科，其设立的原因就是基于社会需求。同时，从人才培养的出路来看，也必须强化人才培养需求分析。因此，信用管理人才培养应准确分析各领域的人才需求及其规律。从信用人才培养需求来看，信用服务机构对初级人才的需求并不过度要求专业，相关专业即可；公共管理与服务领域信用管理人才需求具有潜在性。但总的来看，各领域需求的是复合型信用管理人才，其知识能力结构具有倒"T"字形特征。

（3）信用管理人才培养应坚持高层次、高起点的原则。信用管理人才的岗位设置与招聘资格要求表明，实力较强的信用管理服务机构对学历要求一般都为研究生；规模较小的信用服务机构学历要求较低，但对专业一般不做要求。从人才未来发展角度来看，培养层次应侧重于研究生。对于本科层面的人才培养，应坚持少而精的原则，不应大面积设置，更不应该在高职层面设置。

（4）信用管理人才培养应坚持走产政学研联合与多学科交叉之路。从信用管理人才培养实践来看，尤其注重实践经验。湘潭大学信用管理人才培养的经验也表明，信用管理人才培养必须走产政学研之路。通过产政学研的合作，才能使得信用管理人才培养真正面向社会需求，真正建立基于能力的培养模式。信用管理人才是典型的复合型人才，其涉及知识广博，这也决定其人才培养必须走专业、学科交叉之路。

（5）发挥资源整合与大平台的载体作用，走高层次信用管理人才培养之路。作为新兴专业与学科，信用管理专业与学科的建设必须整合多方优势资源，否则，很难满足高层次复合型信用管理人才培养的要求。而资源整合，往往以更高层次的平台作为支撑，湘潭大学成立法学部就是一个佐证。信用管理人才的培养同样需要大平台作为支撑，才能有效汇集各方优质资源，支撑高层次人才培养。

（6）发挥行业协会作用，走多渠道信用管理人才培养之路。信用管理人才的实践经验非常重要。这也导致了西方非常重视信用管理人才工作后的学习培养。美国相关的行业协会则在推动信用管理人员工作后的学习中发挥巨大作用，包括建立知识更新库以及定期的认证制度等。此外，用人单位作为信用管理人才的使用者，有责任、有义务发挥主体作用，强化信用管理人才的培养。

总之，强化信用管理人才培养，应从人才生态理念出发，坚持"育""用""培""留"结合；以政府牵引壮大信用管理人才社会需求；有效发挥高校、协会等人才培养阵地作用，做好专业教育、学科教育与在职教育的衔接；做强、做大信用服务机构，提高信用管理专业人才的薪资福利水平，吸引青年与高层次人才；建立信用管理研究平台或产学研协同创新平台，强化信用管理人才培养的应用型导向。

15.2　信用管理人才培养模式的创新发展

正如吴晶妹教授所说，信用管理专业源于借鉴西方，但是创新发展在中国；信用的应用涉及很多领域，跨部门、跨行业，信用管理专业教育提供的是基础性的通用专业知识，不是金融领域的下分学科，信用管理是通识性专业。[①] 从大的方面来看，我国信用管理人才可以分为公共管理类信用管理人才与市场服务类信用管理人才。对此，吴晶妹教授将中国信用管理划分为宏观信用管理领域和微观信用管理领域，其中宏观信用管理领域主要涉及社会信用体系建设、信用监管、信用经济、信用法律等；微观信用管理领域主要涉及征信、信用评级、信用咨询以及企业信用管理等。对应不同的领域，信用管理人才所需的知识能力存在差异。这也决定了中国信用管理人才培养模式应建立在分类基础之上。

宏观领域的信用管理人才（公共管理类信用管理人才）是典型的复合型人才，且多为具有工作经验的人群。从宏观领域信用管理人才的工作领域来看，大部分从事公共管理与服务工作，具有公务员编制或事业编制，面对

---

① 吴晶妹．建立中国特色的信用管理学科体系，https：//www.yuandiancredit.com/Detail/news/471dc60b－18b6－4df1－b611－e12cdb203591.2022－06－06.

的市场压力较低。如何激发其专业发展自觉性，增强其成长发展的内驱力，是构建人才培养模式所需解决的关键问题。这也决定了宏观领域信用管理人才培养模式应立足实际工作，以问题为导向，强化理论与实践的结合。

从教育理论的发展来看，反思性发展理论与工作场所理论为构建公共管理类信用管理人才培养模式提供了较好的借鉴。20 世纪 80 年代，舍恩（Donald Schon）提出了反思性实践，提出了两种反思类型与三阶段反思过程。反思性实践基本观点是"在行动中认识""在行动中反思"。"在行动中认识"是反思性实践的前提，是关于在实践中"知道如何做"的内隐认识，"在行动中反思"是反思性实践的核心，是实践者在行动过程中表现出的思考。在行动中反思并不打断行动进程，而是在行动中产生新的发现，构筑新理论以及重塑自我，扩充或建立新的认知等。故此，反思性发展理论强调反思与行动彼此互相回馈，在发展中反思、对发展进行反思、在反思中发展，最终获得发展动机与结果的统一。在反思性实践中，行动的意外性是产生反思的重要触发条件，而反思也往往是满意的行动结果。反思性行动使得专业发展从社会性需求转向自我实现，有效促进专业发展内驱力的形成。

工作场所学习发展理论（work-place learning）强调学习与发展均发生在真实的情景之中，学习者是通过获得、迁移、应用、重构、共享等方式来建立新的知识体系，是以实践为载体，在工作中提升胜任素质能力、发展技能的过程，即经验—知识—能力。故此，工作场所是一类可以共享一系列共同学习需求的工作社区或共同体，其本身是一种重要的学习资源，是个体成长与发展的重要环境，学习过程应该是正式与非正式的交互混合。工作场所学习理论强调学习活动与学习背景相关而不是与学习机制相关，学习本质是社会过程，是发生在实践共同体之中的人们彼此互动的活动。工作场所学习理论的发展也使得人们重新认识学习，工作场所不仅是学习的场域，也是学习的途径，从强调学习抽象和理论化的陈述性知识转向实践性知识或隐性知识；从关注可观察或迁移的能力和技能的学习结果，到关注那些无形的、难以直观表达或共享的学习过程。工作场所学习具有较多优势，能有效地满足个体自主发展和工作适应的需求；能够增强个体的创业精神、创新能力与问题解决能力。工作场所学习不仅仅是局限在工作环境中的某一种学习形式，其可以是正式的、非正式的或偶然的，其学习方法的多样化，如日常工作实践、训练指导、其他工作者、探询、观察和倾听、模型化等。对于工作场所学习的条件，马修斯（Matthews）提出了 5 个条件：（1）自主：个体具备良好的、积极的自我效能感；（2）个体意义：个体能够达到自我理解和自主学习的理解；（3）行动：个体能够在工作场所中发展、应用和评价自己及他人的思想观点，能够从经验中学习；（4）分享：个体能够与同事一起学习，并能够直接或间接地从同事中学习；（5）赋权，即个体在他自己的决定和行动中，包括学习过程和结果中，能够独立进行自主控制、自我监控和自主决定。

我国信用管理人才培养起步较晚，尤其是公共管理类信用管理人才的培养，更是缺乏成熟的经验与模式。同时，基于公共管理类信用人才大多是在岗人员，具有相应的信用管理经验，较适用于反思性学习理论和工作场所学习理论。分析公共管理类信用管理人才的特征及其工作场所特征，可构建如下培养模式。

（1）构建基于反思性学习的自我专业发展模式。从目前来看，我国公共信用体系建设具有鲜明的中国特色，是基于中国社会治理需要而发展起来，没有相应的模式与路径参照。这也决定了我国公共信用管理体系建设多是依据实践而逐步发展起来的。对于大多数的公共信用管理从业者而言，并无系统性的成熟理论可以学习，需要在实践中逐步探索。在探索过程中，及时的反思成为了促进公共管理类信用管理人才成长的重要途径。构建基于反思性学习的自我专业发展模式关键在于改变公共管理类信用管理人才被动发展的局面，产生自我学习的内驱力。我国公共管理类信用管理人才多具有行政或事业编制，工作较为稳定，容易在工作中产生惰性。在实践中，多数信用管理工作并不能设立专岗，大多是采取兼职的方式。这也制约了公共管理类信用人才的反思性学习。同时，由于并没有成熟的模式，往往公共管理类信用管理人才对自身工作比较容易产生自满，致使反思性学习无法产生。

因此，对应自我反思性学习的要求，开展公共信用体系人才培养，首先，应积极推动公共信用领域的工作总结。自我反思的核心是基于行动的反思，强调学习者自主学习、独立发掘专业学习资源、向其他有经验的人学习。撰写工作总结是通过某项工作或任务加以回顾、分析、研究，从中找出经验和教训，引出规律性的认识，明确今后实践的方向，把这些内容系统化、条理化，形成文字的过程。所以，工作总结撰写过程就是自我反思过程，通过总结，将公共信用管理实践中的成功经验归纳出来，得出科学结论，进而由感性认识上升到理性认识，促进对公共信用管理建设内在规律的认识。在引导公共管理领域信用管理者加强工作总结的同时，还应建立公共信用管理领域的跨区、跨职能交流机制和渠道。公共信用管理主管机构应发挥牵头作用，建立垂直系统的工作总结交流机制，可以通过将系统内工作总结汇编成册，形成学习资料，推动公共信用管理经验的交流。从实践来看，各职能领域的公共管理信用体系建设进展不一，这也为跨职能领域的交流奠定了基础。公共管理信用管理主管机构应跳出本领域来学习先进经验，而不局限在本职能领域内，这样才能拓宽视野，促进本职能领域信用管理体系建设的创新发展。

其次，应高度重视公共管理领域信用管理案例库建设。案例是立足于实践的一种教学与研究方法，是从实践经验上升为理性认识的有效途径。同时，知识管理理论（见图 15 - 1）表明，案例建设是实现从隐性知识到显性知识的有效途径，是将信用管理实践经验进行系统化的有效途径。

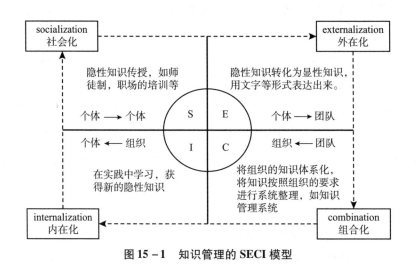

图 15 - 1　知识管理的 SECI 模型

开展公共管理领域的信用管理案例库建设，应充分科研单位与公共管理部门的合作，进而通过理论和实践的结合，保障案例建设的科学性与质量。在强化公共管理领域信用管理案例建设的同时，还应注重案例的推广和应用，尤其应注重为从业者自学提供便捷的渠道。

（2）构建基于工作场所的学习模式。基于工作场所学习是当今教育培训的发展趋势，通过将学习与工作的融合，能够学以致用，提高学习目的性、价值性。对于大多数的信用管理在职人员而言，他们更倾向于能够解决实际工作问题的学习。我国信用管理体系建设时间较晚，信用管理知识体系还不够成熟，需要边实践边发展知识理论体系。这也要求信用管理从业者必须重视在职学习。基于中国信用管理实践，构建基于工作场所的学习模式，关键要培育组织学习文化，构建学习共同体。

构建学习型组织，培育学习与合作的氛围，更容易激发反思性实践，进而形成"干中学，学中干"的环境。根据学习型组织理论，学习型组织建设包括五个维度，即系统思考（system thinking）、自我超越（personal mastery）、心智模式（mental model）、共同愿景（shared vision）、团队学习（team learning）。无论是建立共同管共同愿景，还是打破既有的心智模式，学习型组织建设都需要高层领导发挥积极作用，要支持、鼓励组织成员敢于质疑，进行创造性思维等。基于此，各类信用管理机构应积极鼓励组织成员围绕业务开展创新，鼓励组织成员敢于打破常规。

团队学习是学习型组织的重要构成，团队学习更有利于促进组织中的深度学习。为了更好的信用管理者学习，应建立基于工作场所的共同体发展模式、构建学习社区或学习小组。通过构建学习社区，信用管理机构可以为组织成员提供必要的学习资源，引导组织成员之间通过讨论、问题解答等方式，分享和验证想法，相互指导和支持，解决工作中的问题。学习小组则可以通过工作或自我发现的形式，针对工作中的实际问题，把理论与实践相融合，促进组织信用管理知识体系的发展。

（3）构建产教融合协同育人教育模式。信用管理专业具有较强应用型特征。这也决定了信用管理专业人才的培养应高度重视产教融合，针对市场人才需求，提高信用管理人才培养质量。产教融合模式适用于信用管理专业人才培养。从我国信用管理专业开设来看，尽管有部分学校信用管理专业建设引入信用管理机构，但产教总体上还需要进一步强化融合。同时，信用管理产教融合还应针对我国信用管理人才需求，拓展企业参与信用管理人才培养的渠道。

首先，信用管理产教融合模式的建设应高度重视信用管理服务头部机构的参与。从信用管理行业的发展规律来看，行业呈现集中度较高的特征。这也预示着行业人才需求呈现集中化趋势，头部机构需求引领着人才培养方向。相对而言，信用管理头部机构对学校的社会影响力、师资力量以及办学层次等也有较高的要求，这也要求信用管理专业设置应选择实力较强、办学层次较高的学校，进而增强对信用管理头部机构的吸引力。

其次，应结合中国新兴职业的设立，构建信用管理产教融合模式。近年来，我国根据社会经济发展需求，设立了新兴职业，其中就包括与信用管理工作具有较强联系的合规师职业。2021 年 3 月，中国贸促会商事法律服务中心申报的企业合规师新职业正式进入国家职业分类大典。《中华人民共和国职业分类大典》将企业合规师界定为"从事企业及企业内部成员行为符合法律法规、监管要求、行业规定和道德规范等合规管理和监督的工作人员"。从企业合规师的职能和能力要求来看，其不仅应当具备企业管理、法律、财务、税务、审计等复合知识结构，还承担企业合规管理的计划制定、风险识别、业务实施、管理监督等多元化的工作。对照信用管理的职能要求，合规师职能与信用管理职业有较多重合之处，企业不合规不仅遭受处罚和经济损失，其品牌和信誉也会受到破坏。故此，合规管理是信用管理的基础工作，信用管理则是合规管理的目的和价值发挥的渠道。将信用管理与企业合规管理两者融合，既能够拓展信用管理的应用场景，也有利于发挥企业合规管理的作用。对此，2021 年 11 月，深圳市信用促进会与注册合规师公会（香港）达成合作，双方充分发挥香港在合规领域的人才和专业优势，进行业务合作和人才培养。在高校信用管理专业设置上，也应借鉴这种模式，积极利用企业合规师设立带来的机遇，将其与信用管理人才培养有效融合，打造具有中国特色的信用管理人才培养体系。

15.3 促进信用管理人才培养的建议

人才培养是一项系统工程。从人才培养实践来看，生态系统理念日益成为人才培养的主导理念。所谓人才生态系统，是指在特定的区域空间内，人才群体与其依附环境所形成的有机复合体。信用管理人才培养也不例外，应系统分析与其相关的政府机构、信用服务机构、高校、科研机构等的共生、互生、再生关系，贯彻教育、科技、产业、人才一体化思想，促进其人才培养高质量发展。

15.3.1 发挥政府的牵引作用，深植信用管理人才培养的土壤

社会需求是人才培养的前提。政府驱动社会信用体系建设高质量发展，强化人才培养，就要肩负起拉动社会人才需求的责任。从实践来看，政府是信用管理高层次人才培养提升的"火车头"，其提供场景应用，形成相应的驱动力，让信用管理真正产生市场价值。受此驱动，企业以及信用管理服务机构才能产生相应的岗位设立需求，成为信用管理人才的基本载体，才能发挥主体作用。基于此，政府应：

（1）在"模范信用城市"建设中，强化企业信用建设内容，提高对信用示范企业的激励力度，引导与鼓励企业设置信用管理专岗。从实践来看，各地区较为重视"模范信用城市"建设。企业作为市场经济的主体，其信用建设理应成为"模范信用城市"的重要内容。故此，建议加大企业信用建设在"模范信用城市"建设评价中的比重，强化各地区重视企业信用建设。

（2）业务主管单位将信用管理人才数量与内训情况纳入信用服务机构备案内容之中，并借鉴会计师事务所的执业模式与制度，结合信用管理师认证工作的开展逐步推行信用服务机构持证上岗，强化信用服务机构专业化建设，扩大信用管理专业人才需求。

（3）提高政府社会信用体系建设、管理、服务部门人员招考、招聘中的信用管理专业要求，优先录用信用管理专业或方向的人才人员，扩大公共岗位信用管理专业人才需求。

（4）加快推动企业信用示范工程建设，拓展信用应用场景，拓展企业信用资本增值空间，促进企业结合实际业务，设置规范化信用管理部门，增设信用管理岗位，加大信用管理专业人才招募力度。

15.3.2 发挥高校信用管理人才培养主阵地的作用

高校是人才培养的主阵地，在信用管理初级人才、中级人才、高级人才培养中都发挥着重要作用。山东是教育大省，高教资源丰富，能够承担起信用管理人才培养的责任。同时，山东信用管理类高层次平台缺乏，也必须依托高校，做好信用管理人才培养。而高校人才培养的重要抓手就是课程、专业、学科。信用管理人才队伍建设应进一步强化高校人才培养阵地的作用，应以"课程＋专业＋学科"建设为抓手，全面推进。

（1）结合大学生诚信教育需要，增设通识型信用管理课程。我国社会信用体系建设的特有属性决定了信用管理教育具有一定的通用性。加之高校新上专业与学科需要经过较长时间的论证。故此，结合社会信用体系建设高质量发展需要加大信用管理课程与教材的开发力度，在高校公共管理类、文史哲类、经济与管理类专业增设通识型信用管理课程，加强信用管理的通用性教育，广泛地进行信用管理人才培养。

（2）结合高校专业布局与办学基础，按照不同领域的人才需求层次，增设信用管理专业以及学科方向，如在有一定学科基础的高校设置信用管理本科专业；针对公共管理以及金融机构的人才需求，可分别在法学、管理学、经济学等一级学科增设不同的信用管理方向，培养高层次信用管理人才。

（3）利用当前鼓励进行学科交叉设置的政策，鼓励高校进行信用管理与公共管理、法律、经济管理等学科交叉，自主设置交叉学科硕士学位授权点和博士学位授权点等，开展专业硕士学位或专业博士学位设立与教育，培养高层次信用管理人才。

（4）积极鼓励高校围绕社会信用体系建设的实际需求，开发特色的校本课程。相关高校应主动深入社会信用体系建设第一线，尤其是要深入行业信用体系建设实践之中，从中挖掘需求，总结经验，开发面向社会信用体系建设第一线的校本课程，推动信用管理课程建设贯彻能力导向，构成具有中国特色的社会信用体系建设课程体系。

（5）围绕社会信用体系建设，积极推动有关高校开展"社会信用体系建设"课程、教材的研发。围绕中国社会信用体系建设特色，结合中国社会信用体系建设实践，研发具有中国特色"社会信用体系建设"教材，推动社会信用体系建设通识课的开设。

（6）强化各领域的社会信用体系建设案例库的建立。从调研来看，各领域均反映信用管理人才培养应采取案例教学模式，尤其是针对在职人员的培训。案例建设恰恰是当前信用管理人才培养的薄弱环节。相关高校应加强与政府职能部门的合作，深入了解江苏、浙江、广东等地社会信用体系建设先进经验，开发案例，推动案例教学。

15.3.3　强化公共管理领域信用管理人才的继续教育

社会信用体系建设高质量发展需要创新型、复合型的高层次应用型人才。同时，信用管理领域知识更新速度快，需要信用管理人员进行持续不断的学习。信用管理人才培养的国外实践表明，在职信用管理人才的继续教育是非常有效的人才培养途径。从山东社会信用体系建设现状来看，公共管理与服务领域信用管理人才的素质能力影响大，是信用管理人才培养提升的重点领域。因此，各地应积极发挥政府职能部门以及专业技术继续教育平台的作用，强化政府社会信用体系建设、管理、服务人员的在职培训教育，提高其专业素养。

（1）围绕社会信用体系建设"十四五"规划，细化形成信用管理人才发展专项计划，更加科学精准地推动信用管理人才队伍建设。各地区应从社会信用体系建设发展出发，遴选重点领域建设，会同相关职能部门，市场监管、环保、住建、人社等，细化公共管理领域信用管理人才培养专项培养计划，统筹推动公共管理领域信用管理人才的培养。

（2）加强政府职能部门信用管理在职培训的系统性设计，强化培训内容的层次性、衔接性，提高政府信用管理人员的创新能力。重视发挥政府职能部门在其领域信用管理人才培养的主体地位，引导其强化信用管理人员在职培训的系统性设计，强化培训的精准性、层次性、衔接性，提高在职培训的实效。

（3）建立政府信用管理人才培训项目，组织社会信用体系建设研修班，理论与实践相结合，提高信用管理人员的业务能力。联合省内相关高校，组织高层次、高起点的社会信用体系建设研修班，开展案例教学，提供公共管理领域信用管理人才的创新能力、业务能力。

（4）以人力资源和社会保障部《专业技术人员继续教育管理规定》为抓手，结合各地实际情况，利用人社系统专业技术人员继续教育公共服务平台，开发在线课程，建立社会信用体系建设线上学习资源库，强化线上学习考核，将学习情况与职业发展结合起来，督促与激励在职人员充实理论知识，提高理论素养，为建设高质量的信用体系提供强有力的保障。

15.3.4 强化信用协会在信用管理人才培养中的作用发挥

从信用管理人才培养的经验来看，行业协会发挥着不可替代的作用。从我国信用协会发展来看，大多建立时间短，人员力量薄弱，在人才培养中的作用发挥有限。发挥信用协会的作用，必须强化信用协会专业能力建设，建立信用管理知识体系更新系统，形成信用管理专业人员持续学习的长效机制。借鉴国外的有效经验，更好地发挥信用协会的知识聚集与扩散作用。

（1）建立专项支持计划，壮大发展省级信用协会，充实专业人员力量，提高省级信用协会专业化运作能力。从信用协会的作用发挥来看，需要强有力的专业化资源作为支撑，才能进行有效的课程开发、教育培训等。故此，信用协会建设数量不宜过多，而应专而精。故此，各地应将有限的资源支持省级信用协会建设，尽快提高其专业化能力，使其能够尽快发挥信用管理知识构建与传播的作用。

（2）按照社会信用体系建设高质量发展要求，建立信用管理知识库与人才库，分门别类建立信用管理专家队伍、培训师资队伍。我国信用体系建设不同于西方，各类型信用管理人才所需知识、能力结构侧重点不同，其培养模式与渠道也存在较大差别。信用协会可根据社会需求，建立相应的专委会，汇聚专家人才，培训壮大师资队伍，带动各领域信用管理人才的发展。

（3）建立信用服务机构执业人员培训学习档案与合格证书制度，强化对信用管理执业人员继续教育的督促与约束。后天的继续学习是信用管理人才成长的关键。在激励信用管理人才参加继续教育的同时，还应强化约束机制建设，即建立信用服务机构执业人员继续教育学习档案，制定继续教育学时标准，推行合格证书制度，将继续教育与专业职称评定、技能水平认证、岗位评聘等结合起来。

（4）积极开展信用建设与管理宣传，提高企业对信用管理的正确认知，将信用管理师职业技能认证工作与信用管理拓岗工作有效结合，高质量推动信用管理职业技能认证。宣传推广信用管理，培育信用管理氛围，拓展信用管理应用领域是信用协会的重要职能。由于我国信用体系建设时间较短，企业对信用管理认知不够准确，信用体系建设意识也较为薄弱，这也大大制约着企业信用管理人才的成长。各地区信用协会应主动下沉企业，开展信用管理知识的推广普及；促进信用服务机构对接企业，协助企业建立信用管理体系。

15.3.5　建设与发挥高水平信用管理科研平台承载人才的作用

信用管理人才尤其是高层次人才往往需要相应的平台。同时，就整个信用管理人才培养来看，高层次信用管理人才通过带动、辐射等作用，能够带动整个信用管理人才队伍的发展。各地应汇集优质资源，建立高水平社会信用体系，建设产学研协同创新平台。高水平科研平台是汇集人才，吸引青年人才与培养高层次人才的有效途径。建立高水平科研平台，建议：

（1）注重信用管理人才培养的应用型导向，产、学、研有机结合，共同推动平台建设，尤其要强化省内信用服务头部机构的参与，促进信用管理教育链、人才链、产业链、创新链深度融合。

（2）注重既有专业力量的发挥，选择专业基础、人才基础、科研力量与成果基础较好的高校，进行平台建设。

（3）采取课题、培训服务倾斜等政策，积极支持平台围绕社会信用体系建设高质量发展开展重大课题攻关研究，尽快实现平台的良性发展。

15.3.6　大力发展信用服务业头部机构，增强承载人才能力

大力发展信用服务业头部机构，增加信用服务机构吸纳信用管理人才以及承载高层次人才的能力。针对信用服务机构发展：

（1）引导本土信用服务机构走专业化发展道路，做强、做大、做优。本土信用服务机构应紧密结合自身业务领域，走专、精、尖之路，提高专业能力与服务水平，在自身的业务领域中形成核心竞争力与竞争优势。建议设置信用服务机构"专、精、尖"标准，将其纳入有关支持项目之中。

（2）遴选一定数量的具有专业技术能力，社会声誉较好的信用服务机构，协调有关部门，设置专项扶持资金，支持其做强、做大。

（3）抓住个人征信业务发展的有利契机，引导国有资本进入信用管理市场或参股现有信用服务机构，壮大信用服务机构资本实力。

（4）引导信用服务机构注重研发能力与人才队伍建设，建立与实施股权激励，吸引高层次人才。

15.3.7　强化企业信用建设，发挥企业信用管理人才培养主体作用

企业是人才的基本载体，也是人才的使用者，具有人才培养的内生动力。从山东信用管理人才培养的发展趋势来看，在公共管理领域、信用服务机构领域信用管理人才需要有限的情况下，企业也是拓展信用管理人才需求的重要方向。强化企业信用建设，发挥企业在信用管理人才培养中的主体作用，为此应做到：

（1）大力开展企业高层管理者信用管理专题培训，培育企业信用管理氛围，提高规上企业对信用管理的重视，引导企业设立信用合规管理部门，增设信用管理岗位。

（2）引导企业统筹规划信用管理对外职能与对内职能，科学规划企业信用管理岗职责，将企业市场活动、财务管理、社会责任履行、品牌建设、竞争对手信用跟踪、自身信用水平监控等纳入其中，增强将信用管理转化为信用资本的能力，更好地发挥信用赋能企业发展，提高企业竞争力的作用。

（3）利用国有企业建设合规体系的刚性需求，通过岗位融合进行信用管理。有效利用国有企业合规体系建设契机，将合规建设与信用管理有机结合，在国有企业率先开展合规信用岗设置试点，拓展国有企业信用管理人才需求。

参 考 文 献

［1］吴晶妹．三维信用论［M］．北京：清华大学出版社，2016．

［2］刘澄，张峰．信用管理（第3版）［M］．北京：清华大学出版社，2020．

［3］雷祯孝，蒲克．立当建立一门"人才学"［J］．人民教育，1979（7）：23－28．

［4］王通讯．人才学通论［M］．天津：天津人民出版社，1985：21．

［5］中共中央 国务院关于进一步加强人才工作的决定［N］．人民日报，2004－01－01．

［6］罗洪铁主编．人才学学科30年建设和发展研究［M］．北京：中央文献出版社，2009：62．

［7］李维平．对人才定义的理论思考［J］．中国人才，2010（23）：64－66．

［8］周媛．浅析人才定义［J］．科教文汇（上旬刊），2010（1）：6．

［9］易香君．浅论人才的本质属性［J］．市场周刊（理论研究），2017（1）：113－115．

［10］石中英．知识转型与教育改革［M］．北京：教育科学出版社，2001．

［11］陆雄文．管理学大辞典［M］．上海：上海辞书出版社，2013：380．

[12] 李润洲. 学科核心素养的培育：知识结构的视域 [J]. 教育发展研究，2018（15）：43-49.

[13] 张发亮，谭宗颖. 知识结构及其测度研究 [J]. 图书馆学研究，2015（13）：10-16.

[14] 季诚钧，陈于清. 我国教师专业发展研究综述 [J]. 课程·教材·教法，2005（12）：68-71.

[15] 许如聪，董艳，鲁利娟. 基于九因子模型的新手教师 TPACK 知识结构分析 [J]. 现代远程教育研究，2015（1）：98-105.

[16] 周晓燕，尹亚丽. 国外高校图书馆科研数据服务人员知识结构分析——以 IASSIST 网站中 2015 年的招聘信息为例 [J]. 图书情报工作，2016（3）：76-82.

[17] 周晓燕，尹亚丽. 基于国内市场需求的大数据管理人才知识结构分析 [J]. 情报科学，2017，35（1）：29-34.

[18] 陈蓉，石忠义. 大学生创业教育知识结构探究 [J]. 知识经济，2018（16）：146-147.

[19] 孙铃，宋晓星，周战强，孟祥轶，辛自强. 财经知识的概念、结构和测量 [J]. 心理技术与应用，2018（8）：459-464，483.

[20] 张凤梅，吕斌. 美国高校图书馆数字人文馆员知识结构分析——基于招聘信息的内容分析 [J]. 高校图书馆工作，2020，40（6）：33-36.

[21] 田绪红，邝颖杰，肖磊，刘财兴. 大数据应用人才的知识、能力、素质结构及其培养 [J]. 计算机教育，2017（8）：57-60.

[22] 任红娟. 一种内容和引用特征融合的知识结构划分方法研究 [J]. 中国图书馆学报，2013（5）：76-82.

[23] 索传军，盖双双. 知识元的内涵、结构与描述模型研究 [J]. 中国图书馆学报，2018（4）：54-72.

[24] 沈邦仪. 关于人才生态学的几个基本概念 [J]. 人才开发，2003（12）：22-23.

[25] 唐德章. 人才生态系统的动态平衡及政策措施 [J]. 生态经济，

1990（6）：31－35.

［26］曾建丽，刘兵，张跃胜. 中国区域科技人才集聚与创新环境协同度评价研究——基于速度状态与速度趋势动态视角［J］. 大连理工大学学报（社会科学版），2022，43（1）：50－59.

［27］陈建俞，沈慧青. 中国人才生态学研究现状及发展趋势［J］. 科技导报，2019，37（10）：74－80.

［28］许立达，樊瑛，狄增如. 自组织理论的概念、方法和应用［J］. 上海理工大学学报，2011，33（2）：130－137.

［29］李锐，鞠晓峰，刘茂长. 基于自组织理论的技术创新系统演化机理及模型分析［J］. 运筹与管理，2010，19（1）：145－151.

［30］孟方琳，田增瑞，赵袁军，常焙筌. 创新生态系统视域下公司创业投资中企业种群间共生演化——基于 Logistic 扩展模型［J］. 系统管理学报，2022，31（1）：37－52.

［31］孔东民. Lotka－Volterra 系统下市场结构的演进［J］. 管理工程学报，2005（3）：77－81.

［32］Chen Y，Xie F J. The bionics research of evolutionary path of photovoltaic industry's innovation ecosystem based on Lotka－Volterra model［J］. R&D Management，2012，24（1）：74－84.

［33］胡军燕，饶志燕. 企业内部研发与产学研合作关系研究——基于 Lotka－Volterra 模型［J］. 科技进步与对策，2014，31（24）：71－75.

［34］刘兵，赵雪，梁林，曾建丽. 区域创新生态系统与人才配置协同演化路径研究——以京津冀地区为例［J］. 科技管理研究，2019，39（10）：46－54.

［35］苑清敏，谭欣. 京津冀高技术制造业协同发展研究［J］. 华东经济管理，2022，36（3）：72－81.

［36］李契，朱金兆，朱清科. 生态位理论及其测度研究进展［J］. 北京林业大学学报，2003（1）：100－107.

［37］May R M. Some notes on estimating the competition matrix，a Ecology

［J］. 1975, 56（3）：737 - 741.

［38］杨肃志，路世昌. 高新技术产业创新生态位测度研究［J］. 资源开发与市场，2015, 31（4）：419 - 422, 430.

［39］Petraitis P S. Likelihood measures of breadth and overlap［J］. Ecology, 1977, 60（4）：70.

［40］Moore J F. Predators and prey：A new ecology of competition［J］. Harvard Business Review, 1993, 71（3）：75.

［41］马笑岩，陈晓端. 当代英国教师教育者专业发展模式评析［J］. 高教文摘，2022（3）：55 - 58.

［42］王立群，潘晓刚，周梦. 工作场所学习："匠苗成长"嵌入式培育路径［J］. 职业，2021（15）.

［43］刘冰，刘崇磊，潘海生. 地方高校"学训研赛"一体化人才培养模式构建［J］. 高等工程教育研究，2018（5）.

［44］Billett, S. Workplace participatory practice：conceptualising workplaces as learning environments［J］. Journal of Workplace Learning, 2004, 16（6）：312 - 324.

［45］Vaughan K. Workplace learning：A literature review［R］. Nzcer Press, 2008.

［46］Collin, K. Connecting work and learning：Design engineers' learning at work［J］. Journal of Workplace Learning, 2006, 18（7/8）：403 - 413.